RECLAMS STÄDTEFÜHRER

Berlin

RECLAMS STÄDTEFÜHRER
ARCHITEKTUR UND KUNST

Berlin

Von Utta und Niklas Neander

Mit 28 Abbildungen und 8 Karten

Philipp Reclam jun. Stuttgart

RECLAMS UNIVERSAL-BIBLIOTHEK Nr. 18453

Umschlagabbildung: *Pariser Platz mit Brandenburger Tor.*
Foto: Jürgen Hohmuth, zeitort.de; Innenklappe vorne: *Reichstag, Kaiser-Wilhelm-Gedächtniskirche*; Innenklappe hinten: *Hackesche Höfe, Philharmonie*. Fotos: Achim Bednorz, Köln
Gesamtherstellung: Reclam, Ditzingen. Printed in Germany 2011
RECLAM, UNIVERSAL-BIBLIOTHEK und
RECLAMS UNIVERSAL-BIBLIOTHEK sind eingetragene Marken
der Philipp Reclam jun. GmbH & Co. KG, Stuttgart
ISBN 978-3-15-018453-0

www.reclam.de

Inhalt

Anhang

Berlin – die wiedererstandene Hauptstadt

Mittelalter: Doppelstadt Cölln-Berlin wird ›Berlin‹

Zu Beginn des 21. Jahrhunderts gewinnt Berlin aus seiner geographischen Lage politisch wie ökonomisch eine starke Sonderstellung: als östlichste Metropole West- und Kerneuropas, als westlichste Metropole Osteuropas. Wie alle Metropolen Europas hat Berlin klein angefangen, kleiner als Rom oder Paris, London und Wien, überdies wurde die Stadt auch an der Spree viel später gegründet. Bis heute sind Spree und Havel längst nicht so bekannt wie Tiber oder Themse. Spree und Havel werden auch nicht in hundert Liedern besungen wie die Seine oder die Donau.

928/29 hatte Heinrich I., König des Ostfrankenreiches, die slawische Burg ›Brennaburg‹ erobert. In den folgenden kriegerischen Jahrhunderten breitete sich die deutsche Herrschaft und christliche Mission östlich der Elbe – später auch als ›ostdeutsche Kolonisation‹ benannt – weiter im slawischen Gebiet aus. Nach Rückschlägen beherrschte Markgraf Albrecht der Bär (Graf von Ballenstedt, um 1100–1170) große Teile der heutigen Mark Brandenburg.

Cölln und Berlin, die ihre ersten urkundlichen Erwähnungen 1237 und 1244 haben, existierten vielleicht schon im 12. Jahrhundert. Im Mittelalter blieben sie schlichte Landstädte und märkische Kolonialstädte. Als die Doppelstadt Berlin-Cölln an der Spreeinsel gegründet wurde, ging es um eine Handelsstation: Hier teilte sich die Spree an einer Furt, zudem querte eine Südwest-Nordwest-Fernhandelsstraße den Fluss. Wenige Kilometer westlich existierte bereits Spandau, etwa ebenso nah lag ostwärts Köpenick, beides befestigte Orte.

Die Spreeinsel soll schon vorher als Warenumschlag-

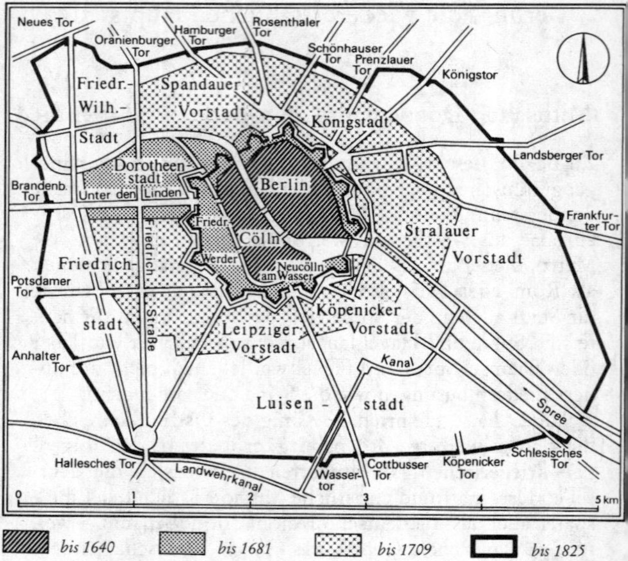

Berlins Stadtentwicklung bis zum Beginn des 19. Jahrhunderts

platz genutzt worden sein. Ziel der Askanier war die Beherrschung der Fernstraßen und deren Nadelöhre, der Flussübergänge. Die brandenburgischen Markgrafen Johann I. und Otto III. nahmen die wirtschaftlichen Chancen der Kreuzung von Fluss und Straße wahr. Vermutlich ahnten sie aber kaum, dass die Kurfürsten, Könige und Kaiser in Berlin einst ihre markgräfliche Residenzstadt Brandenburg in den Schatten stellen könnten.

In einem Stadtbrand ging im Jahr 1380 das gemeinsame Rathaus von Cölln und Berlin mitsamt allen Dokumenten in Flammen unter. Überliefert ist das Jahr ihrer Vereinigung: 1307. Seit damals dominiert in der Doppelstadt der Name Berlin. Eine Ratsurkunde aus dem Jahr 1338 bezeugt, dass die Berliner Ratsherren den Bären zum Signet ihrer Stadt wählten. Eine Stadtmauer bot bereits Schutz, zugleich wuchs die Wirtschaftskraft. 1359 nahm die Hanse – damals das größte Wirtschaftsbündnis Europas – Berlin als neues Mitglied auf. Zehn Jahre später erhielt die Stadt das Recht, eigene Münzen zu prägen.

In Berlin sind architektonische Zeugnisse aus dem Mittelalter selten. Daran erinnern vor allem zwei gotische Kirchen. Die um 1270 erbaute Marienkirche, im Stadtbrand von 1380 teilweise zerstört, erhielt in den folgenden Jahrzehnten ihr Kreuzrippengewölbe. Ihr klassizistischer Turmaufsatz auf dem massiven Unterbau geht auf Carl Gotthard Langhans 1789/90 zurück. Andreas Schlüters prachtvolle Kanzel von 1703 kam erst nach dem Zweiten Weltkrieg an ihren heutigen Platz.

Die etwas ältere, um 1230 aus Feldsteinen erbaute Nikolaikirche zeigt sich mit ihrem Doppelturm erst seit dem 19. Jahrhundert; den Zweiten Weltkrieg überstand sie nur als Ruine. Der Wiederaufbau erfolgte erst in den 1980er Jahren.

Andere Zeugnisse der mittelalterlichen Stadtgeschichte und ihrer Bauten wären fast nur noch in den Museen zu finden, gäbe es nicht Berlins Dorfkirchen. Diese liegen in den umliegenden Orten, die zumeist um 1920 eingemeindet wurden. Zwei Beispiele dieser mittelalterlichen Dorfkirchen, die aus dem 13. Jahrhundert stammenden Kirchen in Mariendorf und Marienfelde, werden im Kapitel »Süden« beschrieben.

Anfang des 15. Jahrhunderts traf Kaiser Sigismund aus dem Haus Luxemburg, geboren in Nürnberg (1368–1437), eine weitreichende Personalentscheidung. Schon als 10Jähriger hatte Sigismund, Sohn Kaiser Karls IV., der das ›Goldene Prag‹ schuf, die Markgrafschaft Brandenburg geerbt. Bei der Wahl zum deutschen König (1410) unterstützte ihn der Burggraf von Nürnberg, Friedrich VI. von Hohenzollern. Zum Dank zeichnete Sigismund, der 1433 zum Kaiser avancierte, den Hohenzollern mit der Kurwürde aus und übertrug ihm 1415 die Mark Brandenburg.

Bauherren Berlins: Kurfürsten und Könige

Mehr als fünf Jahrhunderte blieb die Geschichte Berlins mit den Hohenzollern, einer ursprünglich süddeutschen Adelsfamilie, verbunden.

Nicht ohne Widerstand gaben die Bürger ihre Eigenständigkeit auf. Im ›Berliner Unwillen‹ revoltierten sie 1448 gegen den Bau des Berliner Schlosses – Berlin wurde trotzdem kurfürstliche Residenzstadt. 1443 hatte Kurfürst Friedrich II., genannt ›Eisenzahn‹, den Grundstein zum Hohenzollernschloss gelegt.

Das Schloss an der Spreeinsel wuchs in immer neuen Um- und Erweiterungsbauten. Im 16. Jahrhundert kam der Baumeister Caspar Theyß, aus Sachsen, was nicht ungewöhnlich war, denn aus Mitteldeutschland strömten immer mehr Einwanderer zu.

1539 nahm Kurfürst Joachim II. den evangelischen Glauben an. Mit ihm traten auch die Berliner vom Katholizismus zur Lehre Martin Luthers über *(cuius regio, eius religio)*. Zur gleichen Zeit wurde das Jagdschloss Grunewald im markanten Renaissancestil erbaut. Ein anderer Renaissancebau stammt erst aus dem 17. Jahrhundert und gibt Zeugnis der Berliner Spätrenaissance: das ›Ribbeckhaus‹ in der Breiten Straße, ein Beispiel für die zahlreichen Adelshäuser, die damals nah dem Schloss entstanden.

Der Dreißigjährige Krieg kostete fast der Hälfte der Berliner Bürger das Leben. Zählt man um 1600 10–12000 Einwohner, waren es bei Kriegsende 1648 noch 6000. Hoffnungsträger wurde Kurfürst Friedrich Wilhelm (reg. 1640–88), den man nach seinem Sieg über die schwedischen Truppen nordwestlich von Berlin den Großen Kurfürsten nannte. Mit seinem absolutistischen Machtanspruch schaffte er die alten Ständerechte ab und mehrte die internationale Position Brandenburg-Preußens. Der Große Kurfürst erweiterte die noch enge Hauptstadt Berlin mit den Stadtteilen Friedrichswerder und Dorotheenstadt westlich der Spree. Mit seinem ›Edikt von Potsdam‹ öffnete er den in Frankreich verfolgten evangelisch-reformierten Hugenotten den Zuzug. Um 1700 – ab 1688 regierte Kurfürst Friedrich III. – war jeder fünfte Einwohner Berlins französisch-hugenottischer Herkunft.

In barocker Pracht entstanden das Zeughaus (Andreas Schlüter), das Reiterdenkmal des Großen Kurfürsten und westlich vor den Toren der Stadt für die Kurfürstin Sophie Charlotte das Schloss Lietzenburg. Nach ihrem frühen Tod 1705, erst 37jährig, wurde das Schloss nach ihr umbenannt und hieß nun ›Schloss Charlottenburg‹.

1701 begann Berlins königliche Zeit, denn Kurfürst Friedrich kam aus dem fernen Königsberg als selbstgekrönter ›König in Preußen‹ zurück. Es entstanden repräsentative Bauten, voran in der neuen Friedrichstadt am Gendarmenmarkt westlich vom Schloss der Deutsche und der Französische Dom – zunächst noch ohne Kuppeltürme. Andreas Schlüters Palais- und Landhausbauten aus der Zeit sind alle zerstört, doch seine 20 Jahre andauernde Tätigkeit in Berlin (1694–1713) bereitete den absolutistischen Barockklassizismus vor, der das Stadtbild des 18. Jahrhunderts prägen sollte.

Den Nachfolger König Friedrichs I., seinen Sohn Friedrich Wilhelm I (reg. 1713–40), zwang die Schuldenlast (20 Millionen Taler) zu drastischen Sparmaßnahmen. Er wurde als Soldatenkönig bezeichnet; sein einziger Luxus waren die ›Langen Kerls‹, eine Einheit hochgewachsener Elitesoldaten. Der König pflegte sein ›Tabakskolleg‹, verspottete Philosophie und Kunst und drang unnachsichtig auf Ordnung und Gehorsam. Schulpflicht und Straßenreinigung wurden eingeführt und die kleingewerbliche Wirtschaft gefördert. Auch wurden wieder Fremde, böhmische Protestanten, ins Land geholt und bei Berlin in Rixdorf (heute Neukölln) angesiedelt. Ihre Integration gelang beispielhaft. Auch um Soldaten am Desertieren zu hindern, erhielt 1735 die Stadt eine sechs Meter hohe Mauerumgrenzung.

Friedrich II. (reg. 1740–86), der Sohn des Soldatenkönigs, der unter diesem rigiden Vater schwer gelitten hatte, zog die märkische Landschaft in Rheinsberg und Potsdam der städtischen Enge vor. Kaum König geworden, führte er den ›ersten Schlesischen Krieg‹ gegen Habsburg.

Mit seinem Vertrauten, dem Baumeister Georg Wenzeslaus von Knobelsdorff (1699–1753), baute er das Schloss Sanssouci. Seine Tafelrunde mit dem berühmten Philosophen Voltaire hat einen Ehrenplatz in der Geschichte der europäischen Aufklärung und der Toleranz. Friedrich ließ die Folter abschaffen und gewährte Pressefreiheit; er nannte sich den ›ersten Diener seines Staates‹. Am ›Forum Fridericianum‹ ließ er das Opernhaus und die St.-Hedwigs-Kathedrale für die seit dem Schlesischen Krieg reichlich zuwandernden Katholiken erbauen.

Mit dem Siebenjährigen Krieg 1756–63 stürzte Friedrich II. sein Land in langes Elend. Auch Berlin wurde von gegnerischen Truppen der Österreicher und Russen besetzt. Trotzdem galt Berlin im letzten Drittel des 18. Jahrhunderts als Hauptstadt von europäischem Ansehen. Wissenschaft, Musik und Kunst blühten. 1786, im Todesjahr des ›Alten Fritz‹, der schon lange in Potsdam residierte und dort neben seinen Hunden begraben sein wollte, zählte Preußens Hauptstadt fast 150 000 Einwohner. Weitab von der Prachtstraße der ›Linden‹ und dem Brandenburger Tor lagen die Quartiere der schlecht bezahlten Arbeiter außerhalb der Stadtmauer. Berlin war zu dieser Zeit Deutschlands größte Textilstadt mit entsprechend vielen Produktionsstätten.

Im Jahr 1806 marschierte Napoleon als Sieger in Berlin ein. Doch auf die militärische Niederlage König Friedrich Wilhelms III. (reg. 1797–1840) folgte eine politische und kulturelle Erneuerung. 1810 – im Todesjahr der von den Berlinern hochverehrten Königin Luise – finanzierte der König Wilhelm von Humboldts Gründung der Berliner Universität. Karl Friedrich Schinkel aus Neuruppin (1781–1841) und Peter Joseph Lenné aus Bonn (1789–1866) prägten die Architektur und die Stadtlandschaft Berlins.

Das Bürgertum gewann zunehmend Anteil an der Stadtgestaltung, zugleich behauptete sich der Adel – darunter viele Großgrundbesitzer –, der in Politik und Militär das Sagen hatte. Karl Friedrich Schinkel baute die ›Neue Wache‹, das Museum am Lustgarten (das ›Alte Museum‹), die Bauakademie und die Friedrichwerdersche Kirche. Zudem hatte Schinkel Anteil an den Stadterweiterungsplänen, die in der zweiten Hälfte des 19. Jahrhunderts in Moabit und im heutigen Kreuzberg umgesetzt wurden. So findet man mitten in Moabit Schinkels meisterliche St.-Johannis-Kirche (1834–35), die nach schweren Kriegsschäden wiederaufgebaut wurde.

Schon im frühen 19. Jahrhundert wurden die Salons von Frauen wie Rahel Varnhagen, Bettina von Arnim und Henriette Herz zu Stätten einer neuen Kultur des Gesprächs, der weiblichen Emanzipation, des romantischen Gefühls. Heinrich Friedrich Reichsherr vom und zum Stein, leitender Minister, sorgte mit der Städteordnung von 1808 für städtische Selbstverwaltung in allen städtischen Gemeinden. 1809 wurde von einem noch sehr beschränkten Kreis der Wahlberechtigten Berlins erste Stadtverordnetenversammlung gewählt.

1826 spazierte man abends ›Unter den Linden‹ bei Gasbeleuchtung, 1838 fuhr die erste Dampfeisenbahn nach Potsdam. Mit dem industriellen und technischen Aufschwung hielt die Demokratisierung jedoch nicht Schritt.

Die 1848er Revolution eskalierte in Berlin in blutigen Barrikadenkämpfen. König Friedrich Wilhelm IV. (reg. 1840–1861) ritt mit schwarz-rot-goldenen Farben der Revolutionäre durch die Stadt, ließ aber acht Monate später die preußische Nationalversammlung auflösen und setzte autoritär ein Dreiklassenwahlrecht ein.

Als eine folgenschwere Bestimmung wirkte das Hausbesitzerprivileg, dem gemäß 51 Prozent der Wähler Haus- und Grundbesitzer sein mussten. Das trieb die Bau- und Bodenspekulation an, die wiederum schon von dem rasanten Zuwachs der Bevölkerung angeheizt wurde. Von 1850–1900 verfünffachte die Industriestadt Berlin ihre Einwohnerzahl von rund 510 000 auf 2,7 Millionen Menschen.

Einen Namen machte sich Stadtbaurat James Hobrecht (1825–1902), der 1862 die Planung der Stadterweiterung leitete und durchsetzte. Seine Verkehrsplanung sah zwei moderne Ringstraßen und dazu speichenförmig angelegte Ausfallstraßen vor, die auch für eine verbesserte Kanalisation sorgte. Als gesuchter Experte städtischer Wasserwerke erhielt Hobrecht Rufe nach Tokio und Kairo. Hobrechts Bauplanung sah bei den Gebäuden eine Maximalhöhe von 22 Metern vor, bei Hinterhöfen eine Minimalgröße von 5,34 Quadratmetern, damit Feuerwehrwagen wenden konnten. Auf den Grundstücken zwischen den Straßengevierten wucherten rasch Mietskasernen mit drei, vier oder fünf Hinterhöfen. Die extrem dichte Bebauung legte sich als breiter Gürtel um den Norden und Osten Berlins als ›größte Mietskasernenstadt der Welt‹.

Kaiserzeit, Gründerzeit

1871 wurde Berlin zur Reichshauptstadt im Zeichen des Reichskanzlers Otto von Bismarck. Eingemeindungen vergrößerten das Stadtareal, zu dem nun Wedding, Moabit, Gesundbrunnen, teils auch Schöneberg, Tiergarten und Tempelhof gehörten. Aus dem sandigen Reitweg, auf dem bis dahin Herrscher vom Königsschloss zur Jagd in den Grunewald ritten, entstand ein Boulevard nach Pariser Muster, für den sich Bismarck selbst schon 1873 einsetzt: der ›Kurfürstendamm‹ mit einer Straßenbreite von 53 Metern (etwa zwei Drittel der Champs-Élysées). Bis zur Pflasterung und Nutzung dauerte es jedoch noch mehr als ein Jahrzehnt. Rasch entwickelte sich daraus die Hauptachse des neuen Zentrums im Westen Berlins mit hochherrschaftlichen Prachtfassaden des Gründerzeit-Publikums. Hinter den Kurfürstendamm-Fassaden lagen Wohnungen mit 300 und auch 400 Quadratmetern. Theater, Cafés, Luxusläden, Varietés und ihre Revuen folgten. 1913 fuhren die ersten U-Bahnen zum Bahnhof Uhlandstraße.

Viele Gesichter zeigt die Architektur der Kaiserjahre von 1871 bis 1918. Historismus, Neobarock und Neoklassizismus standen in den Gründerzeitjahren bei den Bauherren noch einmal hoch im Kurs. In der Kaiser-Wilhelm-Gedächtniskirche mischte Franz Heinrich Schwechten Neoromanik mit Byzantinischem. Als neobarocke Bauten überdauerten das – erst später so benannte – Bodemuseum von Ernst von Ihne und die Staatsbibliothek ›Unter den Linden‹. Für Warenhäuser wie das KaDeWe von Adolf Jandorf bevorzugte man eher den Neoklassizismus. Das imposanteste, von Kaiser Wilhelm II. nur zögerlich geduldete Gebäude dieser Jahre war Paul Wallots Reichstagsgebäude. Julius Raschdorffs Neorenaissance-Neubau des Berliner Doms fand dagegen die kaiserliche Zustimmung. Hochmoderne Architektur waren die industriellen Bauten von Peter Behrens wie die Turbinenhalle an der Huttenstraße mit Glas, Beton und Stahl als bevorzugte Baumaterialien. Die meisten fortschrittlichen Bauten gaben vor 1914 private Bauherren als Villen in Auftrag.

Von ›Zilles Milljöh‹ sprach man, wenn nicht direkt die Rede vom Elend der lichtarmen, engen, überfüllten Mietskasernenwohnungen der einfachen Arbeiter und streunender Kinder sein sollte. Der Dresdner, genauer Radeburger Heinrich Zille (1858–1929) war als Zeichner des proletarischen Berlins unübertroffen. Ohne Sentimentalität stellte er in Zeitschriften wie *Simplicissimus* und *Jugend* das alltägliche Elend dar.

1892 wurde zumindest eine humanere ›Baupolizeiverordnung für die Vororte Berlins‹ rechtskräftig, die der radikalen Verdichtung der Wohnbauten ein Ende machte. 1907 folgte der Wettbewerb ›Groß-Berlin‹ mit der sich 1910 anschließenden ›Allgemeinen Städtebauausstellung‹.

Dieser Vorläufer der ›Internationalen Bau-Ausstellungen‹, die Berlin nach dem Zweiten Weltkrieg erlebte, brachte ganz neue Siedlungsideen auf, ebenso Vorschläge für ein reformiertes Wohnen zu Mietpreisen, die sich Geringverdiener leisten konnten. Allerdings wurde davon nur wenig ohne Zeitverlust realisiert. Anfang August 1914 brach im Berlin des Kaisers Wilhelm II. vorschneller Siegestaumel aus, man ging davon aus, dass binnen kurzem deutsche Truppen Paris erobern würden, wie schon 1870/71. Vier Jahre später war die Herrschaft der Hohenzollern zu Ende, und Wilhelm II. entzog sich allen Konsequenzen ins holländische Exil.

Das aufstrebende Berlin der Gründerzeit nahm in seiner Stadtgestalt während des Ersten Weltkrieges kaum Schaden, weder im historischen Zentrum mit seinen Palästen, Kirchen, Museen, Universitäts- und Bibliotheks-, Geschäfts- und Verwaltungsbauten noch im ›Neuen Westen‹, wo sich die Landhaus- und Villenkultur am Grunewaldrand, in Dahlem und Zehlendorf wie ein zweiter Stadtgürtel bis Lichterfelde und bis Wannsee ausbreitete, genauso wenig im Norden der Stadt, in Weißensee, in Pankow und in Tegel.

Die 1920er Jahre der Wohnreformer – und später Ruhm

Inmitten von Putschversuchen, Inflation und Arbeitslosigkeit planten Städtebauer und Architekten eine neue urbane Architektur. Berlin wurde das avantgardistische Zentrum der Welt, ein hektischer Wirbel der Künste. Die Stadt hatte sich seit 1920 infolge einer weiträumigen Eingemeindung zur flächenmäßig zweitgrößten Stadt Europas (nach London) mit fast vier Millionen Einwohnern entwickelt. In Berlin fand eine Avantgarde der Architekten zusammen, mit Bruno und Max Taut, Ludwig Mies van der Rohe, Erich Mendelsohn, Hans Poelzig und Hans Scharoun. Auch Le Corbusier kam an die Spree. 1923 gründete sich die Vereinigung ›Der Ring‹, mit dem gemeinsamen Impuls, statt abermaliger Historismus-Entwürfe eine ästhetisch klare, funktionelle Bauweise zu entwickeln, mit viel Licht, Luft und mitunter kräftig farbigen Effekten. Der ›Bauhaus-Stil‹ mit seinen klaren kubischen Formen prägte eine Architektur der ›Neuen Sachlichkeit‹ und des Konstruktivismus. Ihre neuen Formen des sozialen Wohnungsbaus nannten die Architekten ›Siedlungen‹, auch wenn es um große mehrstöckige Bauten ging. Gärten, Schulen und Läden wurden in die Planung miteingeschlossen.

Davon wurde dank dem Berliner Stadtbaurat Martin Wagner etliches binnen weniger Jahre verwirklicht. Die Zehlendorfer Gartensiedlung ›Onkel Toms Hütte‹ nah am Grunewald, die Britzer Hufeisensiedlung im südlichen Neukölln und die Siemensstadt bei Spandau sind zumeist fast unversehrt über den Zweiten Weltkrieg gekommen und zählen bis heute zu den besonders attraktiven Teilen der Berliner Stadtlandschaft. 2008 setzte die UNESCO-Welterbe-Kommission die ›Siedlungen der Berliner Moderne‹ auf die Welterbeliste. Neben den genannten gehören dazu die ›Tuschkastensiedlung Falkenberg‹ (so genannt wegen der kräftigen Farben), die Wohnstadt Carl

Legien im Bezirk Prenzlauer Berg, die Siedlung Schillerpark in Wedding und die ›Weiße Stadt‹ in Reinickendorf; nur die Onkel-Tom-Siedlung steht nicht ausdrücklich auf der Welterbeliste.

Andere architekturhistorisch bedeutende Bauten aus den sogenannten ›goldenen zwanziger Jahren‹ schufen Erich Mendelsohn mit dem WOGA-Projekt (heute: Schaubühne am Lehniner Platz), Hans Poelzig mit dem ›Haus des Rundfunks‹ an der Masurenallee, Emil Fahrenkamp mit dem ›Shell-Haus‹ am Reichpietschufer. Weiter zählen dazu einige beispielhafte U-Bahn-Stationen von Alfred Grenander (›Krumme Lanke‹, ›Onkel Toms Hütte‹).

›Germania‹ oder der Größenwahn

Berlin hieße schon längst nicht mehr Berlin, hätten Hitlers Armeen gesiegt: Am 8. Juni 1942 notierte Henry Picker (1912–1988) im Protokoll der *Tischgespräche*, Hitler halte es »für gut, … durch Umbenennung der Reichshauptstadt Berlin in *Germania* die germanischen Völker Kontinentaleuropas ganz planmäßig auf den germanischen Gedanken hinzulenken … Der Name *Germania* für die Reichshauptstadt in ihrer neuen repräsentativen Form sei geeignet, trotz größter räumlicher Entfernung zwischen jedem Angehörigen des germanischen Rassekerns und dieser Hauptstadt ein Gefühl der Zusammengehörigkeit zu erzeugen.« Was Hitler als selbsternannter Hauptstadtarchitekt Berlin mit den geplanten superbreiten Prestigeschneisen antun wollte, hätte die Viermillionenstadt Berlin sich selbst entfremdet. Seit dem Frühjahr 1937, vier Jahre nach der ›Machtergreifung‹, war in Hitlers Auftrag der junge Albert Speer (1905–1981) als Generalbauinspektor der Reichshauptstadt mit ihrer ›Neugestaltung‹ betraut. Schon zuvor hatte Speer die Bauten für die Olympischen Spiele 1936 entworfen, die schließlich von Werner March realisiert wurden. Speer, der mit den Kompetenzen eines Ministers ausgestattet war, konnte schrankenlos planen. Sein Grundkonzept sah zwei sich kreuzende Achsen vor, 40 Kilometer in der Nord-Süd-Ausdehnung, 50 Kilometer in der West-Ost-Ausdehnung.

Ein West-Ost-Straßenzug verlief damals bereits von der Heerstraße im Berliner Westend bis zum Schlossplatz in Berlin Mitte. Am Brandenburger Tor sollte der 120 Meter breite Nord-Süd-Boulevard kreuzen und nordwärts auf den Kuppelbau der ›Halle des Volkes‹ zulaufen. Die Höhe der Kuppel war mit 290 Meter geplant, so hoch wie drei hohe Kirchtürme übereinander. Rund 50000 Wohnungen sollten diesen Plänen weichen, 150000 Einwohner hätten sie räumen müssen. Tatsächlich begannen die Abrissarbeiten bereits vor dem Kriegsausbruch 1939. Unter anderem waren auch Berlins Tote davon betroffen, denn in Schöneberg waren die Friedhöfe St. Matthäus und Zwölf Apostel von der Nord-Süd-Achse tangiert.

Neben dieser Mega-Architektur, die Berlin erspart blieb, sind es vor allem zwei Großbauten, die bis heute stadtbildprägend aus dem Dritten Reich überdauern: das Olympiagelände und der Flughafen Tempelhof, dessen Bau schon vor 1933 begonnen worden war.

Hitlers Architekten setzten den Bauhaus-Stil der 1920er Jahre nicht fort, sie nahmen den Neoklassizismus der Gründerjahre wieder auf und rückten ihn mit massiven Quadern, sparsamer Dekoration und Betonung der Symmetrie ins Monumentale. Ein Beispiel für dieses machtvolle Auftrumpfen ist das einstige Reichsluftfahrtministerium in der Wilhelmstraße (s. S. 138f.), erbaut nach Plänen Ernst Sagebiels (1892–1970), das heute als Bundesministerium der Finanzen genutzt wird.

Ein Prestigebau ersten Ranges wurde Hitlers ›Neue Reichskanzlei‹, die in den späten 1930er und noch in den 1940er Jahren erbaut wurde. Die Planungen dafür begannen bereits 1934. 1937 wurden dann 18 Gebäude der Voßstraße abgerissen, um Platz für die 421 Meter lange Front zu machen. Riesige, hohe Säle waren typisch für den Bau, den Albert Speer entworfen hatte, allein das ›Arbeitszimmer‹ hatte die Ausmaße eines mittleren Stadttheatersaals. Der ›Führerbunker‹, in dem Hitler und Joseph Goebbels (Reichsminister für Volksaufklärung und Propaganda, 1897–1945) sich das Leben nahmen, entstand jedoch erst gegen Kriegsende, unter dem Garten der benachbarten Alten Reichskanzlei.

Überraschend bleibt, dass Hitlers Reichskanzlei im Zweiten Weltkrieg und in den Kämpfen der letzten Wochen vor der Kapitulation nicht total zerstört wurde. Erst 1949 befahl die sowjetische Verwaltung den Abriss. Noch Jahrzehnte später stieß man auf unterirdische Räume.

Völlig dem Blick entzogen sind die Reste der ›Wehrtechnischen Fakultät‹, die seit 1937 im Grunewald aufgebaut wurde. Dort sollte eine neue Hochschulstadt entstehen, zum Ausgleich für den Abriss der Universitätsgebäude im Bereich der überbreiten neuen West-Ost-Achse. Im Krieg blieben vom ›Wehrtechnik‹-Rohbau nur Ruinenreste. Daraus entwickelte sich in den Nachkriegsjahren mit dem Aufhäufen der enormen Schuttmassen der Stadt der ›Teufelsberg‹. Dieser nun längst mit Bäumen überwachsene Hügel – 114 Meter über dem Meeresspiegel – ist ein Ausflugsgelände der Berliner. Zuvor hatten die US-Truppen auf der Höhe Sendemasten zum Abhören des Funkverkehrs im Ostblock installiert.

Luftbrücke und Mauer – die geteilte Stadt, bis 1989

»Vom letzten Krieg verwüstet, mehr als jede andere Stadt, durch die Tragödie der Teilung Deutschlands und Europas gezeichnet, verwundet durch die Mauer, die es teilt, ist Berlin einen langen, tiefen Weg des Leidens gegangen. Jetzt ist es Zeit, den Weg der Hoffnung zu gehen.« So sprach 1985 der französische Staatspräsident François Mitterrand vor Berlins Oberschicht – und versicherte, Frankreich werde »auch in Zukunft die freien Zugangswege nach Berlin garantieren«. Niemand erwartete ernstlich, dass vier Jahre später sich die Sowjetunion auflösen, die ›Mauer‹, Berlins größtes Bauwerk, abgerissen und das Ende der Berliner Mauer auch Deutschlands Teilung beenden würde.

1945 gab die Trümmerwüste vom Ernst-Reuter-Platz (damals noch: ›Knie‹) den Durchblick bis zum Alexanderplatz frei. 2,8 Millionen Menschen lebten damals in Berlin, anderthalb Millionen waren seit 1939 aus der Stadt geflohen oder umgekommen – noch im Winter 1946/47 starben 1100 Menschen an Entkräftung oder erfroren in Ruinen.

Für Berlins Hauptziel, neuen Wohnraum zu schaffen, engagierte sich allen voran Hans Scharoun (1893–1972) als erster Leiter der Abteilung Bau- und Wohnungswesen im Berliner Magistrat, den die sowjetische Militärverwaltung kurz nach der Kapitulation eingesetzt hatte. Wie Scharoun, der sich in den frühen 1920er Jahren mit Mendelsohn, Mies van der Rohe und Poelzig für die expressionistische Architektur engagiert hatte, versuchten nun viele Architekten, in der neuen Stadtlandschaft Berlins eine ideale Stadt der Zukunft zu schaffen. Nicht Wiederaufbau, sondern radikaler Neubau war ihr dann doch nicht durchsetzbares, weil nicht finanzierbares Ziel. Immerhin konnte das Konzept ›aufgelockerte Wohnbereiche statt düsterer Mietskasernen mit engen Hinterhöfen‹ an vielen Neubaustellen verwirklicht werden. Als Vorbilder boten sich auch die Berliner Großsiedlungen der ersten zwei Jahrzehnte des 20. Jahrhunderts an.

Berlin stand anfangs unter sowjetischem Besatzungsrecht, seit dem Sommer 1945 unter dem Besatzungsrecht der vier Siegermächte: Frankreich, Großbritannien, Sowjetunion und die USA. Schon damals war der Westteil der Stadt eine Insel inmitten der sowjetischen Zone. Die Sowjetunion zögerte nicht mit ihren Versuchen, Großberlin ganz unter ihre Kontrolle zu bringen.

Am 24. Juni 1948 eskalierte der Druck auf die drei Westsektoren Berlins, sowjetisches Militär sperrte sämtliche Land- und Wasserwege, die Berlin mit den westdeutschen Besatzungszonen verbanden. Die Westberliner Bürger fürchteten, dass auch sie binnen kurzem der Sowjetmacht unterworfen wären. Die Westmächte starteten daraufhin binnen zwei Tagen das Unternehmen Luftbrücke. Erst fast ein Jahr später, am 11. Mai 1949, endete die Blockade der Land- und Wasserzugänge. Alles Lebensnotwendige hatten die ›Rosinenbomber‹ gebracht, einschließlich einer runden Million Tonnen Kohle und eines in Teilen zerlegten Kraftwerks.

Der Wiederaufbau der Berliner Stadtzentren in West und Ost – die Außenbezirke waren großenteils vom Bombenterror verschont geblieben – gewann erst zu Beginn der 1950er Jahre an Tempo, und zwar in sehr konträren Stilen. Im Osten entstand ab 1951 im Rahmen des ›Nationalen‹ Aufbauwerks der DDR das Vorzeigeobjekt ›Stalinallee‹ im üppigen Dekor des Spätklassizismus nach Moskauer Vorbildern. Im Westen entstand mit der ›Freien Universität‹, mit dem Henry-Ford-Bau in Dahlem, ein großzügig, klar gegliedertes Bauwerk im internationalen Stil der Vorkriegsära (s. S. 203). Auch die Amerika-Gedenkbibliothek mit ihrem sanft geschwungenen Kubus am Blücherplatz in Kreuzberg ist ein amerikanisches Stiftungsgeschenk.

Wichtigstes Architektur-Erlebnis der Berliner vor der Errichtung der Mauer 1961 wurde die ›Interbau‹ 1957, auch IBA genannt (Internationale Bauausstellung). Im zerstörten Hansa-Viertel zeigten führende Architekten der westlichen Welt Beispiele sozialen Bauens mit viel Raum für Grün. Zwischen vielstöckigen Mietshäusern fanden auch Bungalows ihren Platz. Schnörkellose Bauhaus-Architektur dominierte. Ein halbes Jahrhundert später mutet das Hansa-Viertel manchen zu nüchtern, auch schon ein wenig altmodisch an. Schadhafte Gebäudeteile werden instand gesetzt, die Lage am Tiergarten bleibt hochbegehrt.

Bis zum Mauerbau 1961 konnten die Berliner sich in den Sektoren der Stadt frei bewegen, kontrolliert wurden lediglich Tascheninhalte und Einkäufe an den Übergangsstellen der Sektoren.

Dominante Bauten, die den Krieg beschädigt überdauert hatten, blieben vorerst als Ruine oder Teilruine stehen (wie das Reichstagsgebäude) oder wurden nur provisorisch oder in Etappen wiederhergestellt – wie das KaDeWe und die Messehallen, der Martin-Gropius-Bau und die Markthalle am Alexanderplatz.

In den Jahren der Stadtteilung samt ihren Todesopfern an der Mauer (1961–89) wurde im Osten und Westen der Stadt weiter gebaut. Was das Schnellstraßensystem betraf, berücksichtigte die Planung beiderseits der Mauer mögliche künftige Anschlüsse. Neubauten waren in Westberlin zahlreich, vom ›Europa-Center‹ über das ›Internationale Congress-Centrum (ICC)‹ bis zur Stadtautobahn und zum Flughafen Tegel, der das Stadtzentrum von Fluglärm möglichst freihalten sollte.

Ein kulturelles Großprojekt Westberlins, das ›Kultur-Forum‹ an der Mauer, nahe dem Potsdamer Platz und seinen Ruinenresten, geriet nach formidablem Auftakt mit Scharouns Philharmonie (1960–63) und Mies van der Rohes Neuem Nationalmuseum (1962–65) schon in den 1960er Jahren ins Stocken.

Im Ostteil Berlins, der Hauptstadt der DDR, entstanden immer höhere Punkthochhäuser, von der Fischerinsel bis nach Marzahn. Unter den architektonisch dürftigen Neubauten am Alexanderplatz war der Fernsehturm samt drehendem Telecafé als geglückte Ausnahme zu begrüßen, auch wenn der 386 Meter hohe Bau die nahe gelegene Marienkirche optisch zum Kirchlein degradiert.

1979 fand in Westberlin die zweite IBA, Internationale Bauausstellung, statt zum Thema: ›Die Innenstadt als Wohnort‹. Demonstrationsgebiete der zweiten IBA waren über ganz Westberlin, vom Tiergarten bis Tegel, avisiert. So entstand zum Beispiel das Wohnquartier um den Tegeler Hafen. Vor allem brachte diese IBA das Konzept einer behutsamen Stadterneuerung anstelle von wildwüchsigem Neubau hervor.

Der zweite Wiederaufbau nach der Wende 1989

Bis zum 9. November 1989 sollte es dauern, bis Michail Gorbatschows Reformkurs in der Sowjetunion und die Protestmärsche der DDR-Bewohner die »Mauer« öffneten. Ein Jahr später war sie abgerissen. Eine neue Phase des Neuaufbaus begann. Heftig umstritten war der Berliner Senatsbaudirektor und Staatssekretär Hans Stimmann mit seinem Regelwerk für den Wiederaufbau im besonderen Ostberlins. Das Stichwort ›kritische Rekonstruktion‹ stand für eine behutsame, an die Berliner Bautradition angelehnte Wiederherstellung des im Zweiten Weltkrieg zerstörten und in den Nachkriegsjahrzehnten nochmals von Bausünden malträtierten Stadtkörpers, wie z. B. von der autobahnähnlichen Schneise Gertraudenstraße-Grunerstraße südlich von Rotem Rathaus und Nikolaiviertel oder von den Wohnhochhäusern auf der Fischerinsel.

Hans Stimmann plädierte für die Wiederherstellung der Stadtviertel-Grundrisse und für eine Obergrenze der Traufhöhen. Gegen diese ›kritische Rekonstruktion‹ liefen Architekten der Moderne Sturm und forderten für Neubauten allseitig uneingeschränkt freien Raum (statt Blockbebauung der Straßen).

»So viel einzelne starke Architektur, aber zu wenig Stadtgefüge«, monierte Josef Paul Kleihues (1933–2004),

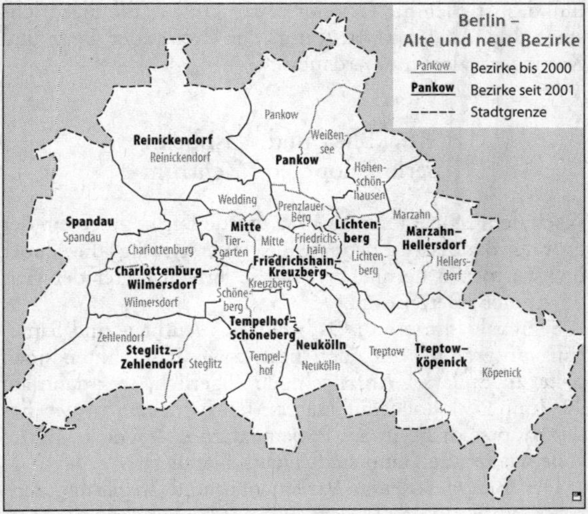

Berlins Stadtbezirke

Architekt zahlreicher markanter Bauten in Berlin. Dazu zählen die Häuser Liebermann und Sommer am Pariser Platz, das Kant-Dreieck und der Umbau des Hamburger Bahnhofs zum Kunstmuseum der Moderne. Kleihues' Beschreibung der europäischen Stadt sieht Straßen und Plätze vor, wo man sich orientieren, eine Adresse finden, mit anderen versammeln kann – statt verstreuter Einzelbauten in Grünflächen. »Ich bin überzeugt«, sagte Kleihues in einem Gespräch mit Hubertus Siegert, »dass in 20 Jahren die Stadtbereiche, die mit dem System, mit der Qualität, mit der Konvention der europäischen Stadt brechen wollen, abgebrochen werden, weil sie nicht funktionieren. Das sind die großen Plattensiedlungen um Marzahn herum, das ist auch die Gropius-Stadt ... Aber die Friedrichstadt und Alt-Charlottenburg, der Prenzlauer Berg und Kreuzberg werden überdauern.«

Rückblick und Ausblick: Berlins doppeltes Zentrum

Nach dem Mauerabbruch 1989 wurde Berlin zu einem der größten Bauplätze Europas. Rasch verschwand die Mauer um Westberlin herum, bis auf die letzten Meter der ›Todesstreifen‹-Betonwand.

Sehr bald startete in Ostberlin das Aufbau- und Sanierungsprogramm, das auch nach zwei Jahrzehnten noch nicht zu Ende ist. Anfangs noch zögerlich, aber dann am 20. Juni 1991 doch mit klarer Mehrheit, kam in der Ersatzhauptstadt Bonn das Parlament zum Beschluss, Berlin solle wieder die Hauptstadt Deutschlands sein.

Der Bau des neuen Parlaments- und Regierungszentrums am Rand des Tiergartens samt benachbartem neuem Hauptbahnhof ist weiträumig und hell entworfen und liegt klar gegliedert am Spreebogen, der nach dem Zweiten Weltkrieg ein halbes Jahrhundert lang nur noch als Lagerplatz für Kohlehalden und Alteisen genutzt wurde. Heute blicken die Besucher von der Reichstagkuppel auf immer neue Baustellen um den Hauptbahnhof. Nördlich vom Schienenkreuz ist eine ›Europa-City‹ mit Sheraton-Hotelturm im Entstehen.

Nur zwei Flusskurven spreeaufwärts, östlich der Friedrichstraße, schlägt das Herz der Berliner Museumskultur mit der Museumsinsel und ihren fünf Museen von Weltrang. Erst jüngst wurde als letztes auch das Neue Museum wiederhergestellt. Aus einer Ruine entstand einer der attraktivsten Museumsbauten, ein Werk des Briten David Chipperfield. In der Architektur der fünf Museen koexistieren die Stile von zwei Jahrhunderten: der Klassizismus

Karl Friedrich Schinkels, der Neobarock des Bode-Museums, die funktionale Monumentalität des Pergamon-Museums – bis zu den Kontrasten von Tradition und Moderne in Chipperfields Neuem Museum.

In diesen fünf Schatzhäusern findet man wiedervereint die Fülle der Kunstschätze von der Antike bis ins 20. Jahrhundert, die aus vielen Regionen Europas, des Nahen Ostens und Ägyptens zusammengetragen wurden. Auch dieser Reichtum war im geteilten Berlin zwischen Ost und West zerteilt, konnte nur in Teilen ausgestellt werden.

Noch ist offen, wie die derzeit in der Gemäldegalerie am ›Kulturforum‹ dargebotene Fülle europäischer Malerei der Museumsinsel zugeführt werden könnte, auch mit dem Blick auf ihre Konkurrenz in anderen europäischen Museums-Hauptstädten, voran im Pariser Louvre.

Nach dem ersten Jahrzehnt der deutschen Wiedervereinigung begann sich die mächtige Anziehungskraft der alten Berliner Mitte zwischen Brandenburger Tor und Fernsehturm abzuzeichnen. Die Besucher Berlins – nach Paris und London nun eine der drei europäischen Städte mit den meisten Besucher-Übernachtungen! – zeigen sich enorm neugierig. Sie wollen hoch hinauf in die Reichstagskuppel und in den Fernsehturm, wollen zum Brandenburger Tor und zum Holocaust-Stelenfeld, wollen am Gendarmenmarkt ins Café und am Forum Fridericianum in die Oper.

Der Westen Berlins hatte zurückzustecken, trotz Ku'damm und Europazentrum, Zoologischem Garten und Grunewald. Doch Westberlins Szeneviertel holen auf, Charlottenburg zeigt sich mit vielen Kunstgalerien nicht minder attraktiv als der Prenzlauer Berg. 2011 existiert der Kurfürstendamm schon 125 Jahre, ein Anlass, ihn zur Jubiläumsfeier auf Hochglanz bringen zu lassen. Wie das 119 Meter hoch geplante ›Zoofenster‹, ein 32-Stockwerk-Hochhaus gegenüber der bald viel kleiner erscheinenden Kaiser-Wilhelm-Gedächtniskirche, das Stadtbild schmücken wird, wird sich im Herbst 2011 erweisen, dann soll der mit Abu-Dhabi-Kapital finanzierte Bau fertig sein. Frischer Glanz samt cineastischen Digitalfinessen kommen auch dem Premierenkino der ersten Nachkriegsjahrzehnte zu, dem Zoopalast, Jahrgang 1957.

In Berlins alter Mitte steht der Baubeginn für die Neuschöpfung des Berliner Stadtschlosses an, der inzwischen für 2015 angekündigt ist. Alles Beispiele für die Lebenskraft der als solcher noch gar nicht sehr alten deutschen Hauptstadt. Auf das Feuerwerk zu deren 150. Jubiläum im Jahre 2021 mag man jetzt schon gespannt sein.

Stadtgeschichte in Daten

1. Jh.	Im heutigen Berliner Gebiet, den Flussgebieten der Spree, Dahme und Havel, leben die Semnonen, ein Teil der elbgermanischen Sueben.
4./5. Jh.	Die germanischen Stämme wandern bis auf wenige zurückbleibende Gruppen zum Oberrhein aus.
6./7. Jh.	Westslawen besiedeln das Gebiet: westlich der Linie Nuthe-Havel die Heveller, östlich die Sprewanen.
1134–70	regiert der Askanier Albrecht der Bär, Markgraf in Brandenburg (im Gebiet westlich der Havel). Besiedelung durch Deutsche beginnt.
1197	erste urkundliche Nennung von Spandau.
1209	Erwähnung von Köpenick als Stadtsiedlung.
1237	Cölln an der Spree urkundlich erwähnt.
1244	Berlin (am gegenüberliegenden Spreeufer) wird als Stadt bezeichnet.
1307	Cölln und Berlin schließen eine Union zur Verteidigung, ein Rathaus wird gebaut. Flusshandelsmittelpunkt in der Mark, mit Handelsverbindungen über die Flüsse Spree und Havel bis Hamburg.
1320	Ende der Askanierherrschaft.
1323	Ludwig V., der Ältere, aus dem Hause Wittelsbach, wird von Kaiser Ludwig IV., seinem Vater, mit der Mark Brandenburg belehnt (als Ludwig I.).
1338	Berliner Bär erstmals als Wappensignum verwendet.
1356	Gemäß der ›Goldenen Bulle‹, dem Reichsgrundgesetz, ist Brandenburg Kurfürstentum.

1359 Berlin wird Stadt der Hanse.
1376, 1380 zwei große Stadtbrände.
1373 Kurfürst und Markgraf Otto der Faule gibt gegen eine Abfindung das Kurfürstentum Brandenburg (mit Berlin) an den Kaiser zurück, Ende der Wittelsbacher Herrschaft über Berlin/Brandenburg.
1415 Der Burggraf von Nürnberg, Friedrich von Hohenzollern, wird von Kaiser Sigismund mit dem Kurfürstentum Brandenburg belehnt, er geht gegen aufrührerischen Adel vor. Beginn der Hohenzollernherrschaft.
1432 endgültiger Zusammenschluss von Cölln und Berlin unter einer Stadtregierung.
1443–48 Kurfürst Friedrich II. ›Eisenzahn‹ beginnt mit dem Bau des Stadtschlosses.
1440–48 Friedrich II. schränkt gegen Proteste städtische Freiheiten ein.
1451 Der Kurfürst bezieht den ersten Schlossbau.
1470 Das Schloss in Berlin wird kurfürstliche Residenz.
1539 Kurfürst Joachim II. nimmt das Abendmahl in beiderlei Gestalt; Bürgerschaft und Ratsherrn Berlins sind vorher schon evangelisch geworden.
1576–1611 Die Stadt wird wiederholt von Bränden und Pestepidemien heimgesucht, die Einwohnerzahl fast um die Hälfte verringert (1611: 12 000 Einwohner).
1613 Kurfürst Johann Sigismund tritt zur Reformierten Kirche über.
1615 Der Kurfürst enthebt die Berliner entgegen den Bestimmungen des Augsburger Religionsfriedens der Verpflichtung, zum reformierten Glauben überzutreten.
1618–48 Dreißigjähriger Krieg. Teile der Stadt brennen

ab, Eroberungen, Hungersnöte, 1648 leben nur noch 6000 Einwohner in der Stadt.

1640–88 Der Große Kurfürst, Friedrich Wilhelm, regiert.

1647 Eine Linden- und Nussbaumallee wird von der Stadt zum Tiergarten über unbebautes Gelände angepflanzt: die spätere Straße Unter den Linden.

1658 Berlin erhält moderne Festungsanlagen.

1658 Jenseits des Festungsgrabens entsteht als erste Stadterweiterung der Friedrichswerder.

1662–69 Der Friedrich-Wilhelm-Kanal, der Spree und Oder verbindet, wird gebaut – Berlins Hafen wird wichtiger Handelsplatz.

1674 entstehen die Straßen der Dorotheenstadt nördlich der Linden.

1675 besiegt der Große Kurfürst in der Schlacht von Fehrbellin die Schweden, die nach Berlin vorrücken.

1685 Das Potsdamer Edikt gestattet den protestantischen Auswanderern aus Frankreich die Ansiedlung in Berlin, sie bringen viele handwerkliche Fähigkeiten mit. 15 Jahre später spricht gut ein Viertel der Berliner Französisch als Muttersprache.

1688 entsteht die Friedrichstadt südlich der Linden. Berlin hat 20000 Einwohner. In den 1690er Jahren weitere raumgreifende Stadterweiterungen nach Norden und Osten (Spandauer Vorstadt, Königsstadt, Stralauer Vorstadt).

1695 Bau von Schloss Lietzenburg für die Kurfürstin Sophie Charlotte (seit 1705 Charlottenburg).

1696 Gründung der Akademie der Künste, 1702–04 ist der Architekt Andreas Schlüter Präsident.

1700 Gründung der Akademie der Wissenschaften,

mit dem Philosophen Gottfried Wilhelm Leibniz als Präsident.

1701 krönt sich in Königsberg Kurfürst Friedrich III. von Brandenburg zum König Friedrich I. in Preußen – da Westpreußen polnisch ist, nennt er sich zunächst nicht ›von Preußen‹.

1710 Berlin wird Königsstadt, mit Vereinigung seiner Stadtteile und Annullierung der Stadtfreiheiten, königliche Beamte regieren die Stadt (bis 1810).

1713–40 Unter der Regierung des Soldatenkönigs König Friedrich Wilhelm I. herrscht Sparzwang. Er vermeidet barocken Luxus und führt ein strenges militärisches und unmusisches Regime.

1717 In Preußen wird allgemeine Schulpflicht eingeführt.

1726 Gründung des Hospitals Charité.

1735 Bau einer neuen Mauer um die Stadt zu Zollzwecken, doch hauptsächlich soll sie Soldaten am Desertieren hindern. Der König lässt Exerzierfelder auf fast allen Plätzen der Stadt anlegen (Potsdamer, Leipziger Platz, selbst der Lustgarten wird eingeebnet).

1737 Ansiedlung von Böhmischen Webern, die Protestanten sind.

1740 König Friedrich Wilhelm I. hinterlässt bei seinem Tod ein großes, militärisch gut ausgebildetes Heer und ein enormes Vermögen von acht Millionen Taler.

1740–86 regiert Friedrich II., der Große.

1740–43 Beginn der Bauten des Forum Fridericianum durch Georg Wenzeslaus von Knobelsdorff, der auch Umbau und Erweiterung des Schlosses Charlottenburg vornimmt.

1740 Abschaffung der Folter.

1745–47	Friedrich II. lässt in Potsdam sein Schloss Sanssouci planen und mit dem Bau beginnen.
Ab 1748	wird Berlin Zentrum der Aufklärung: Gotthold Ephraim Lessing, Moses Mendelssohn und Friedrich Nicolai leben hier.
1750–53	Der französische Philosoph Voltaire lebt in Berlin und Potsdam.
1756–63	Siebenjähriger Krieg, Russen und Österreich erobern vorübergehend Berlin.
1763	Eine private Porzellanmanufaktur wird königliches Eigentum (KPM, Königliche Porzellan-Manufaktur Berlin).
1780	Neugestaltung des Gendarmenmarkts
Ab 1780	erhalten der Deutsche und der Französische ›Dom‹ ihre Kuppeln (Carl von Gontard).
1785	Bau von Schloss Bellevue.
1786–97	regiert Friedrich Wilhelm II. (Neffe von Friedrich II.).
1788	Johann Gottfried Schadow wird Hofbildhauer.
1788–91	Carl Gotthard Langhans baut das Belvedere (im Schlosspark Charlottenburg) und das Brandenburger Tor mit Quadriga von Johann Gottfried Schadow.
1794–97	Bau des Schlosses auf der Pfaueninsel.
1797–1840	regiert Friedrich Wilhelm III.
1802–40	Stadterweiterung Luisenstadt nach Süden.
1806–08	Berlin, die drittgrößte Stadt Europas, wird von Truppen Napoleons besetzt. König und Hof fliehen nach Ostpreußen.
Ab 1810	Reformen in Preußen: Selbstverwaltung der Städte (Reichsfreiherr von und zum Stein), Gründung der Berliner Universität (Wilhelm von Humboldt), Gewerbefreiheit (Staatskanzler Karl August Hardenberg), Armeereform (Graf August Neidhardt von Gneisenau und Gerhard von Scharnhorst).

1812	Napoleon zieht nach Russland, besetzt Berlin.
1813	Befreiungskriege: Preußens Allianz mit Russland, Völkerschlacht bei Leipzig: Napoleon ist besiegt, die von ihm geraubte Quadriga vom Brandenburger Tor kehrt 1814 nach Berlin zurück.
Nach 1815	politische Reaktion, Stadtverschönerung, Romantik in Dichtung und Musik, technische Erfindungen – neues Stadtbild durch Karl Friedrich Schinkel, Christian Daniel Rauch und Peter Joseph Lenné, Beginn der industriellen Entwicklung.
1838	Eisenbahnstrecke Berlin–Potsdam.
1840–61	regiert Friedrich Wilhelm IV.
1840	hat Berlin etwa 300 000 Einwohner.
1845	wird Schinkels Museumsbau am Lustgarten, später ›Altes Museum‹ genannt, gegenüber dem Stadtschloss erbaut; Beginn des ›Jahrhundertprojekts Museumsinsel‹. Bau des Landwehrkanals.
1848	Märzrevolution, Unruhen und Straßenkämpfe. Bürger fordern Pressefreiheit, Vereinsrecht, Verfassung und parlamentarische Vertretung. Das Militär greift ein, 300 Berliner sterben. Monarchie nunmehr mit Staatsverfassung, jedoch ohne Demokratie.
1850	neue Stadtverfassung, ungerechtes Dreiklassenwahlrecht.
1856	erstes Wasserwerk, Baubeginn von Wasserversorgungen.
1858–88	Wilhelm I. (Bruder des erkrankten Friedrich Wilhelm IV.).
1861	Eingemeindungen: Gesundbrunnen, Wedding, Tempelhof, Moabit, Schöneberg.
1862	Hobrechtscher Stadtbauplan. Mietskasernenbau. Bodenspekulation wird nicht verhindert.

1867	Berlin wird Hauptstadt des Norddeutschen Bundes. Wachsende Industrialisierung.
1870/71	Deutsch-Französischer Krieg, an dessen Ende König Wilhelm I. zum Deutschen Kaiser Wilhelm I. proklamiert wird. Berlin wird Hauptstadt des Deutschen Reiches (rund 800000 Einwohner).
1874	Eröffnung der Wannseebahn. Bau der Nationalgalerie auf der Museumsinsel.
1877	Berlin hat über eine Million Einwohner.
1879	Gründung der Technischen Hochschule.
1880	Anhalter Bahnhof, lange der wichtigste unter den vielen Berliner Bahnhöfen.
1888	Dreikaiserjahr: nach dem Tod Wilhelms I. regiert der todkranke Friedrich III. nur 99 Tage.
1888–1918	Kaiser Wilhelm II.
1894	Einweihung des Reichstagsgebäudes von Paul Wallot.
1902	erste Hoch- und Untergrundbahn (Zoo – Warschauer Brücke).
1903	Eröffnung des Kaiser-Friedrich-Museums (heute Bode-Museum). Berlin hat zwei Millionen Einwohner.
1906	Der Schuhmacher Friedrich Wilhelm Voigt überfällt als ›Hauptmann von Köpenick‹ das Rathaus von Köpenick; das Ereignis verarbeitet Carl Zuckmayer in seiner Tragikomödie *Der Hauptmann von Köpenick*, UA 1931.
1908	große Demonstration gegen das Dreiklassenwahlrecht.
1914–18	Erster Weltkrieg. Nach erster Kriegsbegeisterung Hunger, Lebensmittelrationierung. Hamsterfahrten aufs Land. Massenstreiks. Antikriegskundgebungen.
1918	9. November Ausrufung der Republik. Abdankung des Kaisers und aller deutschen

Fürsten. Ende der Monarchie, der Führer der Sozialdemokratischen Partei Friedrich Ebert wird Kanzler.

1919 Spartakusaufstand – in den Straßen Berlins wird gekämpft. Ermordung von Karl Liebknecht und Rosa Luxemburg. Allgemeines, gleiches und geheimes Wahlrecht, auch für Frauen.

1920 rechtsradikaler Kapp-Putsch, Freikorpskämpfer besetzen Straßenzüge.

1920 Eingemeindung von Charlottenburg und weiteren 65 Gemeinden, Groß-Berlin entsteht, mit 3,8 Millionen Einwohnern.

1923 Inflation, Geldentwertung, zuletzt 1 US Dollar = 40 Milliarden Mark. Einführung der Rentenmark.

1924 erste Berliner Funkausstellung.

1929 Weltwirtschaftskrise, 600000 Arbeitslose in Berlin.

1932 Wahlen in Berlin: Kommunistische Partei 31%, NSDAP 25,95%, SPD 23,3%, DNVP 11,3% (u. a.).

1933 Januar: Präsident Hindenburg ernennt Adolf Hitler zum Reichskanzler. In der Folge Verherrlichung des ›Führers‹ und der Volksgemeinschaft, Arbeitsdienst, Winterhilfswerk und Rassenlehre.

27./28. Februar: Reichstagsbrand, Festnahmen, Misshandlungen, Folterungen politisch Andersdenkender.

10. Mai Bücherverbrennung auf dem heutigen Bebelplatz. Emigration verfolgter jüdischer Bürger und politischer Gegner.

1936 Olympische Sommerspiele in Berlin.

1938 Hitler lässt die Synagogen in Brand setzen, 9./10. November: ›Reichskristallnacht‹.

1939 Beginn des Zweiten Weltkriegs.
1941 Beginn der Deportationen von Juden (etwa 70000) in Vernichtungslager.
1942 Wannseekonferenz, auf der Maßnahmen zur Ermordung aller Juden in Europa beschlossen werden. Schwere britisch-amerikanische Luftangriffe auf Berlin.
1944 20. Juli: Nach einem missglückten Attentat von Offizieren auf Hitler werden die Widerstandskämpfer erschossen, andere vom Volksgerichtshof verurteilt und hingerichtet.
1945 April: Die sowjetrussische Rote Armee schließt Berlin ein, erobert die Stadt unter schwerem Beschuss im Straßenkampf. Selbstmord Hitlers im Bunker der Reichskanzlei, Kapitulation am 8. Mai in Karlshorst.
Ab Juni 1945 wird Berlin in vier Sektoren aufgeteilt und von den Besatzungsmächten Sowjetunion, US-Amerika, Großbritannien und Frankreich verwaltet.
1946 erste Wahlen in Berlin. Niederlage der SED, einer im sowjetischen Sektor vorgenommenen Zwangsvereinigung von KPD und Sozialdemokraten.
1947 Preußen ist per Dekret aufgelöst. Vorläufige Verfassung.
1948 Juni: Einführung der neuen Währung Deutsche Mark, auch in den Westsektoren Berlins.
Juni 1948 – Mai 1949 Luftbrücke. Die sowjetische Militäradministration unterbricht jeglichen Landverkehr nach Westberlin, daraufhin elf Monate Versorgung der Bevölkerung aus der Luft mit 280000 Flügen, die 1,73 Millionen Tonnen Güter transportieren.
1949 Ende der Blockade. 23. Mai Gründung der Bundesrepublik, das Grundgesetz schließt

Großberlin ein. Hauptstadt wird vorläufig Bonn. 7. Oktober Gründung der DDR mit Ostberlin als Hauptstadt.

1950 eigene Verfassung für Westberlin tritt in Kraft.

1951 erste internationale Filmfestspiele Berlin.

1953 Volksaufstand in Ostberlin und der DDR am 17. Juni, sowjetrussische Panzer greifen ein.

1958 Berlin-Krise: In einem bedrohlichen Ultimatum fordert Nikita Chruschtschow, Präsident der UdSSR und Vorsitzender der KPdSU, von den Westmächten entmilitarisiertes Westberlin. Seit 1949 haben drei Millionen Menschen die DDR über Westberlin verlassen.

1961 13. August, die DDR schließt die Grenze Westberlin-Ostberlin, Beginn des Mauerbaus, Verschärfung der Teilung der Stadt. Militärische Bewachung, keine Besuche von Westberlinern in Ostberlin mehr möglich. Eskalation des Kalten Krieges (USA / Sowjetunion).

1968 Studentendemonstrationen in Westberlin, Außerparlamentarische Opposition (APO) fordert gesellschaftliche Veränderungen. Die Bewegung dehnt sich auf die Bundesrepublik aus.

1969 Einweihung des Fernsehturms in Ostberlin.

1970 Das Reichstagsgebäude wird nach Umbau wiedereröffnet.

1971 Transitabkommen der vier Mächte, Erleichterung des Verkehrs zwischen der Bundesrepublik und Westberlin. Günstigere Regeln für Besuchsreisen von Westberlinern nach Ostberlin.

1974 Einweihung des Flughafens Tegel.

1987 750-Jahrfeier der Stadt Berlin.

1989 Erich Honecker, Staats- und Parteichef der DDR, wird abgelöst.

7. November: Rücktritt der DDR-Regierung; 9. November: Öffnung der Mauer.

1990 3. Oktober: DDR tritt der BRD bei. Deutsche Wiedervereinigung.

1991 Hauptstadtdebatte. Parlament und Regierung sollen nach Berlin umziehen, einige Referate jedoch in Bonn bleiben. Berlin wird zur größten Baustelle Europas. Erste Gesamtwahl der Berliner zum Abgeordnetenhaus.

1994 Abzug der alliierten Streitkräfte aus Berlin.

1995 Christo und Jeanne-Claude »verpacken« den Reichstag.

1999 Umzug von Bundesregierung und Parlament nach Berlin. Der von Norman Foster umgebaute Reichstag wird eingeweiht.

2001 Aus den 23 Berliner Bezirken werden 12, nur drei davon sind unverändert, 20 durch Zusammenschlüsse auf neun reduziert.

2006 Der neue Hauptbahnhof wird in Betrieb genommen.

2008 Dezember: Der DDR-Repräsentationsbau ›Palast der Republik‹ wird abgerissen. Da der Nachbau des Hohenzollernschlosses geplant, aber in der Wirtschaftskrise nicht finanzierbar und immer noch umstritten ist, wird auf dem Schlossplatz eine Grünfläche mit provisorischen Gebäuden angelegt.

2010 Mit 3,4 Millionen Einwohnern ist Berlin bevölkerungsreicher als Hamburg und München zusammen. Etwa 6,3 Prozent der Bevölkerung sind muslimisch.

2012 soll der im Bau befindliche Großflughafen in Schönefeld als Flughafen Berlin-Brandenburg eröffnet werden, Flughafen Tegel geschlossen werden.

Stammtafel der Hohenzollern

Die brandenburgisch-preußische Linie in Auswahl

Friedrich Wilhelm v. Brandenburg,
der große Kurfürst
*1620 †1688, Kurfürst 1640
∞ Luise Henriette v. Oranien, *1627 †1677

Friedrich III., *1657 †1713
Kurfürst 1688
König Friedrich I. in Preußen 1701

Friedrich Wilhelm I., *1688 †1740
König von Preußen 1713, »Soldatenkönig«

Friedrich II. der Große
*1712 †1786

August Wilhelm, *1722 †1758

Friedrich Wilhelm II.
*1744 †1797, König 1786

Friedrich Wilhelm III., *1770 †1840
König 1797, Kurfürst bis 1806
∞ Luise v. Mecklenburg-Strelitz
*1776 †1810

Friedrich Wilhelm IV.
*1795 †1861
König 1840
∞ Elisabeth v. Bayern
*1801 †1873

Wilhelm I., *1797 †1888
König 1861, (Regent 1858)
deutscher Kaiser 1871
∞ Augusta v. Sachsen-Weimar, *1811 †1890

Friedrich III., *1831 †1888
Kaiser 1888, (Kronprinz Friedrich Wilhelm)
∞ Victoria v. England, *1840 †1901

Wilhelm II., *1859 †1941
Kaiser 1888–1918
1. ∞ Auguste Victoria
v. Holstein-Augustenburg, *1858 †1921
2. ∞ Hermine Reuß, *1887 †1947

Kulturkalender

Januar

Sechstagerennen: Jubel im ›Velodrom‹, mit bald hundert Jahre alter Tradition. (www.sechstagerennen-berlin.de)

Lange Nacht der Museen: Im Januar und im August stehen jeweils am letzten Sonntag die Tore der meisten der rund 170 Berliner Museen offen, bis Mitternacht. (www.lange-nacht-der-museen.de)

Bread & Butter: anspruchsvolles Modedesign in den Hallen des Flughafens Tempelhof. (www.breadandbutter.com)

Februar

Berlinale: Zwei Wochen mit rund 750 Filmen in vielen Kinos; die Jury-Favoriten werden mit dem Goldenen und Silbernen Bären ausgezeichnet. (www.berlinale.de)

März

Internationale Tourismusbörse: Rund 10000 Aussteller füllen die Hallen des Messegeländes, unter der Woche für das Fachpublikum, am Wochenende für alle Reise-Interessierten. (www.itb-berlin.de)

Märzmusik: Zunächst als Musik-Biennale in Ostberlin konzipiert, ist es jetzt Berlins Szene für experimentelle Musik, auch zu anderen Jahreszeiten. (www.maerzmusik.de)

Mai

Maifeiertag: Der einstige ›Tag der Arbeit‹ wird heute mit Picknick im Grünen gefeiert, begleitet von Mai-Demonstrationen.

Theatertreffen in Berlin: Bühnen-Highlights mit Aufführungen aus deutschen, österreichischen und schweizerischen Theatern. (www.theatertreffen.de)

Juni/Juli

All Nations Festival: Freier Zugang zu den ausländischen Botschaften, die sich mit Musik, Gespräch und Kulinarischem präsentieren. (www.allnationsfestival.de)

Fete de la Musique: Gegründet vom französischen Kultusminister Jack Lang, treten Hunderte von Bands auf; seit 1982 am 21. Juni. (www.lafetedelamusique.com)

Juli

Classic Open Air am Gendarmenmarkt: Festival der klassischen Musik. (www.classic-openair.de)

August

Berliner Gauklerfest: Zirkusfest ›Unter den Linden‹, am Schinkelplatz. (www.gauklerfest.de)

Internationale Funkausstellung: alljährliche Präsentation vor allem der neuesten elektronischen Geräte für globale Kommunikation. (www.ifa-berlin.de)

September/Oktober

Art Forum Berlin: Berliner Galerien zeigen aktuelle Kunst aus vielen Ländern (Sept. und Okt.). (www.art-forum-berlin.de)

Internationales Literatur Festival: Jedes Jahr finden Lesungen mit Autoren aus einem anderen Land statt. (www.literaturfestival.com)

Oktober

Jazz in den Ministergärten: Vertretungen der Bundesländer (nahe beim Potsdamer Platz) öffnen ihre Türen und veranstalten Jazzkonzerte. (www.jazzland.de)

Tag der Deutschen Einheit: Der 3. Oktober wird mit Straßenfesten und vielen anderen Veranstaltungen gefeiert – meistbesucht zwischen Brandenburger Tor und Rotem Rathaus.

November

spielzeiteuropa: 15 Theater-Highlights von November bis Januar, jedes Jahr aus einem anderen Land – ein Festprogramm der ›Berliner Festspiele‹.
(www.spielzeiteuropa.de)

Dezember

Berlin Biennale: alle zwei Jahre stattfindendes Festival für zeitgenössische Kunst mit mehreren Ausstellungsplätzen und zahlreichen Veranstaltungen.
(www.berlinbiennale.de)

Rundgänge

1. Tag: Vom Brandenburger Tor und Pariser Platz auf Berlins berühmtem Boulevard ›Unter den Linden‹ zum Forum Fridericianum und zum ehemaligen Zeughaus, heute Museum deutscher Geschichte. Staatsbibliothek, Oper, Humboldt-Universität und Schinkels ›Neue Wache‹. Gendarmenmarkt, Auswärtiges Amt und Friedrichwerdersche Kirche mit Schinkel-Museum (s. S. 46–71).

2. Tag: Vom Schlossplatz mit der fünfstöckigen Humboldt-Box zur Museumsinsel, zum Berliner Dom und zum Alten Museum. Gotische Marienkirche, Fernsehturm und Alexanderplatz, Rotes Rathaus, Nikolaiviertel und Bauten des alten Cölln und Berlin.

3. Tag: Hackesche Höfe, Sophienkirche, Neue Synagoge, Künstlerhaus Tacheles, Brecht-Weigel-Gedenkstätte, Dorotheenstädtischer Friedhof, Friedrichstadtpalast, traditionsreiche Theater und Erinnerungsort ›Tränenpalast‹.

4. Tag: Reichstag, ›Band des Bundes‹, Kanzleramt, an der Spree zum neuen Hauptbahnhof und Museum Hamburger Bahnhof, Tiergarten mit dem Haus der Kulturen der Welt, Schloss Bellevue, Hansa-Viertel, Siegessäule und Sowjetischem Ehrenmal.

5. Tag: Abstecher südostwärts von der Leipziger Straße nach Kreuzberg, historische Parlaments- und Regierungsbauten, Deutsches Technik-Museum, Willy-Brandt-Haus, Berlinische Galerie, Jüdisches Museum und Kreuzberg.

6. Tag: In weitem Bogen westwärts: Hochhaus-Berlin am Potsdamer Platz, Matthäus-Kirche, Kulturforum, Shell-Haus und Museum für moderne Gestaltung (Bauhaus), KaDeWe, Zoologischer Garten, Europa-Center, Kaiser-Wilhelm-Gedächtniskirche, Börse, Universität der Künste, Jüdisches Gemeindehaus, Literaturhaus, Schaubühne am Lehniner Platz.

7. Tag: Von Charlottenburg nach Spandau: Schiller-Theater und Deutsche Oper, Schloss und Park Charlottenburg, Bröhan-Museum und die Sammlungen Berggruen und Scharf-Gerstenberg, Funkturm und Congress-Centrum, Kolbe-Museum und Corbusier-Haus, Olympiagelände, Spandau.

Zentrum I

›Unter den Linden‹ vom Brandenburger Tor und Pariser Platz zum Gendarmenmarkt und Zeughaus

Brandenburger Tor (I E2; zwischen Pariser Platz und Tiergarten): Das Brandenburger Tor hat als einziges der einst 18 Berliner Stadttore die Zeiten überdauert. Gründe dafür mögen die prominente Lage zwischen dem historischen Zentrum der Stadt Richtung Tiergarten sein, zudem die herausragende Qualität des Bauwerks. Der antikisierende Klassizismus und Neoklassizismus prägen heute noch die Reste des historischen Stadtbildes. Das Brandenburger Tor gilt als das früheste Klassizismus-Beispiel in Berlin. Samt den seitlichen Wach- und Zollgebäuden wurde es von dem Schlesier Carl Gotthard Langhans (1732–1808) im Auftrag von König Friedrich Wilhelm III. geschaffen.

Von der Athener Akropolis inspiriert, ließ Langhans kannelierte dorische Säulen vor die Mauern setzen, die das Tor in fünf Durchfahrten teilen. Im dorischen Stil sind auch das Deckengebälk und die Attika gehalten, auf der die Quadriga steht. Baubeginn war 1788, 1791 war der damals ›Friedenstor‹ genannte Bau vollendet.

Reliefs an der Attika und an den Innenmauern zeigen die Huldigung an Friedrich den Großen als Feldherrn und Friedenskönig. Die Siegesgöttin auf der 5 m hohen Quadriga mit ursprünglicher Blickrichtung zum Stadtschloss wurde 1793–95 nach Entwürfen des Hofbildhauers Johann Gottfried Schadow (1764–1850) geschaffen. Die gleichfalls von Schadow entworfene Friedensgöttin an der Attika zeigt die Göttin als Friedensbringerin, die in ihrem Gefährt von Genien gezogen wird. Die Tugenden gehen voran, Herkules überwältigt Neid und Zwietracht. Weitere Gestalten verkörpern Freude und Überfluss, die bilden-

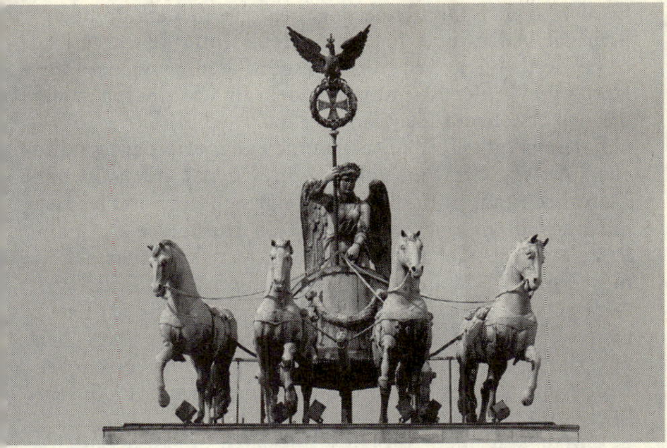

Die Quadriga auf dem Brandenburger Tor, mit Siegesgöttin, Eisernem Kreuz und Preußenadler

den Künste, Musik und die Göttin der Astronomie, Urania. Zum Zeichen der wieder aufblühenden friedlichen Kultur steckt der Kriegsgott Mars sein Schwert in die Scheide. Vom Kampf erzählen die Metopen am Fries: Lapithen, mythische Helden der Vorzeit, ringen mit Kentauren, den Fabelwesen mit Pferdeleib und menschlichem Oberkörper.

Napoleon ließ nach dem Sieg über Preußen 1807 die Quadriga nach Paris transportieren, 1814 kehrte sie an ihren Platz zurück. Zum Gedenken an die überstandenen Kriege wurde sie auf königlichen Befehl mit Preußenadler und Eisernem Kreuz im Eichenlaubkranz ausgestattet. Im Zweiten Weltkrieg wurde das bronzene Vierergespann zerstört, es konnte aber nach erhaltenen Gipsmodellen 1958 in der Westberliner Kunstgießerei Noack erneuert werden. Die DDR-Regierung ließ die beiden Preußen-Symbole Adler und Eisernes Kreuz entfernen. 1990/91 restauriert, blickt die Friedensgöttin nun wieder mit Kreuz und Adler Richtung ›Linden‹ und Schlossplatz auf das neu erstehende Zentrum Berlins.

Pariser Platz (I E2): Das heutige Platzgeviert am westlichen Anfang der Prachtallee ›Unter den Linden‹ in der Dorotheenstadt in Berlin Mitte zeigt sich noch immer fast quadratisch wie im 18. Jh. Um 1735 wurde der Platz am Brandenburger Tor unter der Herrschaft des ›Soldatenkönigs‹ Friedrich Wilhelm I. in der neuerbauten Friedrichstadt angelegt, von der Stadtmauer begrenzt und als Exerzierfeld genutzt. Im 19. Jh. mutierte der Pariser Platz eher zögerlich zum noblen Empfangssalon Berlins. Nach der Eroberung Berlins durch die russische Armee 1945 verblieben an allen vier Platzseiten nur Ruinen.

1961 ließ Walter Ulbricht unmittelbar am Brandenburger Tor die Berliner Mauer bauen. Der Pariser Platz wurde Sperrzone, zugänglich nur für die Grenzwächter der Volksarmee, für Polizei und Besuchergruppen, bis zur Maueröffnung am Abend des 9. November 1989. Inzwischen sind alle Baulücken durch Neubauten geschlossen. Diese sind generell größer als die vor dem Zweiten Weltkrieg, was die Proportionen stört und das zuvor dominante Brandenburger Tor kleiner erscheinen lässt.

Die wichtigsten Bauten im Uhrzeigersinn vom Brandenburger Tor aus: Das **Max-Liebermann-Haus,** die **Französische Botschaft,** das **Hotel Adlon,** die **Akademie der Künste**, die **DZ-Bank** und die **US-Botschaft.** Am Pariser Platz 4a befindet sich **The Kennedys**, das Familienmuseum der Kennedy-Dynastie.

Im **Max-Liebermann-Haus** (II E2) fasziniert vor allem der Blick hinunter auf den Pariser Platz. Max Liebermann (1847–1935), der Wegbereiter impressionistischer Malerei in Deutschland, der langjährige Präsident der Preußischen Akademie der Künste und Berliner aus wohlhabender jüdischer Kaufmannsfamilie, wohnte in diesem Haus bis zu seinem Tod. Von hier beobachtete er auch am 30. Januar 1933 den Fackel-Aufmarsch zur Machtergreifung Adolf Hitlers.

Der Bau ging im Kern auf eines der ältesten Häuser am Pariser Platz zurück. Nach der Wiedervereinigung baute der Berliner Architekt Josef Paul Kleihues das Haus neu auf, zusammen mit dem symmetrisch auf der Südseite des Brandenburger Tors gelegenen ›Haus Sommer‹, mit klassizistisch klaren Fassaden und zurückhaltenden Fensterproportionen.

Die **Französische Botschaft** (II E2) hat 2002 dasselbe Grundstück bezogen, das bereits seit 1860 ihr Standort war, allerdings hat das Palais der Gräfin von Hagen den Krieg nicht überdauert. Der Pariser Architekt Christian de Portzamparc gab der Neubaufassade einen deutlichen Festungscharakter, mit einer Natursteinmauer im Erdgeschossbereich – ein Unikat am Pariser Platz und zugleich Kontrast zur Glasfront der Akademie der Künste vis-à-vis. Den Blick auf das Brandenburger Tor ermöglichen im Westteil des Gebäudes abgeschrägte Fensterlaibungen. Konsulat und Kulturabteilung sind auf der Ostseite zur Wilhelmstraße hin untergebracht.

Hotel Adlon (II E2; Unter den Linden 77): Die Geschichte des Hauses ist eng mit der Karriere des Gründers Lorenz Adlon (1849–1921) verbunden. Der Schuhmachersohn hatte zunächst mit einer Tischlerlehre begonnen und war dann in der Gastronomie mit Edelrestaurants zu Wohlstand gekommen. Für das Adlon-Hotel hatte er sich das beste Grundstück vis-à-vis vom Brandenburger Tor wie auch die Unterstützung von Kaiser Wilhelm II. sichern können.

Für den Neubau des Hotels (Eröffnung 1907) wurde das Adelspalais Redern abgerissen, für das Karl Friedrich Schinkel die klassizistische Fassade entworfen hatte. Nach den Vorgaben Lorenz Adlons erbauten die Architekten

Carl Gause und Robert Leibnitz einen wiederum mit klassizistischer Fassade versehenen Hotelpalast. Äußerlicher Prunk wurde vermieden, der Luxus wartete hinter der Fassade mit üppigem Neobarock, Bibliothek, Musiksalon, Rauchersalon, Damenzimmer und Ballsaal, Wintergarten und Konferenzzimmern auf. Als Luxus galt damals auch die elektrische Beleuchtung. Dieser neue Hoteltyp sicherte den Zulauf von adligen und vermögenden Gästen aus aller Welt.

Ein Adlon-Mythos entstand, der nach dem Zweiten Weltkrieg auch noch der Ruine des Hauses anhing und die Gestaltung des Neubaus beeinflusste. Die Kempinski AG übernahm von der Erbin Hedda Adlon die Adlon-Rechte und entsprach ihrer Forderung, der Neubau solle wieder am Pariser Platz stehen. Während der DDR war der erhalten gebliebene Seitenflügel genutzt und 1984 abgerissen worden. 1995–97 erstand hier das neue Adlon als exklusiver Erinnerungsort nach Entwürfen von Rüdiger Patzschke, Rainer Maria Klotz und Partner. Wie den Vorgängerbau prägt eine zurückhaltend klassizistische Fassade auch den Neubau mit Naturstein, Putzfassaden und grünem Kupferdach.

Hatte Kaiser Wilhelm II. 1907 als erster das Hotel Lorenz Adlons besichtigt, hielt 90 Jahre später Bundespräsident Roman Herzog die Eröffnungsrede. Das neue Adlon hat zwei Stockwerke mehr, was die Raumhöhen mindert, spürbar in der Bibliothek, wo das gewölbte Deckenfresko dem Betrachter nahe rückt. Auch wenn das Adlon nie ein Beispiel außerordentlicher Architektur war, bietet das Haus mancherlei Exquisites, von der Präsidenten-Suite und Gourmet-Restaurants bis zur winterlichen Eisbar samt Glühwein vor dem Hotel, dazu im Adlon-Palais u. a. die Nachtklub-Diskothek, die Lorenz-Adlon-Weinhandlung und die Shoshu-Bar in der Adlon-Holding.

Akademie der Künste (II E2; Pariser Platz 4): Im Kontrast zur konservativen Architektur des benachbarten Adlon-Hotels und aller anderer Bauten am Pariser Platz ist der spiegelnde Neubau-Glaskasten der Akademie unübersehbar ein Werk der Moderne. Gegründet 1696, residierte die Königliche Akademie bis zum Anfang des 20. Jh.s Unter den Linden, musste dann dem Neubau der Preußischen Staatsbibliothek weichen und bezog ein Palais des 18. Jh.s am Pariser Platz, das nach vielen Vorbesitzern zuletzt einem Grafen von Arnim-Boitzenburg gehörte.

1904–06 für die Akademie umgebaut, verfügte der langgestreckte Bau über opulente neoromanische Portale. Im Innern galten die mit Oberlicht ausgestatteten Säle als die »besten Schauräume ihrer Stadt«. Mit der Präsidentschaft Max Liebermanns (1920–32) avancierte die Akademie zum kreativsten kulturellen Zentrum der Weimarer Republik. Bildende Kunst, Musik, seit 1926 auch die Sektion für Dichtkunst öffneten sich neuen Ideen, bis 1933 das Hitler-Regime Mitglieder wie Käthe Kollwitz und Heinrich Mann ausschloss. Bereits 1937 musste die Akademie das Haus räumen, da das Gebäude vom Generalbauinspekteur Albert Speer für seine Behörde beansprucht wurde. Knapp vor Kriegsende brannte der Bau aus. Mit den beiden deutschen Staaten teilte sich auch die Akademie.

Die Westberliner Akademie bezog am Rand des Hansa-Viertels das um 1960 erbaute Gebäude der Akademie (Hanseatenweg 10, Architekt Werner Düttmann), das eine Stiftung des Deutschamerikaners Henry H. Reichhold ermöglicht hatte. Eingebettet in die Wohnparklandschaft, zeigen mehrere Ebenen um einen Skulpturenhof, Foyers und Galerien eine klar gegliederte Architektur.

1990 konnte die Akademie-Wiedervereinigung mit einem ersten Ausstellungsraum am Pariser Platz gefeiert werden, 2005 die Eröffnung des neuen Gebäudes. Das Konzept der Architekten Behnisch und Partner (mit Manfred Sabatke und Werner Durth), das 1994 einstimmig intern von der Akademie akzeptiert worden war, kollidierte zunächst mit den Bebauungsplänen des Berliner Senats und dessen Ziel, den Pariser Platz weithin getreu wiederherzustellen. Der Streit um die Gestaltung der Fassade dauerte bis 1999. Realisiert wurde eine monumentale Glaswand mit großen Ein-, Aus- und Durchblicken und einer Vielzahl von Treppen, Rampen und Gängen.

An die Akademie der Künste schließt sich das streng gerasterte Gebäude der **DZ-Bank** an (II E2; Deutsche Zentral-Genossenschaftsbank, Pariser Platz 3). Der Architekt Frank Gehry, als Ephraim Goldberg 1929 in Toronto geboren und in Kalifornien zu Hause, gelangte mit dekonstruktivistischen Bauten zu Weltruhm, 1989 wurde ihm der Pritzker-Preis zuerkannt. Gehrys scheinbar kippende Räume, gebrochene Winkel und verdrehte Kuben haben der klassischen Architektur abgesagt und wollen immer wieder neu in Raum und Licht entdeckt und wahrgenommen werden. Umso mehr überrascht den Gehry-Kenner der Bau am Pariser Platz, der der Vorgabe der Stadt folgen musste, die vorschrieb, dem Pariser Platz in seinen Fassaden und seinen Traufhöhen eine in sich geschlossene Form zu geben. Mit den acht breiten vertikalen und den schmalen horizontalen Gliederungselementen und den dazwischen liegenden großen Fensterfronten wirkt die Fassade des Gehry-Baus wie eine übergroße Schrankwand. Im Inneren ähnelt der große Konferenzraum mit seiner ungefügen, sackartigen Form einem legendär großen Fisch. Einen solchen hat Gehry tatsächlich in die originelle Hülle eingebaut.

Die **US-Botschaft** (II E2; Pariser Platz 2) wurde als letztes Bauwerk am Pariser Platz fertiggestellt und 2008 eröffnet. Der größte Bau am Pariser Platz (Entwurf: US-Firma Moore-Ruble-Yudell, 1995) mutet eher gleichförmig monoton als großzügig an. Vor der hohen Öffnung zur Empfangsrotunde scheint das Vordach aus Stahl und Glas ohne stimmige Proportion wie über dem Eingang angeklebt. Auch der Rund-Aufbau auf dem Dach des langen Seitenflügels vis-à-vis zum Tiergarten kann dem Bau der US-Repräsentanz keinen besonderen Charakter verleihen.

Holocaust-Mahnmal (II E2; Denkmal für die ermordeten Juden Europas, Behrenstraße, Ebertstraße. Cora-Berliner-Straße, Hannah-Arendt-Straße): Auf fast 20000 qm Fläche reihen sich 2711 Stelen aus Beton, von einem halben Meter bis zu viereinhalb Meter Höhe mit einem durchschnittlichen Gewicht von 8 Tonnen je Stele. Sie bilden 54 Nord-Süd-Achsen und 87 Ost-West-Achsen. Nächtens werden sie von 180 im Bodenpflaster verlegten Leuchtröhren bestrahlt. Der unterirdisch eingebaute ›Ort der Information‹ und der ›Raum der Namen‹ bieten Ausstellungs- und Vortragsräume.

1988 wurde der Publizistin Lea Rosh die Idee des Mahnmals von dem Historiker und Hitler-Forscher Eberhard Jäckel in Israel angetragen. Beharrlich hat sich Lea Rosh für das Mahnmal, seinen Ort, seine Gestalt und seine Finanzierung eingesetzt.

Zur Jahreswende 2004/05 wurde es fertiggestellt. Sein Schöpfer, der US-Amerikaner Peter Eisenman, der ab 1997 mit der Aufgabe betraut worden war, schätzte die Bedeutung seines Werkes wie folgt ein: »Es ist ein Platz ohne Bedeutung«, und es ist »ein Platz ohne Information«. Entsprechend hatte sich Eisenman entschieden gegen den ›Ort der Information‹ unter dem Stelenfeld ausgesprochen, da die Welt von Information übervoll sei.

Ob die Stelen-Architektur als Feld voller Sarkophage oder als ein wogendes Meer angesehen wird, Eisenman sieht in seinem Werk eine Mahnung zum Erinnern, aber keinen Appell an Schuldgefühle.

Friedrichstraße (I F2–3; der Abschnitt südlich von ›Unter den Linden‹): Mit schicken Autosalons, Kabaretts und Varietés, Hotels der Hochpreisklasse und entsprechenden Warenhäusern strahlte die nicht nach Friedrich II., sondern nach dessen Großvater, König Friedrich I., benannte Friedrichstraße schon vor 1914 Weltstadttradition aus.

Seit 1989 wird an dieser historischen Nord-Süd-Achse gearbeitet. Zu den ersten Gebäuden gehört die 1996 eröffnete ›Galerie Lafayette‹ (Architekt: Jean Nouvel), ein monumentaler moderner Glaspalast mit Glasfassaden, mit großer, farbig verglaster Kuppel über der Haupthalle, Glaseffekten und riesigen Trichter-Glasgebilden. 1996 war das Pariser Lafayette-Stammhaus gerade hundert Jahre alt geworden.

Nahezu gleichzeitig entstanden die sogenannten ›Quartiere‹, mit den Ziffern 205, 206 und 207, entworfen von Star-Architekten wie Oswald Mathias Ungers (1926–2007) die unterirdisch verbundenen ›Friedrichstadt-Passagen‹. Sie alle haben sich in nächster Nachbarschaft zum Gendarmenmarkt etabliert, auf den die frankophil gewählte Bezeichnung *Quartier* wohl auch zurückzuführen ist. Das ›Quartier Schützenstraße‹ (Architektur: Aldo Rossi und die Berliner Bellmann & Böhm) liegt weiter südlich, mit grünen Innenhöfen, individueller Dachgestaltung und aufmunternd buntem Gesamterscheinungsbild.

Am einstigen Grenzkontrollplatz **Checkpoint Charlie** (I F2–3) bei der U-Bahn-Station Kochstraße ist 2000 eine Kontrollbaracke in der Fahrbahnmitte als Memorial aufgestellt worden. Nach dem Bau der Mauer war Checkpoint Charlie für alliierte und russische Soldaten, ausländische Diplomaten und andere Ausländer der einzige offizielle Übergang nach Ostberlin. Republikflüchtlinge versuchten hier den Durchbruch in den Westen und wurden erschossen. Das ›Haus am Checkpoint Charlie‹ dokumentiert die düsteren Ereignisse an dieser Grenze.

Komische Oper (II F2; Behrenstraße 55–57): 1892 wurde das Theater von Hermann Helmer (1849–1919) und Ferdinand Fellner d. J. (1847–1916) errichtet. Es diente als ›Theater unter den Linden‹ der leichten Muse, ab 1898 Metropoltheater genannt, das wegen seiner Revuen beim Publikum sehr beliebt war. Nach dem Ersten Weltkrieg wurde es Operettentheater. 1934 übernahm die NS-Organisation ›Kraft durch Freude‹ das Haus ebenfalls zur leichten Unterhaltung. 1944/45 wurden Eingangshalle und Deckengemälde völlig zerstört, nur der Zuschauerraum und die Bühne blieben stehen.

1947 begann die Zeit der ›Komischen Oper‹. Der österreichische Regisseur Walter Felsenstein (1901–1975) eröffnete das Haus mit der Operette *Die Fledermaus* von Johann Strauß und entwickelte es zur hochberühmten Geburtsstätte des modernen Musiktheaters. Kapellmeister Leo Spies (1899–1965) und namhafte Dirigenten wie Otto Klemperer, Václav Neumann, Kurt Masur mehrten den Ruhm. Großartige Inszenierungen wie Jacques Offenbachs *Hoffmanns Erzählungen* und *Ritter Blaubart* sowie Leoš Janáčeks *Das schlaue Füchslein* schrieben Theatergeschichte. Nach Felsensteins Grundsatz sollten sich in der Oper Musik und szenisches Geschehen einander bedingen. Seine realistische Opernregie wird auch heute, 35 Jahre nach seinem Tode, in der Komischen Oper weitergeführt. Zudem wird nach wie vor in deutscher Sprache gesungen. In diesem Sinne sind 1965/66 bei der Modernisierung des Hauses durch Kunz Nierade (1901–1976) alle 1190 Plätze des Zuschauerraums mit einer mehrsprachigen Übersetzungsanlage ausgerüstet worden. Der festlich reichdekorierte neobarocke Zuschauerraum blieb bei diesem Umbau erhalten, auch das prächtige Treppenhaus. Die Hauptfront zur Behrenstraße gestaltete Nierade jedoch im sachlichen Stil der 1960er Jahre als kubischen Bau mit glatten Steinplatten und verglastem Obergeschoss. Das 1000 Quadratmeter große Foyer wurde 2005/06 von Stephan Braunfels mit verspiegelter Innendekoration neu gestaltet.

2007 erhielt die Komische Oper, das kleinste der staatlichen Opernhäuser Berlins, die Auszeichnung ›Theater des Jahres‹.

Gendarmenmarkt (II F2; südlich vom Boulevard ›Unter den Linden‹, über Friedrichstraße, Französische Straße

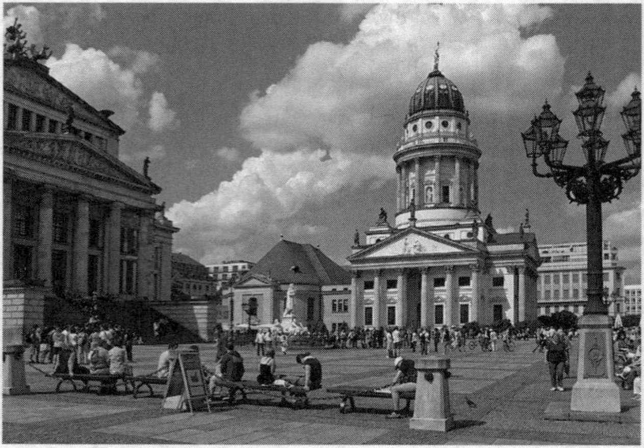

Zeuge des 18. und 19. Jahrhunderts: der Gendarmenmarkt

zu erreichen): Der Gendarmenmarkt zählt zu den schönsten barocken Platzanlagen Deutschlands, benannt nach der Hauptwache und den Ställen des Regiments Gendarmes, die bis 1773 auf dem Platz standen. Ursprünglich von dreistöckigen Häusern umbaut, wird die rechteckige Platzanlage vom Schauspielhaus, dem Deutschen Dom und dem Französischen Dom dominiert. Inspiriert von der Piazza del Popolo wollte König Friedrich II. seiner wachsenden Hauptstadt römischen Glanz verleihen. Die für die beiden Kirchen verwendete Bezeichnung Dom ist auf deren hochaufragende Kuppeln, frz. *dôme*, zurückzuführen.

Französischer Dom (II F2): Der nördlich des Schauspielhauses gelegene Französische Dom wurde 1701–05 nach Plänen von Louis Cayart für die in Preußen aufgenommenen Hugenotten errichtet. Nach dem Vorbild der 1688 abgebrannten hugenottischen Hauptkirche in Clarenton bei Paris zeigt der einfache Grundriss halbkreisförmige Anbauten an den Schmalseiten der Kirche. Der auf Anordnung von König Friedrich II. von 1780–85 ausgeführte Turm (Entwurf von Carl von Gontard, Ausführung von Georg Christian Unger) überstrahlt mit seiner Höhe von 70 m, mit den umlaufenden, frei stehenden 12 Säulen, den in Nischen eingestellten Skulpturen, der darüberliegenden Ballustrade und dem mit einer Figur der »Triumphierenden Religion« (1983 rekonstruiert) bekrönten, kupfernen Turmhaube den Kirchenbau. Die Entwürfe für die Skulpturen in den Giebelfeldern stammen von dem führenden Graphiker des 18. Jh.s Daniel Chodowiecki (1726–1801). 1905 wurde der Dom durch Otto March (1845–1913) neobarock umgebaut.

Der Französische Dom beherbergt das Berliner Hugenotten-Museum; die Aussichtsplattform ist zugänglich.

Deutscher Dom (II F2): Der Deutsche Dom wurde 1701–08 nach Entwürfen von Martin Grünberg (1655–1706/07) für die wachsende Bevölkerung in der Friedrichstadt in ungewöhnlicher Fünfeckstruktur mit fünf angegliederten Konchen erbaut. Die Giebelreliefs und -figuren zeigen Szenen des Neuen Testaments und Statuen der Tugenden (nach Entwürfen von Bernhard Rode). Entsprechend dem Französischen Dom ist der von der Figur der *Triumphierenden Tugend* bekrönte Turm 1780–85 ausgeführt worden. Der Deutsche Dom wurde 1881/82 mit neobarockem Schmuck von Hermann v. d. Hude ausgestattet.

Nach 1945 blieb der Dom lange nur eine notdürftig restaurierte Kriegsruine im Besitz des Berliner Magistrats, erst 1993–96 bekam er seine heutige Gestalt. Als sichtbare Zeichen seiner Geschichte sind im Inneren altes Mauerwerk ebenso wie Reste von Betoneinbauten der DDR verblieben. Seit 2002 ist hier die Ausstellung des Deutschen

Bundestages *Wege, Irrwege, Umwege. Die Entwicklung der parlamentarischen Demokratie in Deutschland* zu sehen.

Konzerthaus Berlin / Schauspielhaus (II F2): Das heutige Konzerthaus Berlin ist der vierte Musen-Bau an der prominenten Stelle zwischen dem Französischen und dem Deutschen Dom. Dem französischen ›Komödienhaus‹ des 18. Jh.s folgte das ›Schauspielhaus‹ von Carl Gotthard Langhans, das jedoch 1817 abbrannte. Der neue, klassizistische Bau von Karl Friedrich Schinkel bot Raum zugleich für eine Theaterbühne und einen Konzertsaal.

Mit weit vorspringendem Portikus, Freitreppe und klar gestaffelten Baukörpern huldigt der Bau in seiner gesamten Anlage der griechischen Architektur. Mythengestalten bevölkern Gebälk und Giebel, auf dem vorderen Dachfirst thront die bronzene Skulptur des Apoll mit seinem Greifengespann, über dem hinteren Pegasus, mit dem geflügelten Ross des Zeus und – in jüngerer Deutung – auch der Dichter (Skulpturen von Christian Daniel Rauch).

Im Zweiten Weltkrieg brannte Schinkels Schauspielhaus nahezu völlig aus. 1979 begann der Wiederaufbau als fast exakte Replik im Äußeren. Das Innere wurde nach dem Muster des weltberühmten Wiener Musikvereinssaals neu konzipiert. Von Schinkels Gestaltung wurde vor allem der rhombische Kassettendekor des Konzertsaals in den jetzt viel größeren übernommen (Klaus Just und Manfred Prasser). Daneben finden sich ein Kammermusiksaal, ein Probensaal und Raum für einen Musikklub. Das Konzerthaus veranstaltet alljährlich Hunderte von musikalischen Ereignissen.

Die Instandsetzung der übrigen, jetzt sechsstöckigen Bebauung des Gendarmenmarkts erfolgte erst Ende des 20. Jh.s.

Neu an seinem alten Platz aufgestellt ist seit 1988 auch das Schiller-Denkmal. 1871 in Form und Geist des Idealismus von Reinhold Begas (1831–1911) geschaffen, wurde die lebensgroße Skulptur samt dem Brunnen mit seinen allegorischen Figuren (Lyrik, Drama, Geschichte, Philosophie) 1938 entfernt, da sie Aufmärsche der Armee störte.

Abseits zwischen Französischem Dom und Konzerthaus steht das lebensgroße Denkmal für E.T.A. Hoffmann, mit einer kleinen gekrönten Schlange über der Schulter. Im gegenüberliegenden Weinhaus Lutter & Wegener kehrte Hoffmann gern mit dem gefeierten Schauspieler Ludwig Devrient ein.

Forum Fridericianum (II F2; Bebelplatz, früher Opernplatz): Städtebaulicher Höhepunkt und zugleich programmatisches Zentrum der Künste und Wissenschaften, prägt das Forum Friedrichs II. mit der Architektur des preußischen Klassizismus bis heute den historischen Kern Berlins. Der Platz öffnet sich zwischen **Staatsoper, St.-Hedwigs-Kathedrale, Alter Bibliothek** und **Humboldt-Universität.**

Staatsoper Unter den Linden (II F2; ehem. Hofoper unter den Linden, Unter den Linden 7): 1741–43 entstand dieses erste freistehende, nicht in ein Schloss integrierte Opernhaus als frühes Projekt von König Friedrich II. und seinem Architekten Georg Wenzeslaus von Knobelsdorff. Das Theater diente sowohl Vorführungen als auch Hofbällen. Von der ursprünglichen Innenraumgestaltung ist nur der Apollosaal (heute Konzertsaal) erhalten. Schon 1787 wurde durch Carl Gotthard Langhans das Haus umgebaut, 1843, nach einem Brand, durch Carl Ferdinand Langhans das Haus neu aufgebaut und der Eingang an die Nordseite verlegt. Ab dieser Zeit war das Haus nicht länger nur Hoftheater, sondern stand auch den Bürgern offen. Nach der völligen Zerstörung im Zweiten Weltkrieg erbaute 1952–55 Richard Paulick das Opernhaus gemäß dem ursprünglichen Knobelsdorff-Bau neu. Das historische Äußere wurde bewahrt, innen entstand zusätzlich ein Untergeschoss für Garderoben und Bar. Der Zuschauerraum mit seinen drei Galerien zeigt eher sparsam barock klassizistisches Dekor. Seit Herbst 2010 steht eine umfangreiche Sanierung an mit Verbesserung der Akustik und der Sichtverhältnisse im Zuschauerraum. Die Wiedereröffnung ist für 2013/14 geplant, bis dahin gastiert der Opernbetrieb im Schillertheater.

St.-Hedwigs-Kathedrale (II F2; Bebelplatz): 1773 geweiht, ist sie die erste katholische Kirche im protestantischen Berlin. Friedrich II. hatte 1745 das katholische Schlesien erobert und sah sich mit wachsender katholischer Zuwanderung konfrontiert. Für diese Gläubigen ließ er den Bau errichten, geweiht der hl. Hedwig, Schlesiens Schutzpatronin. Die runde Kirche mit der antikisierenden Tempelfront entstand nach dem Vorbild des römischen Pantheons (ursprünglich die mächtige Kuppel mit rotem Ziegeldach, heute Kupferdach). Den Bauauftrag nach Entwürfen des Königs hatten der königliche Architekt Georg Wenzeslaus von Knobelsdorff und Johann Boumann d. Ä. schon 1746 erhalten, Kriege und Finanzprobleme verzögerten die Bauarbeiten (1747–73). Das 1897 von Nikolaus Geiger geschaffene Giebelrelief zeigt die Anbetung der drei Weisen aus dem Morgenland.

Die St.-Hedwigs-Kathedrale ist seit 1929 Kathedrale des katholischen Bistums und wurde damals modernisiert. 1943 total ausgebrannt, wurde die Kirche 1952–63 im Inneren erneuert. Die einst prachtvoll barock ausgeschmückte Rundhalle mit ihren farbigen Glasfenstern zeigt sich jetzt in kargem Graubraun (Architekt Hans Schwippert).

Der Boden zur Krypta wurde als breiter Zugang geöffnet, mit verbindender Altarsäule (sienesisch, 14. Jh.), Altar und Taufbecken. Seit 1994 ist die St.-Hedwigs-Kathedrale die Hauptkirche des neugegründeten Erzbistums Berlin.

Denkmal Friedrichs II. (II F2; Unter den Linden, gegenüber der Universität): Das monumentale Reiterstandbild huldigt dem Preußenkönig Friedrich II. (1712–1786, König ab 1740), der wie kein anderer Hohenzollernherrscher Preußen zu Macht und europäischem Ansehen verholfen hatte. Friedrich Wilhelm III. (1770–1840, reg. 1797–1840), ein nüchterner, pflichtbewusster Konservativer, gab das Denkmal für seinen Großonkel 1836 in Auftrag. Am 31. Mai 1851, 111 Jahre nach der Regierungsübernahme des damals 28jährigen Friedrich II., wurde es auf dem Platz am östlichen Endpunkt der Linden-Allee zwischen Forum Fridericianum und der Universität eingeweiht.

Der Entwurf des vielleicht berühmtesten Denkmals des 19. Jh.s in Deutschland geht auf Christian Daniel Rauch zurück, nachdem erste Planungen ab 1791 bereits verschiedene Künstler (u. a. auch den wenig älteren Johann Gottfried Schadow) beschäftigt hatten. Rauchs auf hohem Podest ruhig dahinreitender Herrscher zeigt einen visionär weitblickenden, vom Alter geprägten Monarchen mit Dreispitz, hermelingefüttertem Mantel und Stock in der rechten Hand.

Um das dreistufige Granitpostament gruppieren sich in Relief oder Vollplastik insgesamt 74 Persönlichkeiten der friderizianischen Epoche, Militärs, Staatsbeamte, Künstler und Wissenschaftler. Prominent hervorgehoben sind an den Ecken und zu Pferde die Militärs und jene Fürsten, die den König im Siebenjährigen Krieg am meisten unterstützt hatten: der Bruder Prinz Heinrich (»der einzige, der im Krieg keine Fehler gemacht hatte«, lobte ihn 1762 Friedrich nach der letzten Schlacht), Herzog Ferdinand von Braunschweig-Lüneburg, Friedrich Wilhelm von Seydlitz und Hans Joachim Ziethen. Die meisten dargestellten Grafen und Fürsten sind heute vergessen, bekannt sind Gotthold Ephraim Lessing und Immanuel Kant auf der Rückseite vor dem Relief der Victoria. In der darüber liegenden Zone schmücken sitzende Gestalten der vier Kardinaltugenden die Ecken: Weisheit, Gerechtigkeit, Tapferkeit und Besonnenheit, dazwischen finden sich Reliefs mit Themen aus dem Leben Friedrichs II.

Den Zweiten Weltkrieg überstand das Denkmal eingemauert. 1950 verschwand der königliche Reiter aus der Öffentlichkeit und wurde in Potsdam eingelagert. Zehn Jahre später konnte der Historiker und Politiker Hans Bentzien das Einschmelzen des Denkmals verhindern, für das ein neues Versteck im Park von Sanssouci ausfindig gemacht wurde. 1980 besann sich das Politbüro der SED auf die Werte der Vergangenheit, und Erich Honecker, Staatsratsvorsitzender der DDR, ordnete die Wiederaufstellung an. Aus den Einzelteilen wieder zusammengesetzt, nahm Rauchs Werk gegen Ende der 1980er Jahre seinen Platz Unter den Linden wieder ein. 2001 wurde es generalsaniert.

Humboldt-Universität (II F2; Unter den Linden): 1809 stellte der Preußenkönig Friedrich Wilhelm III. 1809 dem Sprach- und Kulturwissenschaftler Wilhelm von Humboldt den Dreiflügelbau mit großem Palasthof in prominenter Lage zur Gründung der Universität zur Verfügung. Ursprünglich hatte Friedrich II. 1748–66 für seinen Bruder Prinz Heinrich das anfangs noch vom Spätbarock beeinflusste, dann aber doch klassizistische Schloss bauen lassen, das im Rahmen des Forum Fridericianum sogar für den König selbst bestimmt gewesen war (Baumeister: Johann Boumann). Friedrich II. bevorzugte dann aber sein Schloss Sanssouci in Potsdam, während seiner Aufenthalte in Berlin nutzte er das Stadtschloss oder Schloss Charlottenburg.

Trotz des pompös hohen Mittelrisalits mit seinen sechs Säulen und den Statuen auf den Attiken erinnert der Palast eher an einen aufwendigen Verwaltungsbau. Zusammen mit der nicht ganz so weit ausladenden Oper Unter den Linden bildet sich eine klare Platzstruktur. Nach Prinz Heinrichs Tod 1802 stand der Bau bis zur Universitätsgründung 1809 zumeist leer. Die Innenstruktur wurde 1844/45 dem Universitätsbedarf gemäß umgestaltet, von der königlichen Ausstattung blieb wenig erhalten. Kurz vor dem Ersten Weltkrieg begann Stadtbaurat Ludwig

Hoffmann den Gesamtkomplex mit zwei Seitenflügeln nach Norden zu erweitern.

Trotz schwerer Kriegsschäden 1943 und 1944 begann bereits 1946 wieder der akademische Betrieb. Die letzten Zerstörungen wurden erst in den 1960er Jahren behoben, der Bau nach dem historischen Vorbild wiederhergestellt und 1975 unter Denkmalschutz gestellt. Der ursprüngliche, dem ersten Auftraggeber gewidmete Name ›Friedrich-Wilhelm-Universität‹ wurde 1949 durch den des Gründers der Universität, Wilhelm von Humboldt, ersetzt. Die seitlich des Eingangs stehenden lebensgroßen Marmor-Denkmäler der Humboldt-Brüder wurden 1883 geschaffen: links Wilhelm von Humboldt von Paul Otto, rechts Alexander von Humboldt von Reinhold Begas. Wilhelm sitzt auf einem antiken Thron, ein offenes Buch in der Hand, Alexander lockerer auf einer Bank, eine exotische Pflanze haltend, einen Globus zur Seite. Die Sockelreliefs zeigen symbolische Figuren, der Blick der Brüder geht in die Weite.

Auswärtiges Amt (II F2; Werderscher Markt 1, Eingang für Gäste am Lichthof am Werderschen Markt): Von Anfang der 1930er Jahre an wurde ein neues Gebäude für die Deutsche Reichsbank geplant, für das sich viele bekannte Architekten (Mies van der Rohe, Gropius und andere) bewarben. Nach Hitlers ›Machtergreifung‹ 1933 wurde allerdings der Entwurf von Heinrich Wolff vorgezogen, der eine Stahlskelettkonstruktion mit recht eintöniger Natursteinfassade in Anlehnung an den Neoklassizismus vorsah, im Inneren mit moderner Technik und drei Tiefgeschossen mit Tresorsicherung für Gold- und Devisenbestände.

Nachdem durch radikalen Abbruch älterer Häuser und auch der Alten Münze – eines wohlproportionierten Baus von Friedrich August Stüler – Platz geschaffen worden war, wurde der Bau der Reichsbank ausgeführt. 1945 stark beschädigt, wurde er bald wieder als Stadtkontor eröffnet.

Nach völligem Wiederaufbau 1949 zogen das Finanzministerium der DDR und zehn Jahre später das Zentralkomitee der SED ein. Dafür wurden die Kassenhallen zu Tagungsräumen und Sitzungssälen umgebaut. Nach dem November 1989 tagte dort bis zur Wiedervereinigung die Volkskammer.

Nach dem Beschluss, die Hauptstadt von Bonn nach Berlin zu verlegen, entschieden Bundesregierung und Berliner Senat, das ›Haus am Werderschen Markt‹ zum neuen Außenministerium zu machen. Beauftragt wurde der Architekt Hans Kollhoff (*1946). Einige Räume erhielt er in Zusammenarbeit mit der Denkmalpflege, sie überliefern das gestalterische Erbe aus den 1930er, -50er und -70er Jahren. Kollhoff brachte durch Fenster und Oberlicht mehr Helligkeit in das Gebäude, der Künstler Gerhard Merz sorgte für die Innengestaltung durch Farbe und Licht. Die sieben Innenhöfe und die Dachterrassen des fünften und sechsten Obergeschosses wurden begrünt.

Zugleich wurde 1995 ein Erweiterungsbau begonnen, der sich zur Stadt öffnen sollte. Der Auftrag fiel an die Architekten Thomas Müller und Ivan Reimann (beide *1957). Sie schufen einen imposant raumgreifenden, mit drei Lichthöfen aufgelockerten Kubus, der in seiner Höhe mit dem Altbau korrespondiert. Haushohe Glasflächen verwirklichen die erwünschte Öffnung zur Stadt und heben den Gesamtbau von den vielstöckig monotonen Fensterfassaden in Berlin Mitte ab.

Zwischen dem Alt- und dem Neubau bietet ein Empfangshof Raum für repräsentative Anlässe. An der Ostseite des Gebäudes öffnet sich eine ›Stadtloggia‹ zum Spreegraben hin. Der Gebäudekomplex gilt als gelungenes Beispiel, wie Architekturen aus verschiedenen Jahrzehnten zusammengeführt werden können und sich mit der umgebenden Bebauung vertragen, im Norden Schinkels Friedrichswerdersche Kirche, nahe bei Schinkels Bauakademie (in Erwartung des Wiederaufbaus).

Friedrichswerdersche Kirche (II F2; Werderscher Markt): Für diese um 1822 dichtbebaute, enge Stadtgegend nahe des Schlosses sollte Karl Friedrich Schinkel an Stelle der baufälligen älteren Kirche ein neues Gotteshaus entwerfen. Gemäß dem Vorbild norddeutscher Backsteingotik entschied er sich für einen zu dieser Umgebung passenden gotischen ›Mittelalterstil‹. Der neogotische, 1824–31 erbaute, einschiffige Hallenraum mit Emporen-Umgang im Oberstock, halbrundem Chor und zwei doppelgeschossigen Türmen ist eine der schönsten Kirchen aus dem 19. Jh. Der Wiederaufbau erfolgte 1982–87. Die Kirche wird als Schinkel-Museum ›Werk, Wirkung und Welt‹ genutzt.

Schinkelsche Bauakademie (II F2; Werderscher Markt): 1832–36 baute Karl Friedrich Schinkel die neue königliche Bauschule nahe dem Kupfergraben, in der auch seine Privatwohnung ihren Platz hatte. Die rote Backstein-Fassade des markanten Kubus war mit neogotischem Terrakottaschmuck gestaltet. Ende des 19. Jh.s wurde der Studienbetrieb aufgegeben, im Zweiten Weltkrieg brannte das Gebäude aus. In den 1950er Jahren wurde mit der Rekonstruktion begonnen, der Rohbau 1962 abgebrochen und teilweise deponiert. 2001 entstanden ein Stück Musterfassade und eine wandfüllende Attrappe, der Aufbau stockte 2010 noch immer.

Neue Wache (II F2; Unter den Linden 4): Karl Friedrich Schinkels frühester Bau in Berlin ist eine der kleinsten und zugleich kostbarsten seiner Architekturen und ein Meisterwerk des Klassizismus. Die Neue Wache diente als Unterkunft für die Wache des Königs. 1816–18 im Auftrag von Friedrich Wilhelm III. gebaut, erinnerte sie die Zeitgenossen an die Opfer der Befreiungskriege gegen Napoleon und wurde zugleich zum Denkmal für die Gefallenen des Krieges.

In dem meisterlich proportionierten Baukörper mit ausgeprägten Eckrisaliten gleicht der Hallenvorbau mit einem

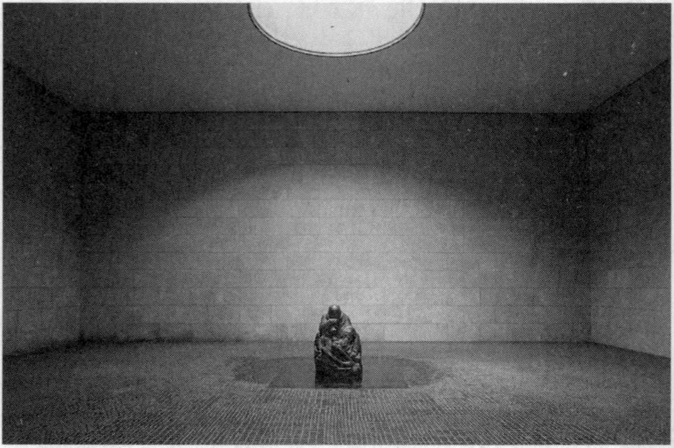

In Schinkels ›Neuer Wache‹ trauert die Mutter über ihren toten Sohn. Skulptur nach dem kleineren Original von Käthe Kollwitz

dorischen Säulenportikus mit sechs Säulen und den Figuren im Giebelfeld – der über dem Schlachtengetümmel sich erhebenden Siegesgöttin – die Schwere des massiven Kubus aus. Die Neue Wache behauptet sich zwischen den Großbauten des Zeughauses und der Universität.

1931, in der Spätzeit der Weimarer Republik, vollzog Reichspräsident von Hindenburg die Umwandlung der Wache zum ›Ehrenmal für die Gefallenen des Weltkriegs‹. Der Architekt Heinrich Tessenow (1876–1950) entfernte dafür Wände und schnitt eine kreisrunde Öffnung für den Lichteinfall in die Decke.

1969 ließ die DDR-Regierung zum 20. Jahrestag des »Arbeiter- und Bauernstaates« die Gedenkhalle umgestalten. Über den Urnen eines unbekannten KZ-Häftlings und eines unbekannten Soldaten leuchtete in einem

Glasprisma eine ewige Flamme (Entwurf: Lothar Kwasnitza).

1993 entschied Bundeskanzler Helmut Kohl über die Neugestaltung. Als Symbol für das Leid von Millionen schuf Heinrich Haacke eine auf 1,6 m vergrößerte Kopie der Skulptur *Mutter mit totem Sohn*, 1937–39 von Käthe Kollwitz geschaffen im Gedenken an den eigenen Sohn. Zu Füßen dieser deutschen *Pièta* findet sich der Schriftzug: »Den Opfern von Krieg und Gewaltherrschaft«.

Seit 2002 haben bei der Neuen Wache wieder zwei Marmorstandbilder von Christian Daniel Rauch ihren Platz gefunden: Gerhard von Scharnhorst (1755–1813), der Reformer der preußischen Armee nach ihren Niederlagen, und Friedrich Wilhelm von Bülow (1755–1816), der 1813 Berlin vor nochmaliger französischer Besetzung bewahrte.

Maxim Gorki Theater – Singakademie (II F2; Am Festungsgraben 2): Wie ein kleiner Tempel sieht das von Schinkel entworfene, von Carl Friedrich Zelter (1758–1832) in Auftrag gegebene Haus aus, das nördlich der ›Linden‹ und der Neuen Wache liegt. Die Frontfassade wird durch drei Pilaster zwischen stattlich gerahmten Türen unter einem flachen Giebel gegliedert. Das Haus wurde 1825–27 von Karl Theodor Ottmer (1800–1843) erbaut und diente Zelters Singakademie für Proben und Konzerte. Hier leitete Felix Mendelssohn 1829 die Wiederaufführung der Bachschen *Matthäuspassion* – zum ersten Mal seit der Erstaufführung in Leipzig 100 Jahre zuvor.

Erst nach dem Zweiten Weltkrieg richtete die sowjetische Verwaltung in der Singakademie ein Sprechtheater ein, der neue Name ›Maxim Gorki‹ war programmatisch gemeint, Stücke des russischen Realismus sollten dem Berliner Publikum nahegebracht werden. Bedeutende Regisseure verhalfen dem Haus mit ästhetisch und politisch interessanten Aufführungen zu gutem Ansehen. Das beliebte Theater ist mit 440 Plätzen das kleinste Berliner Staatstheater.

Zeughaus / Deutsches Historisches Museum (II F2; Unter den Linden 2): Das Zeughaus, ehemaliges Waffenarsenal Berlins, liegt am östlichen Endpunkt des Boulevards Unter den Linden, am Spreearm, der die Museumsinsel westlich umschließt, und vis-à-vis dem Lustgarten, dem Dom und dem Areal des ehemaligen Berliner Stadtschlosses.

1667 befand Kurfürst Friedrich Wilhelm (1620–1688), der ›Große Kurfürst‹, dass »ein schönes Zeughaus allda angelegt werden muss«. Einer der prominentesten Architekten Europas, François Blondel (1617–1686), Leiter der öffentlichen Bauten in Paris, Wegbereiter des Klassizismus und Verfasser der architekturtheoretischen Schrift *Cours d'Architectur* (1698), präsentierte 1685 einen Entwurf. Den Grundstein ließ 1695 erst Friedrich Wilhelms Nachfolger, Kurfürst Friedrich III., legen (seit 1701 König Friedrich I., der sich in Königsberg selbst die Königskrone aufsetzte).

In der über zehnjährigen Bauphase wechselten die Verantwortlichkeiten. Johann Arnold Nering (1659–95), Berlins Baudirektor, von ähnlicher Produktivität wie später Karl Friedrich Schinkel, konnte für das Zeughaus nur noch seine Pläne einbringen, die konkreter waren als die von Blondel. Nach Nerings Tod übernahm für kurze Zeit Hofbaumeister Martin Grünberg die Leitung, der bereits 1698 von Andreas Schlüter abgelöst wurde.

Ein Teileinsturz im Ostflügel und andere Zwischenfälle hatten die Berufung des jungen Hugenotten Jean de Bodt (1670–1745, Schüler von Blondel) aus Paris zur Folge. Zielstrebige Sicherungsmaßnahmen und souveräne Nutzung diverser Baupläne ermöglichten 1706 die offizielle Fertigstellung. Tatsächlich wurde bis 1730 gearbeitet. Hunderte von Geschützen und Zehntausende anderer Waffen fanden im Zeughaus Platz. Nach dem Willen des ›Soldatenkönigs‹ Friedrich Wilhelm I. waren die Räume im Kontrast zu dem barocken Prunk der Fassade schlicht und zweckbetont gestaltet.

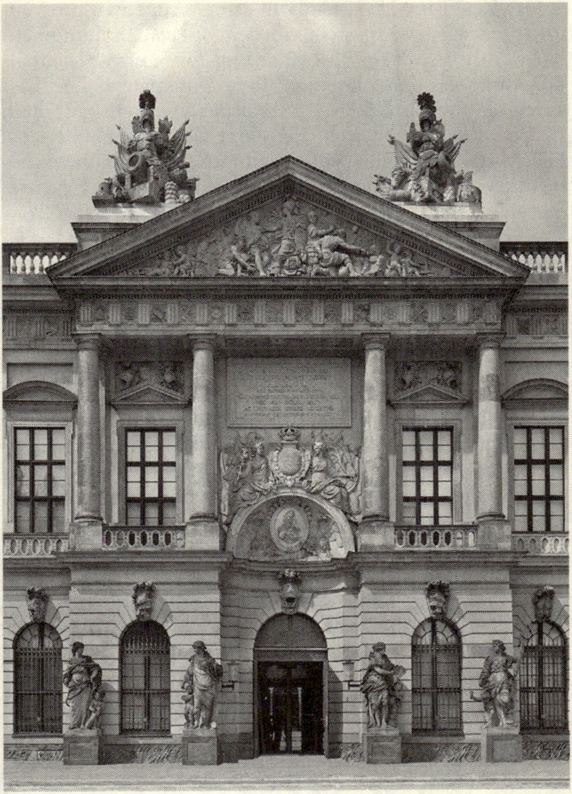

Zeughaus, mit prächtigem, schlossartig gestaltetem Mittelrisalit

Das Zeughaus ist 1948–65 in seiner Außenwirkung authentisch wiederhergestellt worden, mit seinen monumentalen Ausmaßen von 90 × 90 m und mit einem gleichfalls quadratischen Innenhof von 38 m Seitenlänge. Die Fassaden des zweistöckigen Baukörpers wirken mit ihren rhythmisch gegliederten Fensterachsen nicht überlang. Die Mittelrisalite mit Säulenschmuck und Metopen-Giebeln, die Sandsteinfiguren am Eingang und die Balustraden mit Kriegstrophäen lassen das einstige Waffen-Großlager als prunkendes Schloss erscheinen, das die Klarheit des frühen französischen Klassizismus mit der Leidenschaft des Barock verbindet.

Das Zeughaus verdankt seine wichtigsten Kunstwerke dem Barockmeister Andreas Schlüter. Seine 22 Häupter sterbender Krieger findet man im Innenhof als Abschluss der Rundbogenfenster im Erdgeschoss. Erste Entwürfe stammen von 1696; die Skulpturen haben die Jahrhunderte fast unbeschädigt überstanden. Jedes einzelne ›Gigantenhaupt‹ ist das Bild eines Leidenden, kraftvoll in der Formung von Antlitz und Haupthaar, vom stummen Notschrei bis zum letzten Lebensaugenblick.

Blieb das Zeughaus noch bis ins späte 19. Jh. Preußens großes Waffendepot, so wurde es nach der Reichsgründung 1871 mehr und mehr zur Ruhmeshalle. Im Dritten Reich fanden im Lichthof Gedenkfeiern und Aufmärsche statt. Im Zweiten Weltkrieg wurde das Zeughaus stark beschädigt, danach mit seinen historischen Fassaden wieder restauriert. Bereits 1952 konnte es von der DDR als ›Museum der deutschen Geschichte‹ genutzt werden. Nach der Wiedervereinigung folgte eine Interims-Nutzung als historisches Museum und eine grundlegende Sanierung und Neugestaltung im Innern. 2006 konnte das ›Deutsche Historische Museum‹ eröffnet werden.

Einen Kontrapunkt zum historischen Zeughaus setzte Ieoh Ming Pei 1999–2003 mit der haushohen gläsernen Treppenspindel, die zu den vier Stockwerken hinaufführt.

Das großzügige, tageshelle Foyer kontrastiert wiederum mit den künstlich beleuchteten Sälen. Verglichen mit Ieoh Ming Peis berühmt gewordenem Pyramiden-Entrée zum Pariser Louvre, zeigt dieser Zeughaus-Anbau eine hohe Qualität von Leichtigkeit und Originalität.

Zentrum II

Von der Museumsinsel zum Roten Rathaus, zum Alexanderplatz und Nikolaiviertel

Schlossbrücke (II F2; Unter den Linden / Karl-Liebknecht-Straße): Die Schlossbrücke verbindet über die Spree Friedrichswerder mit der Spreeinsel. 1819 hatte Karl Friedrich Schinkel die seitlichen Begrenzungen der großzügig breiten Brücke entworfen (Realisierung 1821 und 1824), dazu die vier Brückenpfeiler mit hohen weißen, mit Medaillons verzierten Postamenten auf rötlichen Granitsockeln mit acht von mehreren Künstlern aus den Schulen von Johann Gottfried Schadow und Christian David Rauch geschaffenen Skulpturen von Siegesgöttinnen und Kriegern aus weißem Carrara-Marmor. Im Zweiten Weltkrieg wurde der Skulpturenschmuck in den Westteil der Stadt ausgelagert. 1951 erhielt die nun auf dem Staatsgebiet der DDR liegende Brücke entsprechend der neuen Bezeichnung des Schlossplatzes den Namen Marx-Engels-Brücke. 1981 gelangten die Skulpturen im Zuge des deutsch-deutschen Kulturaustausches an ihren Platz zurück mitsamt dem Schmuck an den inneren und äußeren Brückenwänden – Delphinen und anderem Meeresgetier. 1991 erhielt die Brücke ihre ursprüngliche Bezeichnung als Schlossbrücke zurück. 1995–1997 erfolgte eine Generalsanierung.

Museumsinsel (II F1–2; zwischen Spree und Kupfergraben, Schlossbrücke, Lustgarten und Monbijoustraße, seit 1999 Weltkulturerbe der UNESCO): Der kleine nördliche Teil der viel größeren Spreeinsel ist Deutschlands reichste Insel, auf dem die Weltkunst seit bald zweihundert Jahren mit kostbaren und kostbarsten Schätzen prunkt, vergleichbar nur dem Pariser Louvre. Auf dieser Museumsinsel fand 2009 der Kopf der Nofretete seinen Platz, so prominent wie jetzt im ›Neuen Museum‹ ist dieser Frauenkopf zuvor jedoch nie präsentiert worden. Mit den letzten Rekonstruktionen der kriegszerstörten Museen werden die reichen Sammlungen wieder zusammengeführt.

Seit Adolf Hitler 1939 den Einmarsch in Polen befahl, sind die Sammlungen nicht mehr zur Ruhe gekommen, sind sie in unterirdischen Banktresoren, Schächten und Höhlen gesichert, versteckt und zwischen Ost- und Westberlin aufgeteilt worden. Nach der Wiedervereinigung vergingen für Wiederaufbau und Restaurierung zwei Jahrzehnte, sodass 2010 vier der fünf Schatzhäuser auf der Museumsinsel, das Alte Museum, das Neue Museum, die Alte Nationalgalerie und das Bode-Museum, vollständig rekonstruiert, renoviert und auch umgebaut waren. Dem Pergamonmuseum steht diese Erneuerung noch bevor.

Hier gilt es vor allem einen entsprechenden Empfangsraum zu schaffen. Unter dem Namen ›James-Simon-Galerie‹ wird dafür zwischen Kupfergraben und Neuem Museum ein eigenes Gebäude als Hauptzugang eingerichtet. Der Name erinnert an den Berliner James Simon (1851–1932). Er erlebte als junger Heranwachsender, wie seine Familie im Baumwollhandel mit den USA zu Wohlstand kam. Als im amerikanischen Bürgerkrieg der Baumwollexport aus den Südstaaten blockiert war, stiegen die Preise kometenhaft. Da die Brüder Simon die größten Lagerbestände besaßen, wurden sie superreiche ›Baumwollkönige‹. James Simon übernahm die Firma und engagierte sich als Sponsor mit hervorragender Sachkenntnis und unübertroffener Spendenbereitschaft für kulturelle und private soziale Einrichtungen gleichermaßen. Kein anderer Privatmann hat wie er Berlins Kunstschätze bereichert.

So finanzierte James Simon auch 1911 die Grabungen in Tell el-Amarna, wo Pharao Echnaton seinen monotheistischen Sonnenstaat gründete. Dort fanden die Ausgräber die Büste der Nofretete. James Simon hatte einen Vertrag mit Ägypten geschlossen, der ihm das Eigentumsrecht an

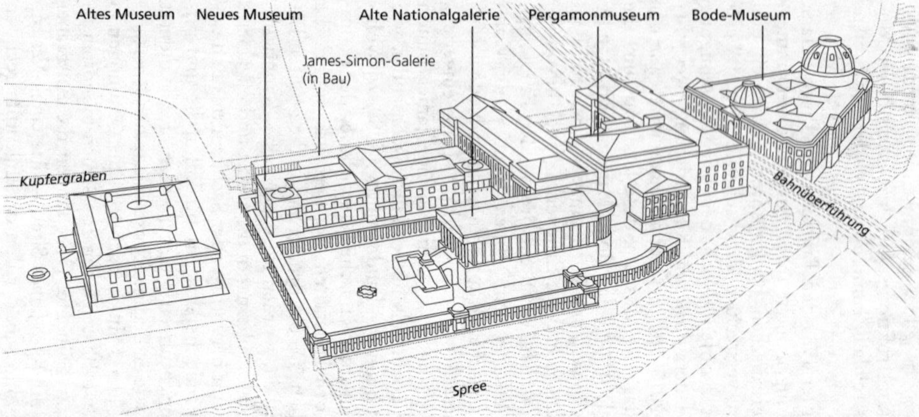

Länger als ein halbes Jahrhundert waren die Schätze dieser Museen erst ausgelagert wegen des Bombenkriegs, dann provisorisch verstreut, nun sind sie fast alle wieder auf Berlins Museumsinsel vereint – eine der glänzendsten Kunstsammlungen weltweit.

den Funden sicherte. 1920 schenkte er die Büste der Nofretete samt anderen schon damals weltberühmten Funden den Berliner Museen.

Museumsinsel I: Altes Museum (II F2; Am Lustgarten): 1810 erhielt Wilhelm von Humboldt, Mitbegründer der Universität Berlin und als Gelehrter verantwortlich für Kultur und Unterricht, per Kabinettsorder den königlichen Auftrag, »in Berlin eine öffentliche, gut gewählte Kunstsammlung« anzulegen. Unter den Hohenzollern war König Friedrich II. der erste Sammler, der aus Kenntnis und persönlichem Konzept sammelte. Friedrich Wilhelm III. ging noch einen Schritt weiter und wollte sich dem Anspruch der Aufklärer nicht verschließen, das Volk an der Kunst und durch sie an der ›ästhetischen Erziehung des Menschen‹ teilhaben zu lassen.

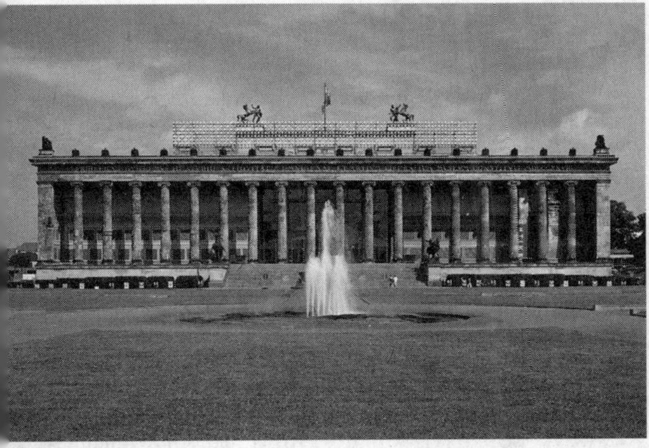

›Altes Museum‹ am Lustgarten, das frühe Meisterwerk Karl Friedrich Schinkels

Für den Museumsbau fiel die Wahl des Grundstücks auf den Platz vis-à-vis des Stadtschlosses und nahe dem Dom am sogenannten ›Lustgarten‹. Technische Probleme bereitete der Boden der Insel, der schlammig und sumpfig war, zudem querte ein Kanal die Insel am Lustgarten. Wie in Venedig mussten Tausende von Holzpfählen das Bauwerk tragen helfen.

Nach Plänen von Karl Friedrich Schinkel wurde 1823–1829 gebaut. Am 3. August 1830, am Geburtstag des Königs, der inzwischen einige Privatsammlungen erworben hatte – u. a. gelang 1823 der Ankauf der Ägypten-Sammlung Minutoli –, konnte das Museum eröffnet werden. Ausgerichtet auf die zu erwartende Vergrößerung der Kunstsammlung, hatte Schinkel einen zweistöckigen Vierflügel-Bau mit einer sich zum Lustgarten öffnenden vorgelagerten Säulenhalle, mit zwei eher kleinen Innenhöfen und gleichmäßigen Fensterreihen an den Seiten entworfen. Mit den auf die griechisch-römische Antike Bezug nehmenden Formen ist der Bau ein Meisterwerk des Klassizismus par excellence.

Auf die antike Welt bezieht sich der Skulpturenschmuck der fast 90 m langen Säulenhalle mit ihren 18 ionischen Säulen, ebenso der Skulpturenschmuck auf dem Dach und im Inneren des Museums: die Dioskuren mit Pferden (1827/28 von Friedrich Tieck), Frauengestalten, die kniend eine Flamme schützen, und die Muse mit Pegasus (1861 von Hugo Haagen und Hermann Schievelbein). Die breite Eingangsfreitreppe führt zu zwei dramatisch gestalteten Pferde-Skulpturen hinauf: *Kämpfende Amazone* von August Kiß (links) und *Löwenkämpfer* von August Wolff (rechts).

Unter dem Sims mit der Reihe der Adlerfiguren glänzt die vergoldete lateinische Schrift: FRIDERICVS GVILHELMVS III. STVDIO ANTIQVITATIS OMNIGENAE ET ARTIVM LIBERALIVM MVSEVM CONSTITVIT MDCCCXXVIII, Friedrich Wilhelm III. hat zum Studium jeder Art Altertümer und der freien Künste das Museum 1828 gestiftet.

Im Innern überrascht die großartige, vom Pantheon in Rom inspirierte Kuppelhalle. Ein Ring von 20 korinthischen Säulen unter dem Umgang im ersten Stock steigert diese Wirkung noch und fügt sich in die Proportionen des Saals (23 m hoch, 23 m im Durchmesser) wie selbstverständlich ein.

Die schweren Schäden des Zweiten Weltkriegs wurden ab 1951 behoben, im wesentlichen unter Beibehaltung der originalen Bausubstanz. Die Rotunde erhielt 1982 ihre farbige Ausmalung nach Entwürfen Schinkels zurück.

Rechtzeitig zur Eröffnung des Alten Museums 1830 wurde auch die mächtige monolithische Granitschale vor der Freitreppe fertig, die Christian Gottlieb Cantian aus einem Findling der Markgrafensteine südlich von Fürstenwalde schuf (6,90 m im Durchmesser).

Museumsinsel II: Neues Museum (II F1): Friedrich Wilhelm IV. sorgte schon als Kronprinz dafür, dass die Flotte der Spreeschiffer die bescheidenen Hafenanlagen nördlich vom ›Alten Museum‹ zugunsten des Areals für die ›Freistätte für Kunst und Wissenschaft‹ räumten.

Friedrich Wilhelm IV. vertraute den Bau des ›Neuen Museums‹ dem enorm produktiven Schinkel-Schüler Friedrich August Stüler an. Dieser knüpfte an den Klassizismus des ›Alten Museums‹ an, schuf zwischen 1843 und 1855 einen Bau mit zwei Innenhöfen, Tempelgiebeln an den Langseiten und einem Treppenhaus im opulenten Festsaal-Stil. Zur Anwendung kam erstmals ein industrialisiertes Bauverfahren mit Eisenkonstruktionen. Anders als im ›Alten Museum‹, mit dem ein Bogengang das Neue Museum verband, prunkte die Innenausstattung mit viel Wandmalerei und Gold, die Bezug nahmen auf die Exponate. Vor farbig leuchtenden Fresken von Wilhelm von Kaulbach wurden die ägyptischen Funde präsentiert.

Die lange Bauzeit hing mit der langwierigen Fundamentierungsarbeit und den politischen Unruhen in der Revolution 1848 zusammen.

Im Zweiten Weltkrieg stark beschädigt, verfiel die Ruine über Jahrzehnte. Der erst 1985 beschlossene Wiederaufbau erforderte eine Notsicherung, dann eine neue Fundamentierung. 1997 erhielt der Brite David Chipperfield den Auftrag, den Bau zu rekonstruieren, nicht als Wiederholung des anderthalb Jahrhunderte zuvor geschaffenen Stüler-Baus, sondern in einer Gestalt, die den historischen Befund erhält, zugleich aber die Sicht und Erfahrung der Gegenwart einbezieht. Das monumental erneuerte Treppenhaus provoziert mit dem Kontrast freigelegter, historisch bedingt bräunlicher Backsteinwände und dem glatten Betonweißgrau der doppelläufigen Treppe. Stimmig erinnern ähnliche Kontraste in den Ausstellungssälen an die Zerstörung, wo der ursprüngliche Baubestand nicht mehr vorhanden ist. Zu den drei Ausstellungsebenen konnte Chipperfield noch eine vierte für die Verwaltung einfügen, indem er die Fundamentplatte absenken ließ. In dem 2009 eröffneten Neuen Museum hat Berlin eines seiner auch in der Baugestalt interessantesten Museen erhalten und Berlins grandiose, reiche Ägyptensammlung endlich einen angemessenen Rahmen gefunden.

Museumsinsel III: Alte Nationalgalerie (II F1): Wie Friedrich August Stüler sich beim Entwurf des ›Neuen Museums‹ auf Schinkels Arbeit stützte, führte Johann Heinrich Strack nach Stülers Tod (1865) dessen Pläne für die Alte Nationalgalerie aus (Baubeginn 1866). Somit ist auch dieser Bau mit seiner hohen Freitreppe noch von der Schinkel-Schule geprägt. Stüler entwarf zunächst im Auftrag König Wilhelms IV., des Ideengebers der ›Freistätte für Kunst und Wissenschaft‹, einen Universitätsbau mit Aula und Hörsälen. 1861 vermachte der Konsul und Bankier Johann Heinrich Wagener König Wilhelm I. seine über 250 Werke umfassende Gemäldesammlung deutscher und nicht deutscher Malerei und forderte zugleich den Bau einer Nationalgalerie ein. So musste umgeplant werden. Das tempelartige Bauwerk auf hohem Sockel mit der großen, doppelläufigen Freitreppe und den acht Säulen vor der Stirnwand der Eingangshalle eignete sich auch als Museum, seine Höhe gab den Räumen in den beiden oberen Stockwerken zumindest gutes Licht. Im Hauptgeschoss verfügen die Seitenräume und das Obergeschoss, in der Mitte das Doppelgeschoss über Tageslicht.

1876 wurde die Nationalgalerie eingeweiht, unter dem patriotischen Motto der Giebelinschrift: ›Der deutschen Kunst‹. Schon sehr bald brach der Streit um die wahre Kunst aus. Kaiser Wilhelm II. disqualifizierte die Moderne der Impressionisten als »Rinnsteinkunst«. Als der Leiter der Nationalgalerie, Hugo von Tschudi, solche ankaufen wollte, verfügte darüber ein kaiserlicher Gegenerlass, sodass von Tschudi ins liberalere München der Prinzregentenzeit wechselte. Ludwig Justi (1876–1957), seit 1909 Tschudis Nachfolger, gelang dann doch im Reichstag die offizielle Anerkennung für die Berliner Sezession und Max Liebermann.

Die Zerstörungen von 1944 konnten vergleichsweise rasch behoben, mehrere Räume schon 1949 für das Publikum geöffnet werden. Ab 1992 fanden Außenrenovierungen statt, ab 1998 die Instandsetzung im Inneren (Architekturbüro HG Merz). 2001 wurde die Alte Nationalgalerie neu eröffnet.

Vor der Säulenhalle zeigt sich der Gründer-Monarch König Friedrich Wilhelm IV. hoch zu Ross. Im Unterbau erinnert der bogenförmige Eingang an den ursprünglichen Plan, hier auch eine Gedenkstätte für Friedrich II. zu schaffen. Dafür lagen ältere Entwürfe von Friedrich Gilly (1772–1800), Karl Friedrich Schinkel und Ludwig Persius (1803–1845) vor.

Kolonnaden verbinden wie schon in der Frühzeit der Museumsinsel die Alte Nationalgalerie mit dem ›Neuen Museum‹. Den Namen Alte Nationalgalerie trägt sie seit der Eröffnung von Mies van der Rohes ›Neuer Nationalgalerie‹ 1968 am Kulturforum.

Museumsinsel IV: Bode-Museum (II F1): Den Norden der Museumsinsel hat Kaiser Wilhelms II. Hofbaumeister Ernst Eberhard von Ihne nahezu vollständig für den 1897 begonnenen, 1904 eröffneten Museumsbau des Kaiser-Friedrich-Museums (bis 1954 so benannt) ausgenutzt. Wie die Lagune einen Palazzo in Venedig umströmt die Spree den neobarocken Bau, der wie ein großes Schiff mit breitem, rundem Bug mit hochaufragender Kuppel in ihr zu ankern scheint. Nach dem Zweiten Weltkrieg konnte das Museum 1951 wieder eröffnet werden. Eine grundlegende ›denkmalgerechte‹ Sanierung, die die vom Schwamm befallenen Bohlen, rostende Stahlträger, brüchige Gewölbekappen und verdächtig labile Deckenabhängungen not-

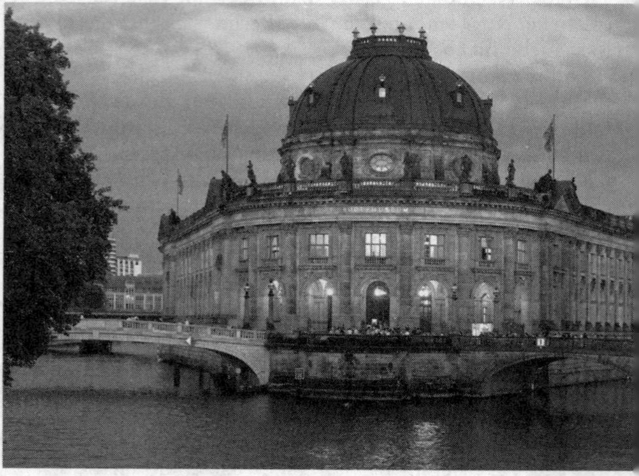

Blick auf die Museumsinsel mit dem opulent neobarocken Bau des Bode-Museums

wendig gemacht hatten, erfolgte 1997–2005, ohne dass der Wiener Architekt Heinz Tesar versucht hätte, ähnlich wie David Chipperfield im ›Neuen Museum‹ die moderne Architektur ins Spiel zu bringen.

Änderungen betrafen hauptsächlich die Einbindung in den Gesamtkomplex der ›Museumsinsel‹. Die kleinere der beiden Kuppeln wurde tiefer gelegt, um die geplante ›Archäologische Promenade‹ an das Sockelgeschoss des Pergamonmuseums heranzuführen. Wegen der 1882 über die Museumsinsel gelegten Bahntrasse war zu dieser Zeit der Zugang zum Haupteingang an die Nordspitze der Museumsinsel gelegt worden, die Besucher kamen sämtlich über die Monbijou-Brücke. Dennoch blieb der schöne Blick von der Weidendamm-Brücke aus erhalten. Die geschickte Innengliederung spiegelt das dreieckige Grundstück wider. Zwei Außenflügel führen mit je zwei Querflügeln zum Mitteltrakt. In der Mittelachse ragt im Stil der Florentiner Renaissance hoch die Halle der Basilika auf.

Der schlossartige Charakter des vergleichsweise riesigen Bode-Museums präsentiert sich unübertroffen in der Kuppelhalle, mit Reiterstandbild des Großen Kurfürsten Friedrich Wilhelm im Zentrum (eine galvanoplastische Kopie des Schlüter-Originals im Hof des Charlottenburger Schlosses), mit festlicher Wandgliederung der Kuppel mit Medaillons und Kassetten sowie schmiedeeisernem, goldglänzendem Gitter der rundum laufenden Treppen.

Wilhelm von Bode (1848–1929), seit 1906 Generaldirektor der Berliner Königlichen Museen, verwirklichte ein zu seiner Zeit noch befremdendes System, bis heute diskutiertes Museumskonzept. Nach dem Epochenprinzip führte er die bis dahin getrennten Abteilungen Gemälde und Skulpturen in den Ausstellungssälen mit Mobiliar und Architekturteilen zusammen. Der Museumschef der Hamburger Kunsthalle Alfred Lichtwark (1852–1914) empfand Bodes inszenierte Säle als »vollgepfropfte Räume, die zehnmal mehr Möbel und Gerät enthielten als man brauchen konnte«.

Museumsinsel V: Pergamonmuseum (II F1) Als letztes der fünf ›Insel-Museen‹ wurde 1930 das Pergamonmuseum eröffnet. Wilhelm von Bode hatte Alfred Messel (1853–1909) als Architekten aus Darmstadt berufen. Messels 1907 begonnene Entwürfe für den Dreiflügelbau wurden nach seinem Tod zum Teil von dessen Freund, dem ebenfalls aus Darmstadt stammenden Berliner Stadtbaurat Ludwig Hoffmann (1852–1932), übernommen.

Statt dem Historismus nach dem Muster des Bode-Museums zu folgen, verbindet Messels/Hoffmanns Architektur in der Dreiflügelanlage Funktionalismus mit Monumentalität. Die an die Antike anklingenden Säulen und Giebel zeigen, dass der Großteil der neuen Ausstellungsräume für die Kunst und Architektur der Antike bestimmt war. Mit geometrischer Monumentalität beeindruckt die über dem Erdgeschoss fensterlose Fassade des Mittelbaus. 1980/81 wurde hier eine neue Vorhalle mit hoher Glasfront geschaffen. Die beiden den Ehrenhof flankierenden Seitenflügel (mit Übergängen zum Bode- und Neuen Museum) zeigen zum Kupfergraben eine kolossale dorische Pilastergliederung. Ludwig Hoffmanns verändernde klassizistische Formelemente stellen einen Bezug zu den älteren Museen her. Zwischen 1910 und 1930 realisiert, erweist sich die Bauzeit für den bautechnisch schwierigen Bau in der politisch unruhigen Zeit als nicht überlang. Die Achsenverschiebung südwestwärts Richtung Unter den Linden und Brandenburger Tor entspricht allerdings nicht dem historischen Konzept der Museumsinsel.

Weltweit eines der reichsten Museen antiker Kunst, seit 1958 benannt nach Pergamon, der Hauptstadt des kleinasiatischen Reiches, ist das Pergamonmuseum das meistbesuchte Museum Berlins. Die Wurzeln dieser großartigen Antiken-Sammlungen reichen in die kurfürstliche Kunstkammer des 17. Jh.s zurück. 1770 richtete sich Friedrich II. ein Antikenmuseum im Park von Sanssouci ein. Ihre

Weltgeltung gewann die Sammlung mit den Ausgrabungen deutscher Archäologen in den antiken Stätten Kleinasiens, in Pergamon seit 1878, in Milet 1899–1914.

Der Straßen- und Eisenbahningenieur Carl Humann (1839–1896) konnte die Berliner Museen erst nach Jahren um 1878 für die Forschungen auf dem Stadthügel von Pergamon interessieren. Das Verlangen der Berliner nach repräsentativen Zeugnissen der griechischen Antike traf im Osmanenreich auf eine fast unbeschränkte – jedoch in Griechenland schon damals verweigerte – Bereitschaft zur Freigabe der Fundstücke samt ihrer Überführung in die Heimat der Ausgräber.

Das Dilemma dieses Kunstexports war auch Alexander Conze, Direktor der Berliner Skulpturensammlung, bewusst: »Wir sind nicht fühllos dagegen gewesen, was es heißt, die Reste eines großen Denkmals seinem Mutterboden zu entreißen zu uns hin, wo wir ihnen das Licht und die Umgebung nie wieder bieten können, in die hinein sie geschaffen wurden.« Tatsache war aber auch, dass mangels hinreichendem Interesse an der Antike kostbare Skulpturfragmente auf der Akropolis von Pergamon zerschlagen und zu Kalk verbrannt wurden.

Den von Humann aufgefundenen und 1878–86 freigelegten Zeus-Altar, das bis heute unbestrittene Hauptwerk im Pergamonmuseum, gab der osmanische Staat gegen Zahlung von 20 000 Goldmark frei.

Seit 2006 sind mit dem von Oswald Mathias Ungers gewonnenen Architektenwettbewerb die Weichen für drei wesentliche Neuerungen für das Pergamonmuseum gestellt: Ein vierter Flügel wird einen Hauptrundgang schaffen, der die Hauptwerke zu einem Gesamtbild vereinigen soll. Auch außerhalb der Öffnungszeiten der Museen wird man über geöffnete Durchgänge zu den einzelnen Museen gelangen, ohne Straßenraum außerhalb der Insel betreten zu müssen. Schließlich wird man vom neuen Haupteingangsgebäude (James-Simon-Galerie) direkt zum Pergamonmuseum gelangen können. In diese **Archäologische Promenade** werden auch die benachbarten Museen einbezogen sein. Sie soll die Grundbedingungen des menschlichen Daseins augenfällig sichtbar machen, wie sie sich in der europäischen Antike und den benachbarten orientalischen Kulturen darstellen.

Stadtschloss-Nachfolge / Schlossplatz (II F/G2): Wo Kurfürst Friedrich II. (reg. 1443–51) eine Burg zur Überwachung des Handelsverkehrs auf der Spree hatte bauen lassen, war ein Jahrhundert später nur noch ein Rundturm übrig. 1538 beauftragte Kurfürst Joachim II. (reg. 1535–1571) den Hofbaumeister Caspar Theyß und Kunz Bund-

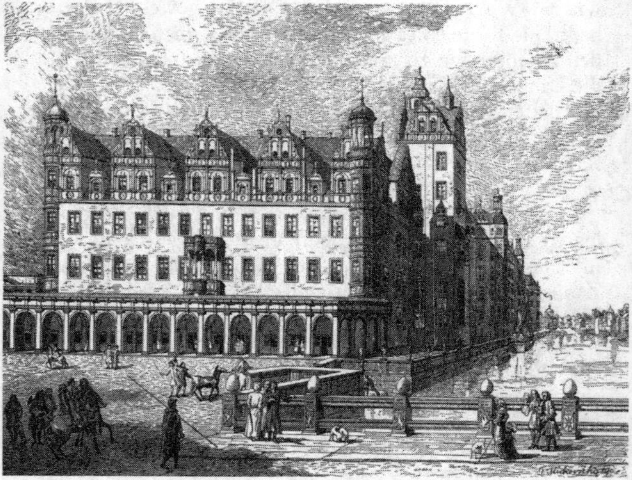

Das Stadtschloss an der Spree gegen Ende des 17. Jh.s, mit Laden-Kolonnaden. Holzschnitt nach einem Gemälde in Schloss Tamsel

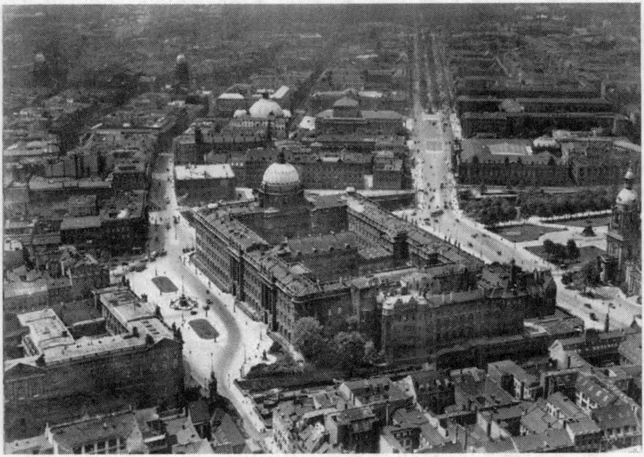

Die um 1930 entstandene Luftaufnahme zeigt die Ausmaße der großen, barocken Berliner Schlossanlage

schuh mit dem Umbau: Die festungsartige Burg sollte nach einem Teilabriss in ein repräsentatives Schloss verwandelt werden. Architektonisches Vorbild war die Renaissance-Residenz der sächsischen Kurfürsten in Torgau, die gleichfalls aus dem Umbau einer Burg entstanden war (1470–1544). Das Berliner Schloss wurde fast Generation um Generation erweitert. Nach Unterbrechung infolge des Dreißigjährigen Krieges und noch vor dessen Ende 1648 ließ der Große Kurfürst wieder bauen, eine Schlossanlage mit einem Hauptturm und mehreren kleineren Türmen, mit etlichen spitzgiebeligen Erkern und einer langen Arkadenreihe zu ebener Erde. Im Inneren ließ er die vielbewunderten Innenräume ›Kugelkammer‹ und ›Braunschweigische Galerie‹ einrichten.

Dem stattlichen, aber doch noch kleinteilig wirkenden Schloss stellte Schlossbaudirektor Andreas Schlüter 1702 seinen Entwurf eines quadratischen, vierstöckigen Barockschlosses gegenüber, das dem Anspruch des im Jahr zuvor gekrönten Friedrich I. entsprach. Mit drei hohen Geschossen und einem kleineren Dachgeschoss, mit geräumigem Innenhof und markanten, bis zur Dachhöhe reichenden Risaliten und Portalen konnte der Bau den Vergleich mit anderen europäischen Königsresidenzen bestehen. Nur zur Spree hin beherrschten ältere Bauteile die Fassade, samt dem barock überbauten Rundturm, der noch vom Renaissance-Schloss Joachims II. stammte.

Schon 1706 jedoch wurde Schlüter entlassen. Fehler in der Statik des Münzturms hatten den Abbau notwendig gemacht, sodass der Schlüter-Plan nicht mehr als bindend galt. Ebenso erging es letztlich den Plänen seines Nachfolgers: Johann Friedrich Eosander, genannt von Göthe (um 1669–1728) konnte nach Friedrichs I. Tod das monumentale dreiteilige Westportal nach dem Vorbild des Severus-Bogens in Rom vollenden. Da Friedrich Wilhelm I. sparsamer mit den Staatsgeldern verfuhr als sein Vorgänger, stockte der Weiterbau. Von Göthe wechselte 1713 nach Stockholm.

Erst in der Mitte des 19. Jh.s erhielt der Bau mit der achteckigen Schlosskapelle und der hohen Kuppel mit Laterne 1845–53 (Architekten Friedrich August Stüler und Albert Dietrich Schadow) noch einmal eine ins Große zielende Erweiterung.

Mitte des 20. Jh.s stand der großenteils ausgebrannte, aber noch immer in seiner Bausubstanz samt Kuppel erhaltene Stadtpalast der Hohenzollern in einer Trümmerwüste, eine Landmarke auch nach dem Ende der Schlacht um Berlin. Zugleich war die Ruine ein historisches Symbol des preußischen Aufstiegs und der Gründung des deutschen Kaiserreichs, wie auch ein Symbol für dessen Untergang nach dem Ersten Weltkrieg.

1946 konnten einige der 600 Zimmer bereits wieder genutzt werden, im August 1946 konnte Stadtbaurat Hans Scharoun im Weißen Saal eine Ausstellung präsentieren: »Berlin plant«. Die Regierung von Walter Ulbricht entschied dagegen für den Totalabriss der Ruine, als eines Symbols preußischen Militarismus. Ein Jahr nach der Gründung der DDR wurde von September bis Dezember 1950 weggesprengt, was noch erhalten war vom Hohenzollernschloss und was mit vergleichsweise mäßigem Aufwand hätte rekonstruiert werden können. Erhalten blieb das Portal IV mit dem Fenster, aus dem Karl Liebknecht am Ende des Ersten Weltkriegs die Republik ausgerufen hatte. Dieses Portal wurde später dem nüchternen Neubau des DDR-Staatsratsgebäudes vorgesetzt.

Nach der deutschen Wiedervereinigung dauerte es noch bis zum Jahr 2002, ehe eine Zweidrittelmehrheit des Bundestages für den Neubau des Schlosses stimmte. Im international ausgeschriebenen Wettbewerb um die Rekonstruktion gewann der italienische Architekt Franco Stella den ersten Preis für sein Modell, das aber nur wenig Enthusiasmus auslöste: Was bei Andreas Schlüter prächtiger Barock war, wirkte bei Stella eher brav-monoton. Ohnehin folgt der klotzige Neubau von Stellas Entwurf nur an drei Seiten dem historischen Schloss, die vierte zur Spree hin soll nicht das mittelalterliche Mauerwerk erneuern, sondern modern gestaltet werden, was der vorgegebenen Kostengrenze von rund 550 Millionen Euro anzulasten ist.

Finanz- und Wirtschaftskrisen samt Sparprogrammen 2008–09 trafen auch das Projekt Berliner Stadtschloss. Der Baubeginn wurde auf 2014 verschoben, die Fertigstellung auf 2017, so die Regierung im Sommer 2010. Eine Forsa-Umfrage unter Berlins Bürgern im gleichen Jahr ergab eine große Mehrheit für den Verzicht auf den Schlossbau, wobei das Ergebnis im West- und im Ostteil Berlins fast gleich ausfiel.

Das ebenfalls heftig umstrittene Nutzungsprojekt sieht als Haupt- und Kernteil ein **Humboldt-Forum** vor, ein Zentrum der Weltkultur, zugleich eine *Agora* der internationalen Forschung, Diskussion und Verständigung. Im rekonstruierten Schloss sollen die musealen Schätze der außereuropäischen Kontinente ausgestellt werden, als Gegengewicht zu den Museen der Antike und der europäischen Kulturen auf der historischen Museumsinsel.

Berliner Dom (II F/G2; am Lustgarten): Die breite, zentrale kupfergrüne Kuppel und die vier niedrigeren überkuppelten Ecktürme zieren die mächtige Baumasse des Doms an der Ostseite des Lustgartens. Die Krönungs- und Grabkirche der Hohenzollernkaiser kam vielen Kritikern wegen der wilhelminischen Repräsentativ-Architektur und ihrem mit Renaissance-Elementen versetzten neo-

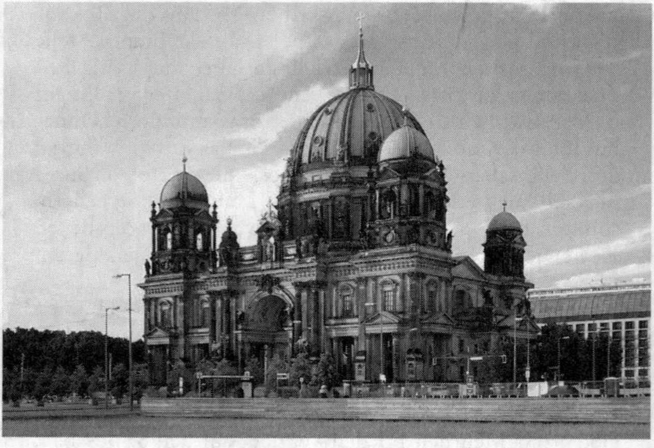

Als ›Petersdom des Nordens‹ gerühmt: der evangelische Berliner Dom

barocken Stil als aufdringlich vor. Doch tritt man durch das monumentale Hauptportal, beeindruckt der weite, feierliche Zentralraum der kuppelüberwölbten Predigtkirche mit über 2000 Plätzen, klar gegliedert mit vier Apsiden, mit erhöhtem Altarraum und festlich barock anmutenden Emporen.

Der Vorgängerbau war ein barocker Dom an gleicher Stelle (1747–50), der von Karl Friedrich Schinkel (1781–1841) klassizistisch umgestaltet wurde. Doch Kaiser Wilhelm II. lehnte den Stil Schinkels entschieden ab und ließ den alten Dom abreißen. 1893–1905 kam unter Wilhelm II. der Neubau von Julius Raschdorff (1823–1914), der schon lange mit Entwürfen befasst war, endlich zur Ausführung. Die ›Hauptkirche des preußischen Protestantismus‹ sollte als Gegenstück zum Vorbild des Petersdoms in Rom im Stil der italienischen Hochrenaissance errichtet werden. An die Predigtkirche schließt sich nach Südosten hin die viel kleinere Tauf- und Traukirche mit eigenem Portal an. Im Zweiten Weltkrieg wurde die nach Nordwesten gelegene sogenannte Denkmalskirche zerstört und dann abgebrochen.

Der Innenraum ist aufwendig mit Vergoldung, Mosaiken, Statuen ausgestattet, auch mit einigen aus dem alten Dom übernommenen Werken, zum Beispiel dem Altartisch mit Kruzifix von Friedrich August Stüler und den Altarschranken mit eingelassenen Bronzefiguren. Die Apostelfiguren an der Altarrückwand sind Kopien von Peter Vischers Nürnberger Sebaldusgrab, die vergoldeten Kandelaber nach Entwürfen von Karl Friedrich Schinkel ausgeführt. Nach den Zerstörungen des Krieges konnten die Mosaiken in der Domkuppel mit Darstellungen der Seligpreisungen (Entwürfe: Anton von Werner) restauriert bzw. wiederhergestellt werden. Das Altargemälde in der Tauf- und Traukirche stammt von Carl Begas d. Ä. (1820).

Die Hohenzollerngruft unter der Tauf- und Traukirche bewahrt Sarkophage aus 400 Jahren preußischer Geschichte. Die aus der Denkmalskirche geretteten Prunksarkophage findet man unter den beiden Orgelemporen, darunter auch ein bronzenes Tischgrabmahl aus der Werkstatt von Peter Vischer (Anfang 16. Jh.). Hervorzuheben sind die Sarkophage der Königin Sophie Charlotte, des Königs Friedrich I. (1688–1713) und des Prinzen Friedrich Ludwig, alle drei von Andreas Schlüter (1659–1714) entworfen und reich mit Symbolfiguren und ergreifenden Darstellungen von Tod, Vergänglichkeit und Auferstehung geschmückt.

Der Kuppelumgang ist begehbar und eröffnet einen grandiosen Panoramablick über das alte Berliner Zentrum. Interessante geschichtliche Einzelheiten zeigt das zur Lustgartenseite gelegene Dommuseum.

Sea Life Berlin / AquaDom im Radisson SAS (II G1–2; Spandauer Straße 3): Direkt an der Spree, gegenüber dem Dom liegt das **Sea Life Berlin** mit einem verglasten Raum und einem gläsernen, wasserumspülten Tunnel, in dem der Besucher allseits von Fischschwärmen umgeben wird. In 30 Aquarien sind Flora und Fauna von der Spree bis hin zum Atlantik zu entdecken.

Das benachbarte Hotel Radisson SAS verfügt auch über einen **AquaDom**, das größte freistehende Aquarium weltweit (Höhe 25 m). Den Architekten gelang es, eine Liftröhre einzubauen, aus dem die Benutzer die zauberbunte Szene eines Korallenriffs samt seinen marinen Bewohnern erleben können.

Marx-Engels-Forum (II G2; Grünanlage zwischen Spandauer Straße und Spree/Schlossplatz): In überlebensgroßen Bronzefiguren hat der Berliner Bildhauer Ludwig Engelhardt (1924–2001) das Freundespaar und die Väter des Marxismus ungeschönt und ohne Heroisierung dargestellt: Karl Marx sitzend und Friedrich Engels stehend, präsentieren sich als zwei starkbärtige ältere Herren, die eher sorgenvoll als zukunftsgewiss vor sich hinschauen, zum Rückzug nicht bereit, aber auch nicht auf dem Weg nach vorn. 1986 wurde das Doppelbildnis aufgestellt, nachdem die Reste des zerstörten Marienviertels abgeräumt worden waren. Eine Neubebauung des Areals wurde erwogen. Wegen des U-Bahn-Baus wurde das Denkmal im Herbst 2010 versetzt, noch näher an die Spree, nun mit Blick nach Westen.

Rotes Rathaus (II G2; Rathausstraße 15): Als imposantes Signal der Bürgerschaft überragt der 94 m hohe, an französische Kathedraltürme erinnernde Mittelturm den vierstöckigen, einen Straßenblock umfassenden Vierflügelkomplex mit 250 Räumen. Höher als die Kuppel des Stadtschlosses, betont er das Verlangen nach städtischer Freiheit. Erst 1808 konnten nach der Städteordnung des Freiherrn von Stein die Stadtverordneten von den Bürgern gewählt werden – und erst ein Jahr vor dem Ausbruch des Ersten Weltkriegs konnte die Berliner Stadtflagge erstmals am Turm wehen.

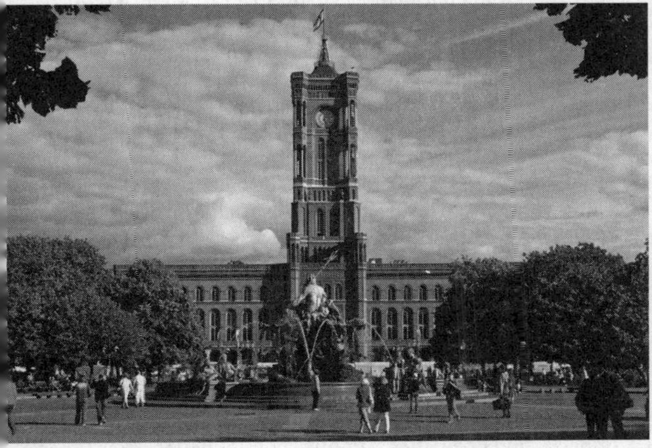

Das Rote Rathaus symbolisiert wieder Bürgerfreiheit

Die Vorgängerbauten des Mittelalters und des Barock an gleicher Stelle waren sämtlich bescheidener und kleiner ausgelegt als der rote Ziegelbau, mit dem der Architekt Hermann Friedrich Waesemann 1859 betraut und der von 1861–69 ausgeführt wurde. Norditalienische Städte der frühen Renaissance und andere in Flandern und London waren Vorbilder des Ausdrucks bürgerlichen Selbstbewusstseins. Der Bau ist reich an plastischem Schmuck. Der im 1. Stock umlaufende Balkon zeigt auf Terrakotta-Relieftafeln Themen aus der Geschichte Berlins und Brandenburgs vom Mittalter bis 1871. Die Chronik beginnt Gustav-Bößstraße/ Ecke Spandauer Straße in Richtung Jüdenstraße.

Seit 1991 tagt hier der Senat der wiedervereinten Stadt. Hier ist auch der Amtssitz des Regierenden Bürgermeisters samt Repräsentations- und Festräumen. Vom Turm aus bietet sich ein guter Überblick! Zu besichtigen sind auch das Goldene Buch der Stadt, in Vitrinen im Treppenhaus die Gastgeschenke ausländischer Staatsgäste, der Wappensaal mit den Wappen der Berliner Bezirke vor der Bezirksreform – und in einer interaktiven Ausstellung die Stadtentwicklung seit der Wiedervereinigung.

Der Wiederaufbau nach dem Zweiten Weltkrieg begann erst in den 1950er Jahren, die behutsame Modernisierung stammt aus den 1990er Jahren (Architekt: Helge Pitz). Unter großen Mühen konnte der Balkonfries mit der ›Steinernen Chronik‹ an den Gebäudeecken und über den Portalen rekonstruiert werden.

Neptunbrunnen (II G2; zwischen Rathaus und Karl-Liebknecht-Straße): Der monumentale Brunnen des in Berlin-Schöneberg in eine Künstlerfamilie geborenen Reinhold Begas (1831–1911) mit einem Durchmesser von 18 m zeigt mit der figurenreichen, dramatisch arrangierten maritimen Schöpfung jene enorme Vitalität, jenen Lebenshunger und beinahe dämonischen Schaffenstrieb, den Freunde an ihm bewunderten. Von der Stadt in Auftrag gegeben, wurde der Brunnen als Geschenk an Kaiser Wilhelm II. 1891 dort aufgestellt.

Das ›Forkenbecken‹, wie die Berliner sagen, wird vom bronzenen dreizacktragenden Meeresgott beherrscht, der auf einer von Tritonen hochgestemmten Riesenmuschel sitzt, umgeben von vielerlei Wassergetier – Hummer bis Krokodil – und von vier üppigen Flussgöttinnen (Rhein, Weichsel, Oder, Elbe) am Brunnenrand.

St. Marienkirche (II G1; Karl-Liebknecht-Straße 8): Die Marienkirche wurde um 1270 als zweite Pfarrkirche der jungen, nach Norden wachsenden Doppelstadt erbaut (früheste schriftliche Überlieferung: 1294, Nennung des Baumeisters Steffen Boxhude erst 1466/67). Im Jahr 1380 zerstörte ein Stadtbrand Dach, Gewölbe und anderes mehr. Der Wiederaufbau dauerte etwa 25 Jahre. Kreuzrippen überwölben Langhaus und Chor des dreischiffigen Raumes, auch Stern- und Netzgewölbe schließen den Westbau nach oben hin ab. Mehrmals brannte der Turm ab, der nur so hoch gemauert worden war, dass eine Glocke eingehängt werden konnte. Zu den ältesten Kunstwerken der Marienkirche gehört das bronzene Taufbecken von 1437.

Im 18. Jh. brach man an der Südseite neben der Sakristei die Wand der Halle auf und fügte eine Ratsloge an (1893 neogotisiert, nach 1945 als selbständiger Bau vom Hauptbau abgetrennt). Markant bis heute ist der Turmaufsatz, den Carl Gotthard Langhans 1789/90 mit neogotischen Spitzgiebeln und klassizistischen Details schuf, in seiner Zartheit noch durch den massiv quadratischen Unter- und Mittelbau des Turms betont. Auch die Orgel von Joachim Wagner und der Orgelprospekt (von Johann Georg Glume und Paul de Ritter) stammen aus dem 18. Jh.

Die Marmorkanzel mit überlebensgroßen Engeln, Reliefs am breit ausbuchtenden Kanzelkorb und einer über seinem Dach inmitten von Wolken triumphierenden Engelschar, hinter denen wiederum eine Strahlenaura alles

Wolkenweiß überglänzt, stammt von Andreas Schlüter (1703). Ihren heutigen Platz erhielt sie 1945.

Zahlreiche Gemälde, Grabsteine, Grabplatten, Gedenktafeln und Erbbegräbnisse, Reliefs und Sarkophage aus verschiedenen Jahrhunderten zieren den Innenraum. Besonders erwähnenswert ist der mittelalterliche Totentanz, ein Fresko in der Turmhalle, das 1861 Hofbaurat August Stüler unter jüngerer Übermalung entdeckte. Auf einem zwei Meter hohen und 22 m langen Fries zeigt es Menschen verschiedenen gesellschaftlichen Standes im gemeinsamen Tanz. Ein Franziskaner eröffnet den Reigen, der sich vom Westeingang um den Pfeiler herum und weiter über die West- und Nordwand der Turmhalle bis an die Kirchenhalle fortsetzt. Die unter dem Bildfries angebrachten Verse, in denen die Vertreter der Stände den Tod um Aufschub bitten, gelten als älteste Berliner Dichtung. Ende des 15. Jh.s, wohl um das Pestjahr 1484, hat vermutlich das Bürgertum einem Franziskanermönch des Grauen Klosters den Auftrag gegeben.

Fernsehturm (II G1; Panoramastraße): In den Betonschaft des Fernsehturms wurden in Kletterbauweise 26000 Tonnen Beton verbaut, d. h., im Hohlkörper aus Beton stieg ein Stahlgerüst immer weiter nach oben. Als die Betonröhre ihre 200-Meter-Höhe erreicht hatte, wurde am Rand ein Kran montiert, der das Stahlskelett der im Querschnitt 32 m messenden Kugel segmentweise bis zu einer Plattform über der Betonröhre hob. Die Bodenplatte um den Schaft reicht im Fundament fünf Meter in die Tiefe. Bei Sturm schwingt das Turmrestaurant maximal 15 Zentimeter aus. Dafür sorgt als Schwinggewicht das entworfene Tilgerpendel, das mit seinem Gewicht von 15 Tonnen gegen die Bewegung des Gebäudes schwingt.

Der Entwerfer der Stalinallee (heute: Karl-Marx-Allee / Frankfurter Allee), Hermann Henselmann, und Jörg Streitparth hatten die Panorama- und Restaurant-Kugelstation aus Glas und Stahl in 200 m Höhe auch als eine Erinnerung an den Sputnik-Satelliten konzipiert. Bauleiter waren die Architekten Fritz Dieter und Günter Franke. Für den 1969–72 folgenden Eingangs-, Gastronomie- und Ladenbau entwarfen Walter Herzog und Herbert Aust eine originelle Falt-Architektur mit vielen spitzen Winkeln. Jährlich schwebt im 40-Sekunden-Takt etwa eine Million Menschen zur Panorama-Etage oder darüber zum Restaurant ›Telecafé‹ mit Dreheffekt hinauf. Binnen einer halben Stunde hat man am Fensterplatz ganz Berlin überschaut.

Der Fernsehturm gilt als Vorzeigeobjekt der noch jungen DDR. Er wurde seit 1965, in der Ära des Kalten Krieges, gebaut, während der Staatsratsvorsitzende Walter Ulbricht (1893–1973) zugleich die Mauer um Westberlin zur Todeszone perfektionieren ließ. Ulbricht hatte den Standort des Fernsehturmes selbst bestimmt. Passend erschien ihm die Nähe zur gotischen Marienkirche, die der Hochturm der Technik optisch verzwergen sollte. Ihm musste die aus dem Mittelalter stammende Straßenführung weichen. Bei Sonnenlicht erscheint auf der glänzenden Kugel als Spiegeleffekt ein Kreuz.

Der Turm wurde am 3. Oktober 1969 eingeweiht. Noch heute ist der ›Alex‹ der höchste Turm Deutschlands (386 m mit Antenne) und wird von Experten als hervorragende technische Leistung angesehen.

Alexanderplatz (II G1; zwischen Karl-Liebknecht-, Memhard- und Gruner Straße, auf der vierten Seite Zugang vom Bahnhof Alexanderplatz): Der Alexanderplatz gehört nicht zu Altberlin. Im 18. Jh. war hier der Vieh- und Wollmarkt, 1805 richtete man den Ort östlich der Marienkirche zum festlichen Empfang des russischen Zaren Alexander her, dessen Namen er behielt. Preußischer Ordnung zum Trotz brachen hier einige Male im 19. Jh. und nach dem Ersten Weltkrieg Volksaufläufe und Barrikadenkämpfe los, dazwischen siedelte sich die bürgerliche Konsumwelt in Gestalt von frühen Warenhäusern an. Zu literarischen Ehren kam der Alexanderplatz 1929 mit dem Großstadt- und Milieuroman *Berlin Alexanderplatz* von Alfred Döblin, dessen Leser heute kaum Spuren der handelnden Personen auf dem Platz imaginieren können. Am Ende des Zweiten Weltkriegs blieben von den Bauten am Alexanderplatz nur Ruinen. Auch das berüchtigte Gestapo-Hauptquartier am Südostrand des Platzes, Ort brutaler Willkür, war zerstört.

Schon 1946 entwarf Hans Scharoun (1893–1972) einen ›**Kollektivplan**‹, dessen Sinn eine Verkehrsordnung mit breiten Straßenschneisen für Autos um einen Fußgängertummelplatz sein sollte.

In den DDR-Jahrzehnten wurde der Platz mit der **Urania-Weltzeituhr** versehen, einem Alu-Kreisel, auf dem man die Zeit in den für DDR-Bürger nicht erreichbaren Orten der Welt ablesen konnte. 1989 fanden vor dem Fall der Mauer hier Demonstration und Volksauflauf für eine demokratische Neuordnung statt.

Im wiedervereinigten Berlin sieht seit 1993 ein ›**Masterplan**‹ von Hans Kollhoff eine Umbauung des Platzes mit achtgeschossigen Gebäuden und dazu sieben 150 m hohen Hochhäusern vor. Die Pläne dieses Hochhaus-Projekts sind unterzeichnet, aber aus Kostengründen bisher nicht in Angriff genommen worden.

Heute fällt nach wie vor das schon zur DDR-Zeit 1967–70 errichtete ›**Park Inn**‹ (II G1) genannte 37-Stockwerk-Hotel im Nordosten des Alexanderplatzes ins Auge (Architekt Heinz Scharlipp – *1916 – und Kollektiv). Seit 2005 ist es mit einer Spiegelglasfassade versehen. Dem gegenüber steht, ebenfalls aus der DDR-Zeit und 1998–2000 saniert, das **Haus der Elektroindustrie** (II G1), dessen eigentlich eintönige, 220 m lange Fassade zwischen den Fensterreihen mit einem Text aus Döblins Roman *Berlin Alexanderplatz* in Großbuchstaben beschriftet ist.

Das **Haus des Lehrers** (II G1; 1961–64) im Südosten an der Alexanderstraße, eine mit flacher Aluminiumkuppel überdeckte Kongresshalle (jetzt *bcc, Berlin Congress Centrum*) und ein zwölfgeschossiges Hochhaus mit Bibliothek (Architekten: Hermann Henselmann – 1905–1995 – und Bernhard Geyer) ist wegen seines sieben Meter hohen farbigen **Frieses** von Walter Womacka (* 1925) berühmt. Er ist dem Wandbild Diego Riveras in Mexiko-Stadt nachempfunden. Das zentrale Gebäude, dessen runde Kuppel von einem gläsernen Quadrat der Foyers und anderer Räume umgeben ist, steht unter Denkmalschutz, der bei der Fassadenerneuerung 2002–04 gewahrt wurde.

An der Südseite des Platzes entstanden schon 1929–32 im Stil der Neuen Sachlichkeit das **Alexanderhaus** (II G1) mit asymmetrischem Grundriss und das **Berolinahaus** (II G1) des Architekten Peter Behrens (1868–1940), 2005 saniert, denkmalgeschützt und konsumdienenden Verwendungen zugeführt. Weiter säumen den Platz Kaufhäuser mit grellen Neonreklamen. Das erste Kaufhaus, das ehemalige Centrum Warenhaus, wurde zu DDR-Zeiten auf dem Platz errichtet. Nach der Wende wurde es als ›Galeria Kaufhof‹ betrieben und 2004 von Josef Paul Kleihues und seinem Sohn Jan umgebaut. 2006 folgte eine Vergrößerung um 25 m zum Platz hin. Solange die Einkaufstempel geöffnet sind, ist der Platz belebt. Der **Brunnen der Völkerfreundschaft** (II G1; 1970) wurde nach Entwürfen einer Künstlergruppe um Walter Womacka errichtet. Die ursprüngliche Unterwasserbeleuchtung ist seit 2007 wieder in Betrieb.

Nikolaiviertel (II G2; zwischen Rotem Rathaus und Spreeufer): Von der frühen ersten Berlin-Siedlung um 1200 war 1945 wenig mehr als ein Trümmerfeld geblieben, eine Ödfläche, die Ostberlins Stadtplaner 1959 in eine Wasserfläche mit angrenzendem ›Kulturpalast‹ verwandeln wollten. Dazu kam es nicht, aber fast drei Jahrzehnte später wurde zur 750-Jahrfeier Berlins 1987 ein Alt-Berlin aus der Retorte mit verschiedenen Architekturstücken geschaffen: aus einigen restaurierten Bauten am Ort, aus historisierenden Neubauten und aus Gebäuden, die von anderen Plätzen hierher versetzt wurden (Planung: Günter Stahn).

Im Kern tatsächlich mittelalterlich ist die **Nikolaikirche** (II G2) mit ihrem massiven Turm-Querbau, wohl Berlins ältestes Mauerwerk (um 1230). Die dreischiffige Basilika aus Feldsteinen wurde schon um 1260/70 gotisiert, erhielt aber nur einen Turm – und ihren markanten Doppelturm erst zu Kaisers Zeiten (1877–79, Hermann Blankenstein nach Entwurf Friedrich August Stülers). Nach dem Zweiten Weltkrieg wurde die Nikolaikirche mit Hilfe der geretteten Originalpläne im letzten Jahrzehnt der DDR-Herrschaft wiederaufgebaut (seit 1987 Dependance des Märkischen Museums, Stadtmuseums Berlin). Historisch bedeutend ist die Kirche nicht nur wegen der Grabtafeln und Gruften, die Familiengeschichte überliefern. Hier fand 1809 nach der Stein-Hardenberg-Reform die erste Versammlung der frei gewählten Stadtverordneten statt, 1991 nach dem Ende der DDR die erste Sitzung des frei gewählten Abgeordnetenhauses.

Neben der Nikolaikirche ist das **Knoblauchhaus** (II G2; Poststraße 23) das wichtigste authentische Architekturerbe im Nikolaiviertel. Barock erbaut 1759–61 von dem ›Nadlermeister‹ und Seidenbandhändler Johann Christian Knoblauch, wurde das Knoblauchhaus 1806 und 1835 mit klassizistischer Fassade erneuert. Das 1989 von der ›Stiftung Stadtmuseum‹ eröffnete ›Museum Knoblauchhaus‹ zeigt anheimelnd den Biedermeier-Wohnstil.

Stadtgeschichtlich ähnlich prominent ist die mittelalterliche **Gerichtslaube** (II G2; Poststraße 28). Schon 1270 unmittelbar beim damaligen Rathaus Ecke Spandauer- und Rathausstraße mit Schöffenstuhl im Unter- und Ratsstuhl im Obergeschoss errichtet, überdauerte die inzwischen barockisierte Gerichtslaube dort bis zum Bau des ›Roten Rathauses‹, 1871. Damals wurde sie mit Originalteilen im Park von Schloss Babelsberg neu aufgestellt. Die

Gerichtslaube im Nikolaiviertel ist mit den gotischen Bögen nur Rekonstruktion. Zu ihr gehörte einst auch ein Pranger, woran der ›Kaak‹ erinnert, die kuriose Vogeldarstellung mit menschlichem Gesicht und Eselsohren, als Gleichnis für Hohn und Spott.

Eines der beliebtesten Restaurants im Nikolaiviertel ist das von Heinrich Zille besuchte ›Zum Nussbaum‹, klein und gemütlich und glaubwürdig alt-berlinisch, wenn auch nur in Form einer Kopie. Der ursprüngliche Bau auf der Fischerinsel brannte 1943 ab.

Ephraim-Palais (II G2; Poststraße 16): Ein halbwegs authentisches, wenn auch rekonstruiertes Architektur-Juwel ist das einstige Palais des Hofjuweliers und Bankiers Veitel Heine Ephraim aus der friderizianischen Epoche. Juden durften unter Friedrichs II. Herrschaft Grundstücke erwerben und ihren Wohlstand zeigen. Der Berliner Oberbaudirektor Friedrich Wilhelm Diterichs verwandelte 1762–66 den bescheideneren Bau Ecke Mühlendamm/Poststraße – zuvor Ort der ältesten Berliner Apotheke – in ein aufwendiges Rokoko-Palais. Reiche Gliederung zeigt die Fassade mit ihren Pilastern und Balkonen. In Rokoko-Gitterwerk ausgeführt und von Putten umspielt, staffeln sich die Balkone über die Stockwerke, oben schließt eine von Vasen bekrönte Balustrade die Fassade ab. Den Hauptreiz aber gab Diterichs dem Eckbau, in dem er beide Flügel mit einem rokoko-leichten Schwung, ohne spitze Ecke, verbaute. Diese Balkone lassen den stattlichen Bau noch größer und höher, aber auch leichter erscheinen. Vier Säulenpaare am Portaleingang signalisieren Anspruch und Rang der Besitzer und tragen geschickt zugleich den umlaufenden Balkon im ersten Stockwerk.

Das Palais wurde Ende des 19. Jh.s erweitert, 1935–36 vollständig abgetragen und eingelagert. Der Mühlendamm wurde um 1,2 m angehoben, die Mühlendamm-Brücke eingesetzt und mit dem leicht südwärts verschobenen Mühlendamm eine vierspurige Rennstrecke geschaffen (Gertraudenstraße, Mühlendamm, Grunerstraße). Das Ephraim-Palais konnte 1985–87 originalgetreu unweit des ursprünglichen Standorts wiederaufgebaut werden. Heute dem Märkischen Museum zugehörig, zeigt das Ephraim-Palais auch im spiralförmig ansteigenden Treppenhaus, den Schausälen und Raumfolgen Rokoko-Ausstattung.

Was blieb von Cölln und Alt-Berlin

Vom Marstall und Palais Schwerin zum Märkischen Museum, zu den Franziskanern, zum Amtsgericht und zur Letzten Instanz

Alter Marstall (II G2; Breite Straße 36): Das 1670 vollendete frühbarocke Gebäude bot Raum für die Ställe von 134 Pferden samt Ausrüstungsräumen (Architekt: Michael Matthias Smids). Die vereinfachte Form des Wiederaufbaus lässt die stattliche Fassade mit einem Dreiecksgiebel an der Front zur Spree immerhin noch ahnen, zwei Rossebändiger-Gruppen sind an der Spreeseite erhalten. Die Schlossfront gestaltete Hofarchitekt Ernst von Ihne 1898–1900 neu. Das Gebäude wird von der Zentral- und Landesbibliothek Berlin genutzt.

Ribbeck-Haus (II G2; Breite Straße 35, zwischen Spree und Friedrichsgracht): Der direkt an den Alten Marstall angrenzende späte Renaissance-Bau aus dem Jahr 1624 wurde für den brandenburgischen Adeligen Hans Georg von Ribbeck erbaut, seines Zeichens fürstlicher Kammerrat (Inschrift über dem Portal, Wappen der Familie im Giebel). Aus seiner Familie stammte wohl viel später der ›Herr von Ribbeck‹ in Theodor Fontanes Ballade (»Herr von Ribbeck auf Ribbeck im Havelland / ein Birnbaum in seinem Garten stand«). 1628 kaufte Herzogin Anna Sophie von Braunschweig-Lüneburg das 30 m lange stattliche Haus. Vom Dresdener Baumeister Balthasar Benzelt wurde es 1629 umgebaut, wahrscheinlich damals um das dritte Stockwerk erhöht, unter Beibehaltung der vier prächtigen Giebel. Nach schweren Kriegsschäden wurde der Bau in den 1960er Jahren wiederhergestellt, das Portal durch eine Kopie ersetzt, das Innere modern umgebaut. 1996 zog das Zentrum für Berlin-Studien der Zentral- und Landesbibliothek Berlin ein.

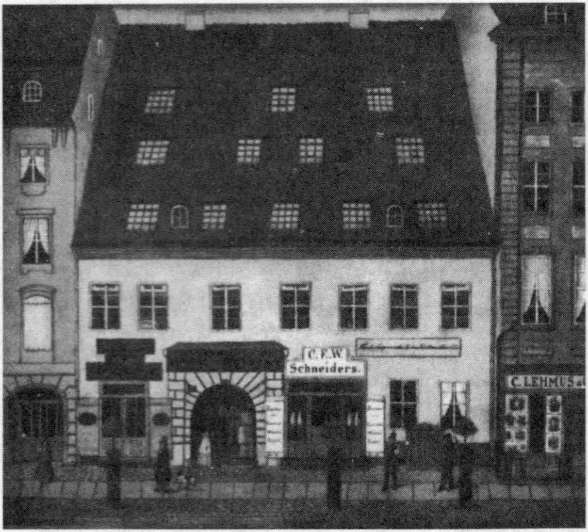

Alt-Berlin um 1850: in der ›Breiten Straße‹ das Stammhaus des ›Manufaktur-Warengeschäfts‹ von Rudolf Hertzog, der als einer der ersten seine Warenangebote in die Zeitungen setzte

Nicolaihaus (II G2; Brüderstraße 36): Das in der kleineren parallelen Straße gelegene dreigeschossige, 1670 errichtete Wohnhaus machte Ende des 18. Jh.s der Eigentümer, der Verleger und Schriftsteller Friedrich Nicolai, zu einem kulturellen Mittelpunkt Berlins. Nicolai ließ das Haus durch Friedrich Zelter, den Komponisten und Direktor der Singakademie, einen Freund Goethes, der ursprünglich Maurermeister war, umbauen. Im Innern des Hauses ist eine geschnitzte Treppe aus Eichenholz erhalten. Mit dem umbauten Hof zeigt das Haus die typische Anlage eines Alt-Berliner Bürgerhauses.

Einige Schritte weiter westlich gelangt man an die Friedrichsgracht, einen Spreearm, und an die **Jungfernbrücke** (1798), die letzte alte Zugbrücke Berlins nach holländischem Vorbild.

Am Märkischen Ufer der Spree: Die Häuserreihe am Märkischen Ufer mutet grachtenartig an. Wo der schmale Spree-Arm Friedrichsgracht sich von der Spree trennt, trifft man – benachbart den 25stöckigen Hochbauten der Fischerinsel – auf eine Reihe von **acht restaurierten historischen Bürgerhäusern**, zwischen Barock und Klassizismus, von denen etliche aus zerstörten Vierteln hier eingereiht wurden.

Das **Ermelerhaus** (II G2; Märkisches Ufer 10) galt einst als eines der schönsten Berlins. 1760–62 vermutlich von Friedrich Wilhelm Diterichs erbaut, wurde es später von einem Tabakhändler erworben – der Fries über dem Portal zeigt Darstellungen aus Tabakherstellung und -handel. 1804 wurde die Fassade klassizistisch umgestaltet. 1824 gelangte das Haus in den Besitz von Wilhelm Ferdinand Ermeler. Damals noch in der Breiten Straße gelegen, wurde das Ermelerhaus 1966/67 wegen des Neubaus für das DDR Bauministerium abgebrochen und nach altem Vorbild am Spree-Ufer wieder aufgebaut. Innen blieben u. a. eine Treppe mit vergoldetem Schmiedeeisen im Rokokostil, ein Festsaal mit Deckengemälde und ein ›Rosenzimmer‹ erhalten. Das denkmalgeschützte Haus gehört heute zum art'otel, mit dessen Restaurant- und Bankettbetrieb.

Die Hausnummern 16 und 18 sind mit unterschiedlicher Fassadenbreite zum **Otto-Nagel-Haus** (II G2; Märkisches Ufer 16–18) zusammengefasst, das eine Haus stammt von 1700 und ist damit das älteste in der Straße, das andere entstand 1790. Schon zu DDR-Zeiten war hier das Museum für den sozialkritischen Schöneberger Maler Otto Nagel (1894–1964).

Märkisches Museum (II G2; Am Köllnischen Park 5): In einem Baumpark präsentiert sich eine mächtige, vielgestaltige Baumasse, die historische Baukörper zitiert, vom Kirchenschiff bis zu weinbewachsenen Burggemäuern. Auszumachen sind Stilformen von der Gotik bis zur Renaissance, die 1899–1908 vom Architekten Ludwig Hoffmann realisiert wurden. Sein Ziel war es, für die historischen Zeugnisse der Mark Brandenburg eine entsprechende architektonische Umgebung zu schaffen, wie z. B. den Turm der Burg in Wittstock oder den Giebel der Katharinen-Kapelle in Brandenburg. Den Haupteingang bewacht eine Kopie des überlebensgroßen Brandenburger Rolands.

Franziskanerkirche ›Graues Kloster‹ (II G2; Klosterstraße 24, vom Märkischen Museum über die Jannowitzbrücke): Die frühgotische Kirche gehörte zum Kloster der Franziskaner. Sie ist schon 1250 urkundlich belegt und wurde nach der Mönchskleidung ›Graues Kloster‹ genannt. Nach dem Zweiten Weltkrieg blieben nur die Außenwände. Eindrucksvoll bleibt dennoch der hochragende Bau, eine dreischiffige Basilika mit schlankem Chor (das Chorhaupt zur Littenstraße erst 1290 ergänzt) und hohen gotischen Fensteröffnungen. Die zerstörten Klostergebäude, die bis zur heutigen Grunerstraße reichten, wurden nach 1945 abgeräumt.

Die Berliner Markgrafen hatten den Bettelorden der Franziskaner zur geistlichen Versorgung der Bevölkerung in Berlin angesiedelt. Die Franziskaner kamen von 1325 bis 1347 trotz des Interdikts ihrem Auftrag nach. Sie kümmerten sich um die Menschen, schlossen also Ehen, bestatteten Tote – obwohl es ihnen gemäß dem Interdikt nicht erlaubt war. In der Reformation wurde das Kloster aufgelöst, 1571 in den Gebäuden die erste Berliner Druckerei eingerichtet, 1574 das Berlinische Gymnasium ›Zum Grauen Kloster‹ gegründet. Bis ins 20. Jh. hinein war das ›Graue Kloster‹ als altsprachliches Gymnasium im Herzen Alt-Berlins ein Zentrum intellektueller Ausbildung mit zahlreichen prominenten Schülern (Karl Friedrich Schinkel, Otto von Bismarck). Diesen Ruf behielt es

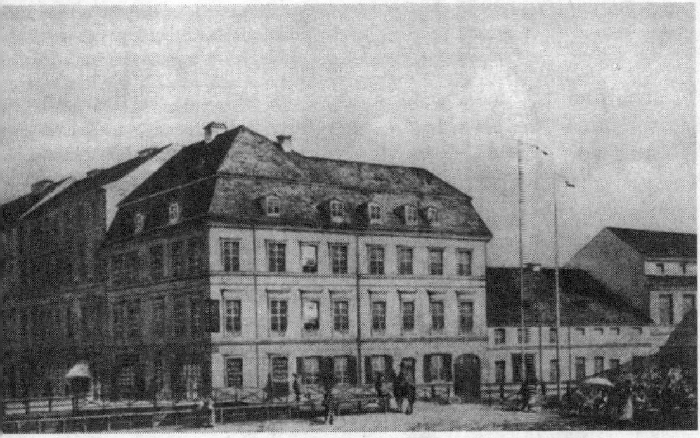

Schon seit 1777 bestand das Ladengeschäft J. E. Degners an der Gertraudenbrücke (Bild um 1840), beliebt bei den Berlinerinnen wegen seiner hauswirtschaftlichen Waren

sogar, als es nach dem Zweiten Weltkrieg an anderem Ort unter dem SED-Regime unter anderem Namen als Oberschule weiterbestand – von 1949 bis 1958 behelfsmäßig in der Niederwallstraße. Ein evangelisches Gymnasium in Westberlin (Salzbrunner Straße 41, Nähe Hohenzollerndamm) knüpfte seit 1963 als ›Graues Kloster‹ bewusst an die Tradition an.

Parochialkirche (II G2; Klosterstraße 66/67): Im Krieg zerstört und nur teilweise wiederhergestellt, war die 1703 als reformierte Kirche geweihte Parochialkirche (Pfarrkirche) der erste und bedeutendste barocke Kirchenbau Berlins (Architekten: Johann Arnold Nering und nach dessen Tod Martin Grünberg). Der Vier-Konchen-Zentralbau mit vorgelagertem Portal und Turmbereich wurde nach holländischem Muster ausgeführt. Vermutlich hatte Nering aber auch die berühmte Hochrenaissancekirche ›Maria della Consolazione‹ in Todi (Umbrien) zum Vorbild. Die 1991 begonnene Restaurierung ist noch nicht abgeschlossen, noch fehlen zwei Geschosse des markanten, hochaufragenden Turms (1713/14, von Philipp Gerlach, nach Entwurf von Jean de Bodt), der einst ein berühmtes Glockenspiel aus seiner Entstehungszeit trug. Die Kirche wird zu besonderen Gottesdiensten sowie als Ausstellungs- und Veranstaltungsraum genutzt.

Palais Podewils (II G2; Klosterstraße 68–70): Den barocken Adelsbau ließ 1701–04 Hofrat Caspar Rademacher als Familiensitz nach Plänen von Jean de Bodt errichten; der Name nimmt Bezug auf den späteren Besitzer, den Staatsminister Heinrich Graf von Podewils (seit 1732). Die stark gegliederte Fassade des dreigeschossigen Baus – mit giebelbekröntem Mittelrisalit, der durch die rahmenden Doppelpilaster das Eingangsportal besonders betont, und vertikal wie horizontal gegliederten Fensterachsen – strahlt den Machtanspruch seines Besitzers aus.

Palais Schwerin (II G2; Molkenmarkt 3, zu Fuß von der Stralauer Straße bestens erreichbar). Dort, wo der **Molkenmarkt** beinahe in die Durchgangsstraße Mühlendamm-Grunerstraße übergeht, liegt das Palais Schwerin, das 1698 der preußische Minister Otto von Schwerin erwarb und bis 1704 durch Jean de Bodt umbauen ließ. Der dreigeschossige Putzbau zeigt im Mittelteil rhythmisch gegliederte Fensterachsen. Im ersten Geschoss flankieren zwei Balkone das Eingangsportal. In der Kartusche über dem dritten Stock war das Wappen des Ordens vom Schwarzen Adler angebracht, der 1701 Schwerin verliehen wurde. Über den Fenstern ist figürlicher Schmuck mit Kindermotiven erhalten. Im Zuge einer Straßenverbreiterung 1937/38 wurde das Palais abgebrochen und einige Meter zurückgesetzt, im Äußeren rekonstruiert wieder aufgebaut. Ab Mitte des 18. Jh.s war das Palais in Staatsbesitz, von 1936 an wurde es als Teil der **Münze** in deren

Bau einbezogen. Dort findet sich eine Kopie des Reliefs von Johann Gottfried Schadow (1800), das einst die alte Münze am Werder'schen Markt zierte. Nach der Wiedervereinigung wurde der Gebäudekomplex Sitz des Bundesbeauftragten für die Aufzeichnungen des ehemaligen DDR-Staatssicherheitsdienstes.

Altes Stadthaus (II G2; Klosterstraße/Parochialstraße): Im Geviert zwischen der Gruner- und Stralauer Straße fällt ein stattlicher Baublock mit hoch aufragendem, zweigeschossigem, von Säulen umstelltem, kuppelbekröntem Turm mit der Statue der Göttin Fortuna auf. 1902–11 wurde der repräsentative, mit vier Innenhöfen versehene Bau nach Plänen von Stadtbaurat Ludwig Hoffmann auf einem trapezförmigen Grundstück errichtet.

Die Gliederung der Fassade folgt der toskanischen Säulen- und Pilasterordnung. Der Mittelrisalit wird von einem klassizistischen Giebel dominiert, auf der Balustrade darüber verweisen allegorische Skulpturen auf Bürgertugenden. Das heutige Dach entspricht nicht der ursprünglichen Form. Der große, drei Geschosse umfassende, tonnengewölbte Festsaal im Inneren, der Bärensaal, gibt 1500 Menschen Raum.

Neues Stadthaus (II G2; Parochialstraße): 1937–39 erbaut (Architekten: Franz Amous und Kurt Starck), gewann es geschichtliche Bedeutung, als 1948 dort nach dem Protestabzug der Westberliner Abgeordneten eine Ostberliner Stadtregierung gebildet wurde (Beginn der Teilung der Stadt, bis 1990). In beiden Stadthäusern arbeiten heute Verwaltungen des Berliner Senats.

Amtsgericht Mitte (II G2; Littenstraße 12–17, heute Landgericht): Hinter der neobarocken viergeschossigen Prunkfassade mit dem breiten balkongekrönten Portal (nach Entwürfen von Paul Thoemer und Rudolf Mönnich, ausgeführt von Otto Schmalz, 1896–1904) liegen fünf große Höfe und hohe, weite Hallen. Die großartige Treppenhalle (Eingang Littenstraße) ist doppelläufig, teils mit gotischen, teils mit Jugendstil-Elementen ausgeführt und mit zierlichem Metallgeländer geschmückt. 1968/69 musste ein Flügel des Baus zugunsten einer breiten Durchfahrt der Grunerstraße abgebrochen werden.

Nach dem Vorbild dieses Justizgebäudes entstanden andere Justizgebäude in verschiedenen Stadtteilen Berlins. Exzellente Beispiele finden sich in Moabit (1902–06 erbaut, Turmstraße 91) und in Wedding (1901–06 erbaut, Brunnenplatz 1). An beiden Gebäuden war Rudolf Mönnich beteiligt.

Zur letzten Instanz (II G2; Waisenstraße 14–16, zwischen Kloster- und Littenstraße): Ein idyllisches Stück gepflasterter Straße und frühester Stadtmauer, aus dem 13. Jh., führt zu drei kleinen Giebelhäusern – das mittlere **Zur letzten Instanz** genannt. Der Name bezieht sich auf das nahe liegende Amtsgericht. Die schlichte Gastwirtschaft ist wohl die älteste Berlins, ein kurfürstlicher Pferdeknecht war hier im 16. Jh. der erste Wirt.

Vom ›Scheunenviertel‹ zur Friedrichstraße

Hackesche Höfe, Neue Synagoge, Dorotheenstädtischer Friedhof, Bert Brecht und das Berliner Ensemble, noch mehr Theater

Volksbühne am Rosa-Luxemburg-Platz (II G1; Linienstraße 227): 1890 hatte sich der Verein ›Freie Volksbühne‹ gegründet, von dem sich 1892 der Verein ›Neue Freie Volksbühne‹ abspaltete, eine Arbeiter-Besucherorganisation sozialistischer Prägung, die es sich zum Ziel gesetzt hatte, Proletariern zu Bildungs- und damit auch zu Aufklärungszwecken den Theaterbesuch zu ermöglichen. Der Verein sammelte unter seinen Mitgliedern Geld für den Bau eines Theaters. Da die Idee große Resonanz fand, konnte der Verein mit den 1913/14 zusammengetragenen Mitteln am Bülowplatz (heute Rosa-Luxemburg-Platz) im sanierungsbedürftigen ›Scheunenviertel‹ ein großes Theater mit Plätzen für 2000 Personen bauen.

Architekt Oskar Kaufmann (1873–1956) entwarf dafür einen modernen, strengen Bau mit monumental gegliederter Fassade. Zwei wuchtige, fensterlose Seitenblöcke rahmen ein zunächst leicht zurückschwingendes Halbrund mit sechs hohen eingestellten Säulen. Auf der Stirnfläche unter dem dunkel lastenden Dach steht zu lesen: ›Die Kunst dem Volke‹. Eintrittspreise waren möglichst niedrig und auf allen Plätzen gleich.

1915–18 leitete der berühmte österreichische Regisseur Max Reinhardt das Theater. Sein Nachfolger Fritz Holl gewann den Theaterreformer Erwin Piscator (1893–1966), der als Begründer des politischen Theaters im 20. Jh. gilt, als Oberregisseur an das Haus.

Während des Dritten Reiches stießen die sozialreformerischen Zielsetzungen der Volksbühne auf Widerstand. Erst nach dem Zweiten Weltkrieg konnte im Sinne der

DDR-Kultur wieder neu angefangen werden. Schwere Zerstörungen hatten von dem Gebäude nur die Umfassungsmauern übrig gelassen. Nach einem Wettbewerb erhielten der Architekt Hans Richter (1882–1971) und Kollektiv den Auftrag zum Wiederaufbau, der 1952–54 mit weitgehendem Erhalt des Mauerwerks stattfand. Seitliche Anbauten wurden schlicht gehalten, es blieben der Hauptbau, die mächtige vorgewölbte Front und ihre sechs starken Muschelkalksäulen, zwischen denen Eingänge und darüber Foyerfenster liegen. Die zuvor interessante Mansard-Dachlandschaft wurde durch Flachdächer ersetzt. Innen erhielt der Zuschauerraum einen eiförmigen Grundriss. Die ursprünglich weit vorgezogenen Ränge wurden nun aufsteigend im hinteren Bereich platziert, mit verringerter Zahl der Zuschauerplätze.

In den vergangenen zwei Jahrzehnten entwickelte sich das Theater unter der Regie Frank Castorfs (*1951) zu einem der interessantesten, teils gefeierten, teils heftig umstrittenen Bühnen Deutschlands. Zahlreiche Preise für Aufführungen und Ausstattungen wurden verliehen. Nach umfangreicher Sanierung eröffnete das Haus im November 2009 neu.

Hackesche Höfe (II F/G1; zwischen Rosenthaler- und Sophienstraße): Das von Altbauten umschlossene Hofareal ist mit seinen acht Höfen und 27000 qm Gesamtnutzfläche das größte in Deutschland. Einem Berliner Basar gleich, weist es heute eine Mischnutzung von Gastronomie, Gewerbe (Mode und Design), Kultureinrichtungen, Wohnungen auf. Ein solches Miteinander von Gewerbe und Wohnanlagen war von Anfang an vorgesehen – das Vorderhaus war der bürgerlichen Wohnung vorbehalten, der Hinterhof bot einfache Arbeiterquartiere, gemischt mit Werkstätten und Industrie.

Die Anlage wurde 1906/07 von Kurt Berndt erbaut. Die Wohnungen waren einfach, aber vorbildlich modern konzipiert, mit Innentoiletten (!), teils mit Balkonen. Mit der

Fassaden-Gestaltung wurde der Architekt August Endell beauftragt. Berühmt ist seine Gestaltung des ersten Hofes im Jugendstil, dem Endell'schen Hof. Steile schmale Lisenen zwischen den im Untergeschoss gotisch, unter dem Dach romanisch gebogenen Fenstern geben dem Hofrechteck eine feierliche Aura, besonders bei nächtlichem Kunstlicht, wenn die Fassaden goldfarben schimmern. Zur Entstehungszeit galt dieser Stil aber als sehr gewagt und als offiziell nicht beliebt. Deswegen wurde die Fassade zur Rosenthaler Straße mit Figuren und Gesimsen in wilhelminischem Eklektizismus ausgeführt. Dieser Bauschmuck wurde nach dem Zweiten Weltkrieg abgeschlagen, die Jugendstilkacheln im ersten Hof durch Einspruch von Kulturfreunden 1951 gerettet. Seit 1972 stehen die Höfe unter Denkmalschutz. Die Immobilie galt seit 1951 als ›volkseigen‹, wurde aber 1993 restituiert.

In den 1990er Jahren wurden die Gebäude mit neuer Nutzungskonzeption saniert und restauriert: Wohnungen von gutem Standard, anspruchsvolle Läden, Gastronomie und Unterhaltung ermuntern zum urbanen Leben, dazwischen finden sich abseits vom Stadtverkehr ruhige Winkel, kleine Grünanlagen, und Brunnen. Heute sind die Hackeschen Höfe ein beliebter Treffpunkt.

Sophienkirche (II F1; Große Hamburger Straße 29/30): Die feierliche, aber einfache barocke Hallenkirche wurde von König Friedrichs I. dritter Ehefrau Sophie Luise als Pfarrkirche für die damals neue Spandauer Vorstadt gestiftet (Grundsteinlegung 1712) und von Philipp Gerlach erbaut. Nach Friedrichs I. Tod am 25. Februar 1713 verbannte der Nachfolger, König Friedrich Wilhelm I., der Soldatenkönig, die Stifterin aus Berlin und ließ die Kirche am 18. Juni 1713 als Spandauische Kirche weihen. Erst Friedrich II. führte den Namen ›Sophienkirche‹ ein.

Den eleganten barocken Turm baute Johann Friedrich Grael 1732–34. Im massiven dreigeschossigen Unterturm mit quadratischem Grundriss ist der rundbogige Haupteingang unter klassizistischem Giebel angelegt. Die Glockengeschosse sind schlank und geschickt durch Säulen gegliedert, eine kupferne barocke Haube mit vergoldeter Kugel und dem Christogramm auf der Spitze bildet den Abschluss. Der ursprünglich einfache Innenraum wurde Ende des 19. Jh.s erhöht und neobarock ausgestattet, die große Deckenrocaille auf flachem Deckenabschluss setzt einen prächtigen Akzent. Außen an der Kirche befindet sich das Grabmal Carl Friedrich Zelters, des Musikers, Musikpädagogen, Komponisten und Dirigenten, des kulturpolitisch einflussreichen Lehrers u. a. von Felix und Fanny Mendelssohn, Otto Nicolai und Giacomo Meyerbeer. Mehrere historische Häuser lohnen einen Abstecher in die Sophienstraße.

Neue Synagoge – Centrum Judaicum (II F1; Oranienburger Str. 28–30): Die Neue Synagoge wurde 1866 in Anwesenheit von Fürst Bismarck, damals preußischer Ministerpräsident, und hohen Vertretern der Gesellschaft eingeweiht. Nach Entwürfen von Eduard Knoblauch und Friedrich August Stüler ist der opulente Bau im damals aktuellen, maurisch-orientalischem Stil errichtet worden mit u. a. Motiven aus der Alhambra in Granada. Mit 3200 Plätzen war die Synagoge damals die größte Deutschlands, technisch für ihre Zeit herausragend durch die Verwendung von Gusseisen (Stützpfeiler und Säulen) und hervorragende Lichtführung.

1938 entging die Synagoge der Zerstörung durch das Eingreifen des Polizeirevierrvorstehers Wilhelm Krützfeld (1880–1953, an den eine Gedenktafel erinnert), sie wurde jedoch geplündert und entweiht. Bombentreffer 1943 hinterließen eine Ruine, deren Hauptteil, der große Gemeindesaal, 1958 gesprengt und abgeräumt wurde. Die Fassade mit den beiden Türmen zur Oranienburger Straße blieb stehen, die vorderen Gebäudeteile und die Kuppel wurden nach der Wiedervereinigung mit Geschick restauriert (Einweihung 1995).

Seitdem ist die Neue Synagoge mit der hohen, golden gerippten Kuppel wieder das Juwel der Berliner Skyline. Gemäß dem Bibelwort »Tuet auf die Pforten« steht das Gebäude als ›Centrum Judaicum‹, als Museum und als Informations- und Gedenkstätte zur Erinnerung an die ermordeten Mitglieder der Berliner jüdischen Gemeinde, samt Ausstellungen, Führungen, Archiv und Bibliothek den Besuchern offen.

Funde aus den Trümmern des Gotteshauses, wie z. B. eine Lampe für das Ewige Licht, Thora und teilrekonstruierte, aber doch auch authentische Bima-Überreste, sind in der Dauerausstellung zu sehen. Ein Gebetsraum mit 100 Sitzplätzen und Mikwa und ein größerer Raum befinden sich im dritten Obergeschoss. Hinter der Neuen Synagoge zeigt eine Steinfassung im Boden den Umriss des großen einstigen Hauptgebäudes. Von der Kuppel hat man einen guten Ausblick auf die Dächerlandschaft von Berlin-Mitte.

Die **größte noch erhaltene Synagoge** Deutschlands befindet sich gleichfalls in Berlin, am Prenzlauer Berg in der **Rykestraße 53** beim Wasserturm. Der stattliche neoromanische Bau von 1904 (Architekt: Johann Hoeniger) bietet Platz für 2000 Menschen, derzeit zumeist Zuwanderer aus der ehemaligen Sowjetunion. In der Brandnacht 1938 blieb der Bau vom Feuer nur deshalb verschont, da durch seine Lage im umbauten Hof die Flammen auf die umstehenden Häuser hätten übergreifen können.

Ehemaliges Postfuhramt ›c/o Berlin‹ (II F1; Oranienburger Straße 35/36): Mit einem über drei Stockwerke hoch ausgreifenden Rundbogen-Haupttor und drei Kuppeln über sechsseitigen, mit eingestellten Säulen geöffneten Aufbauten erinnert das 1875–81 über Eck erbaute Postgebäude an große Zeiten der Post (Architekten: Carl Schwatlo, Wilhelm Tuckermann). Seit 2000 ist hier **c/o Berlin**, das Internationale Forum für Visuelle Dialoge, zu Hause, eine vom Fotografen Stefan Erfurt mitbegründete

Ausstellungsschau für Fotografie. Binnen gerade eines Jahrzehnts hat sich c/o Berlin mit einem anspruchsvollen Ausstellungsprogramm einen internationalen weiten Ruf erworben.

Tacheles (II F1; Oranienburger Straße 52): Das Kunsthaus ›Tacheles‹ (jidd. *tacheles* ›Klartext‹), 1907–08 vom kaiserlichen Baurat Franz Ahrens errichtet, hat eine wechselvolle Geschichte hinter sich, von Berlins zweitgrößtem Warenhaus ›Friedrichstraßenpassage‹ bis zur leergeräumten Halbruine herabgewirtschaftet, hat das Gebäude unter wechselnden Nutzern gelitten, seine Kuppel verloren und Wasserfluten im Tiefkeller erlebt. Nach mehreren zurückgenommenen Abriss-Ordern verdankt das Haus seine jetzige Existenz nun seit zwei Jahrzehnten den Besetzern aus der westöstlichen Künstlerszene und dem Berliner Denkmalschutz. Statt Betongrau finden sich malerische Exzesse an fast allen Wänden, statt Warenhausschick verwegene Atelier-Installationen, statt Ruhegarten ein skurriler Skulpturenhinterhof.

Dorotheenstädtischer Friedhof (II F1; Chausseestraße 126): Da bestehende Friedhöfe im heutigen Stadtkern nicht mehr ausreichten, ordnete im 18. Jh. die königliche Verwaltung an, Friedhöfe außerhalb der Stadt anzulegen. Die weit ausgreifende Stadtentwicklung holte diese Friedhöfe ein, von denen die meisten heute verschwunden sind. Erhalten blieb der Dorotheenstädtische Friedhof der ›Dorotheenstadt‹, die benannt war nach Dorothea, Gemahlin des Kurfürsten Friedrich III., nachmaligen Königs Friedrich I.

Als Begräbnisplatz vieler berühmter Persönlichkeiten wurde der Friedhof vor der ›Auflassung‹ bewahrt, zuletzt noch 1960, als man dort eine Parkanlage gestalten wollte. Direkt neben dem Dorotheenstädtischen liegt der **Französische Friedhof** der Hugenotten, ein Denkmal der nach Zahl und Kultur bedeutsamen Einwanderung französischsprachiger Protestanten im 17. Jh. Unter den berühmten

Toten finden sich die Philosophen Johann Gottlieb Georg Fichte und Georg Wilhelm Friedrich Hegel, die Architekten und Bildhauer Karl Friedrich Schinkel, Friedrich August Stüler, Johann Gottfried Schadow, Daniel Rauch. Bertolt Brecht wünschte sich hier sein Grab (»Beerdigt werden möchte ich auf dem Friedhof neben dem Haus, in dem ich wohne«). Ein hohes einfaches Kreuz mahnt zum Gedenken an Widerstandskämpfer während des NS-Regimes. Unter den gusseisernen Kreuzen, Stelen mit klassischen Akroterien, Obelisken und Säulen und schlichten Findlingssteinen finden sich künstlerisch hochwertige Arbeiten. Der durch Krieg und Zeit geschädigte Friedhof wurde aufwendig restauriert.

Brecht-Weigel-Gedenkstätte (I F1; Chausseestraße 125): Das schlichte Stadthaus, in dem der Dramatiker Bertolt Brecht (1898–1956) seit 1953 lebte, ist Gedenkstätte für ihn und seine Frau, die Schauspielerin Helene Weigel (1900–1971), die in ihren letzten Jahren in der Erdgeschosswohnung mit Terrasse zum Garten lebte. Im ersten Stock hatte Brecht seine Wohnung. In weiträumigen Zimmern mit wenig Mobiliar aus soliden Materialien Holz und Leder, mit vielen Büchern und großen Tischen versammelte er Schüler und Mitarbeiter regelmäßig um sich. Die Einrichtung ist großenteils im Originalzustand erhalten. Im Arbeitszimmer stand dem Dichter viel Arbeitsfläche zur Verfügung, sodass Arbeitsunterlagen, Entwürfe und entstehende Manuskripte ausgebreitet vor ihm lagen. Brecht liebte den Ausblick aus seinen Fenstern ins Freie, zum Dorotheenstädtischen Friedhof hin, den er ›Friedhofspark‹ nannte.

Die zur Akademie der Künste gehörende Gedenkstätte umfasst auch die nachgelassene Bibliothek von 4000 Bänden. Das Haus enthält das Brecht-Archiv und das Helene-Weigel-Archiv, ebenso Räume für Lesungen und ein Restaurant, in dem auch nach Rezepten von Helene Weigel, der Wienerin, gekocht wird. Zu einer zweiten Brecht/Weigel-Gedenkstätte wurde das Haus im idyllischen Buckow am Ufer des Schermützelsees (Mark Brandenburg).

Deutsches Theater und Kammerspiele (II F1; Schumannstraße 13): Beide Theater gehören seit über hundert Jahren zu den angesehensten Berlins. 1905 übernahm Max Reinhardt (1873–1943) die Leitung des Deutschen Theaters, 1906 gründete er im Casinobau Wand an Wand mit dem Deutschen Theater die Kammerspiele. Beide Häuser waren 1850 von Eduard Titz (1819–1890) erbaut worden, als Theater für leichte Unterhaltung und als Casino. Schon von 1883 an wurden hier klassische Stücke für ein bildungsbürgerliches Publikum gegeben. Die schlossähnliche, streng anmutende Fassade passt zum Anspruch. Die Fassadenfront des Deutschen Theaters ist klassisch gehalten, mit flachem Giebel und breiten zurückspringenden Rundbogenfenstern zwischen den Pfeilern über dem Eingang bis hinauf zum vorspringenden Dach. Die Kammerspiele westlich davon weisen einen leicht vorkragenden dreigeschossigen, vier hohe Fenster breiten Mittelbau auf, mit Rundbögen im Obergeschoss.

Max Reinhardt führte beide Häuser zu Theaterruhm, bedeutende Schauspieler standen in den 27 Jahren seines Wirkens auf der Bühne, er selbst war viele Jahre auch Eigentümer. 1933 wurde Reinhardt in die Emigration getrieben. Nach dem Krieg behalf man sich über Jahrzehnte hinweg mit einem angeschlagenen Haus, doch zum hundertsten Geburtstag 1983 wurde der Theaterkomplex restauriert, 2005 das Deutsche Theater mit dem Ehrentitel ›Theater des Jahres‹ ausgezeichnet. Zu dem Großen Haus mit 600 Plätzen im erhaltenen Saal von 1850 und zu den Kammerspielen mit 230 Plätzen ist seit 2006 im Foyer der Kammerspiele eine ›Black Box‹ mit 80 Plätzen als Aufführungsraum dazugekommen. Ein neuer Umbau mit Sanierung fand 2008 statt, für 2012 ist ein neues Probenbühnenzentrum mit drei Bühnen auf der Rückseite der Gebäude geplant.

Berliner Ensemble – Theater am Schiffbauerdamm (II F1; Bertolt-Brecht-Platz 1, nahe dem Bahnhof Friedrichstraße): Dieses Theater gilt als Kultort, hier wirkten die Theatergenies Max Reinhardt und Bertolt Brecht. Reinhardt brachte unvergessliche Inszenierungen in das von ihm technisch neu ausgestattete Haus (seit 1903 mit Drehbühne) – seine Inszenierung von Shakespeares *Sommernachtstraum* mit ›echten‹ Vogelstimmen, Mondschein und Glühwürmchen wurde zur Theater-Legende.

Noch viel enger mit dem Haus ist Bertolt Brecht verbunden. Schon 1928 wurde seine *Dreigroschenoper* hier ruhmvoll aufgeführt. Nach dem Zweiten Weltkrieg und Brechts Rückkehr aus dem amerikanischen und Schweizer Exil 1949 gastierte das von ihm gegründete ›Berliner Ensemble‹ im Deutschen Theater, mit Brecht als Spielleiter. Seit 1954 wurde das Theater am Schiffbauerdamm von ihm und seiner Frau Helene Weigel geleitet, als Bühne des Berliner Ensembles.

1891/92 war das Haus im neobarocken Stil von Heinrich Seeling (1852–1932) erbaut worden, außen gekennzeichnet durch den Turm mit der hohen Nische, dem eingeschrägten Rundbogen und dem vorspringenden Eingangsbereich. Innen ist die vor keiner verspielten Dekoration zurückschreckende alte Ausstattung erhalten. Der Dichter und Dramatiker Bert Brecht sitzt als Bronzefigur (von Fritz Cremer, 1906–1993) auf dem Platz vor dem Haus, noch am Denkmal kommt die leise Ironie seines Gesichtsausdrucks zum Ausdruck.

Friedrichstadtpalast (II F1; Friedrichstraße 107): Die Wurzeln des Friedrichstadtpalastes gehen auf das Jahr 1867 zurück, als nahe dem späteren Bauplatz des Theaters am Schiffbauerdamm die erste städtische Berliner Markthalle nach Plänen des Geheimen Oberbaurats Friedrich Hitzig errichtet wurde. Mangels hinreichender Verkehrsanbindung wurde die Markthalle bald zur Lagerhalle heruntergestuft.

1873 erfolgte der Umbau zu einem Zirkusbau für 5000 Besucher. Die Zirkus-Familie Renz brillierte, andere Zirkusdirektoren kamen, bis Max Reinhardt gegen Ende des Ersten Weltkriegs das Zirkushaus zu einem Theater umbauen ließ. Kein Geringerer als Hans Poelzig (1869–1936) war sein Architekt. Im Zuge der expressionistischen Architektur ließ Poelzig unter der Decke einen Wald von Zapfen in Tropfenform anbringen, sodass das Publikum das Theater ›Tropfsteinhöhle‹ nannte. Im November 1919 wurde das Große Schauspielhaus mit Aischylos' *Orestie* eröffnet. Das Programm wirbelte mit der Hektik des Berliner Lebens, Erik Charell wurde mit seiner Charell-Revue gefeiert, Erwin Piscator mit politischen Revuen.

Im Dritten Reich bekam das Große Schauspielhaus den Namen ›Theater des Volkes‹, es hieß auch ›Palast der 5000‹. Poelzigs Tropfsteine wurden abgenommen, da sie als ›entartete Kunst‹ galten. Nach Kriegsende war auch der alte Friedrichstadtpalast (›Palast am Bahnhof Friedrichstraße‹) schwer getroffen. Trotzdem wurde auf verkleinerter Bühne wieder Varieté gespielt, 1949 wurde das Privattheater vom DDR-Staat übernommen. 1980 kam es aufgrund fortgeschrittener Fäulnis an den Fundamentpfeilern zur abrupten Stilllegung. Vier Jahre später konnte der neue Friedrichstadtpalast in naher Nachbarschaft des alten, abbruchreifen Gebäudes eröffnet werden (Architekten: Walter Schwarz, Manfred Prasser, Dieter Bankert). Bunt angestrahlt, präsentiert sich die Fassade des Betonbaus als eine supergroße Bonbonpackung. Hohe Rundbogenfenster, ein mehrstöckiger dreieckiger gläserner Risalit als Portal und Teile der Foyers, dazu die eingelegten Glasprismen stimmen auf das Varieté-Theater ein, das Farbenspiel zaubert eine Illumination mit Feuerwerkssymbolen. Auf die Bühne, die mit fast 2900 qm eine der größten weltweit ist, kann ein zwei Meter hohes Wasserbecken aufgefahren werden, ebenso eine Eisfläche. Der große Saal bietet 1900 amphitheatralisch arrangierte Plätze. Für die Revuen hat das Haus sein eigenes Friedrichstadtpalast-Ballett.

›Tränenpalast‹ (II F1; am Bahnhof Friedrichstraße, Nordseite): Fast vierzig Jahre lang nahmen hier Westberliner, Westdeutsche und Ausländer nach einem Tagesbesuch im DDR-Teil Berlins Abschied – oft unter Tränen – von ihren Verwandten und Freunden, die nicht ausreisen durften. 2008 wurde die Nutzung des inzwischen baufälligen, aber denkmalgeschützten und trotzdem vom Abriss bedrohten Gebäudes als ›Erinnerungsort‹ und Dokumentationsstätte festgeschrieben. Die Bonner Stiftung ›Haus der Geschichte der Bundesrepublik Deutschland‹ und die Stiftung ›Berliner Mauer‹ erarbeiten gemeinsam die Dauerausstellung, die sich den Themen der Teilung im Deutschen Alltag und des Jahrs der Wiedervereinigung widmet. Für 2011 ist die Eröffnung geplant.

Überwältigend raumgreifend und hoch ist seit 2006 direkt am Bahnhof und in nächster Nähe auch zum ›Tränenpalast‹ das ›Spreedreieck‹ hochgezogen worden. Die dubiosen Umstände des Verkaufs des 2100 qm großen Grundstücks im Jahr 2000 sind bis heute nicht geklärt.

Admiralspalast (II F2; Friedrichstraße 101/102): 1873 entstand über einer Solequelle das ›Admiralsgartenbad‹, das 1910 aber abgerissen wurde. Die Architekten Heinrich Schweitzer und Alexander Diepenbrock setzten an seine Stelle einen Neubau mit 900 Räumen samt Eisarena und Bädertrakt, Lichtspieltheater und Kegelbahnen und schufen damit eine der großen Vergnügungsstätten Berlins. Nach dem Ersten Weltkrieg erfolgte der Umbau zu einem Revuetheater, das mit Walter Kollos *Drunter und Drüber* eröffnet wurde. Im Dritten Reich, 1933, baute man an prominenter Stelle die ›Führerloge‹ ein. Nach dem Zweiten Weltkrieg fanden hier bis 1955 Aufführungen der Deutschen Staatsoper statt. Danach zog das Metropol-Theater ein, mit Operetten und Musicals. Im Vorderhaus ist seit 1953 das Kabarett ›Die Distel‹ zu Hause, das auch Kritisches zum ›Arbeiter- und Bauernstaat‹ brachte.

Nach langen Jahren ohne Nutzung sagte 2005 der Unternehmer Frank Walter die Sanierung des Hauses zu. Es galt behutsam und sensibel mit der historischen Bausubstanz umzugehen (der Admiralspalast hatte den Bombenkrieg fast unbeschädigt überstanden) und zugleich dem alten Charme des Hauses mit Zeitgenössischem und Neuem zu begegnen (Architekt Gewers & Pudewill, Berlin; Georg Gewers in Gewers, Kühn und Kühn). Um den Großen Saal für rasche Wechsel von Konzerten mit und ohne Bestuhlung nutzbar zu machen, wurde eine Luftkissenkonstruktion unterhalb der Stuhlreihen angebracht (1700 Plätze). Binnen weniger Minuten kann die gesamte Bestuhlung hinter einer Wand verstaut werden. Eine Treppe in Form eines silbernen Betonmonoliths führt hinauf zu den Rängen. In der Studiobühne im fünften Stock haben 400 Besucher Platz, Liebhaber von Jazz und Blues treffen sich hier. Die Anmutung des Hauses lebt vom Licht, von der Farbe und den Oberflächenstrukturen. Das alte Soleschwimmbad im vierten Stock soll auch wieder in Betrieb genommen werden.

Regieren und Flanieren

Vom Reichstag am Spreebogen zum Hauptbahnhof und zum Kanzleramt, zu den ›Kulturen der Welt‹ und in den Tiergarten

Reichstag (I E2; Platz der Republik 1): Der Rheinländer Paul Wallot (1841–1912) entwarf für den Reichstag des Deutschen Kaiserreichs, wie in der Wettbewerbsausschreibung von 1882 gefordert, einen üppigen Gründerzeit-Bau im Stil der italienischen Hochrenaissance. Änderungen in der Planung und sogar noch in der Ausführung zögerten Richtfest und Vollendung hinaus. Zur Einweihung 1894 jubelten die Zeitgenossen über ›eines der bedeutendsten Bauwerke aller Zeiten‹. Kaiser Wilhelm II., der Demokratie zutiefst abgeneigt, sprach dagegen von einem ›Gipfel der Geschmacklosigkeit‹ und vom ›Reichsaffenhaus‹. Vor allem die Stahl-Glas-Kuppel über dem Plenarsaal war dem Kaiser zu modernistisch und ein allzu mächtiges Symbol der parlamentarischen Demokratie. Auch die Inschrift ›Dem deutschen Volke‹ über dem Hauptportal war ihm Stein des Anstoßes.

Am 9. November 1918 rief der Sozialdemokrat Philipp Scheidemann vom Hauptportal die Deutsche Republik aus (großes Fenster links), am 27. Februar 1933 signalisierte der lichterloh brennende Reichstag deren Ende. Am 30. April 1945 hissten Soldaten der ›Roten Armee‹ auf der ausgebrannten Ruine des Reichstags die rote Fahne. In den 1950er Jahren wurde mit dem Wiederaufbau begonnen, abgetragen wurden auch Reste des Außendekors und die Kuppel. Nur der Einsatz weitsichtiger Persönlichkeiten wie des Stadtbaurats und Architekten Hans Scharoun und des Politikers Jakob Kaiser verhinderte den Totalabriss. Sitzungs- und Ausstellungsräume wurden geschaffen. 1971 eröffnete die Dauerausstellung ›Fragen an die deutsche Geschichte‹. Zwanzig Jahre später, am 20. Juni 1991, erklärte der Bundestag Berlin zum Regierungssitz, seit 1999 ist das Reichstagsgebäude Sitz des Deutschen Bundestages.

Der 1993 ausgeschriebene Wettbewerb zum grundlegenden Wiederaufbau des Gebäudes forderte Transparenz, Übersichtlichkeit und Energietechnik. Keines dieser Kriterien wurde vom Preisträger Norman Foster (*1935) in Frage gestellt, jedoch energisch das Verlangen nach einer neuen Kuppel, die aus ›rein symbolischen Gründen‹ aufgesetzt würde. Foster musste seinen Widerstand aufgeben und legte 1995 seinen definitiven Entwurf für eine gläserne, auf doppelt spiralförmig an- und absteigender Rampe begehbare Glaskuppel vor. Ein ähnliches Konzept hatte auch der Architekt Gottfried Böhm schon 1988 entwickelt.

Fosters im Innenausbau hochmodern gestaltetes Reichstagsgebäude – ›ein Neubau in einem Altbau‹ – ist nicht nur Arbeitsplatz für das Parlament, sondern zugleich wegen dieser Kuppel auch eine Hauptattraktion Berlins. Die gläserne Kuppel direkt über dem Parlamentssaal hat einen Durchmesser von 38 m, die beiden Rampen haben eine Länge von je 230 m. Verbaut wurden 3000 qm Glas. Von oben, aus 40 m Höhe, ist eines der schönsten Berlin-Panoramen zu genießen, über den grünen Tiergarten, über die Spree zum neuen Hauptbahnhof, zum Fernsehturm am Alexanderplatz, zu den Hochhäusern am Potsdamer Platz.

Unvergesslich bleibt ein architektonisches Reichstags-Ereignis der besonderen Art. Im Juni 1995, unmittelbar vor dem Beginn von Fosters Umbau, verwirklichte der Verpackungskünstler Christo mit seiner Frau Jeanne-Claude sein schon 1971 angebotenes Projekt ›Wrapped Reichstag‹ (Verhüllter Reichstag): das 137 × 97 m große Gebäude wurde für zwei Wochen mit starken Seilen vollständig in silbrig glänzende, feuerfeste Stoffbahnen eingebunden. Der massive Baukörper zeigte sich als völlig ungewohnte, leicht gegliederte Bauskulptur und lockte über 5 Millionen Besucher an.

Band des Bundes (I E1–2; Platz der Republik, Reichstag-Ufer, Otto-von-Bismarck-Allee, Paul-Löbe-Allee): Das Regierungsviertel im Spreebogen ist weder in eine enge Stadtszenerie eingebunden noch von allzu nah herangerückten Hochhaustürmen umstellt. Der angrenzende Tiergarten, der ›Platz der Republik‹ mit seinem Rasengrün und der Spreebogen mit seinem Schiffsverkehr verbinden Bürger und ihre Regierenden. Im Vergleich zu den effektstark hallenhohen Passagen zwischen den Büroetagen an den Außenseiten der ›Band-des-Bundes‹-Bauten sind die Arbeitszimmer der Abgeordneten sehr bescheiden zugeschnitten.

Licht und die Klarheit kubischer Räume prägen Stefan Braunfels' Architektur des Paul-Löbe-Hauses (vis-à-vis

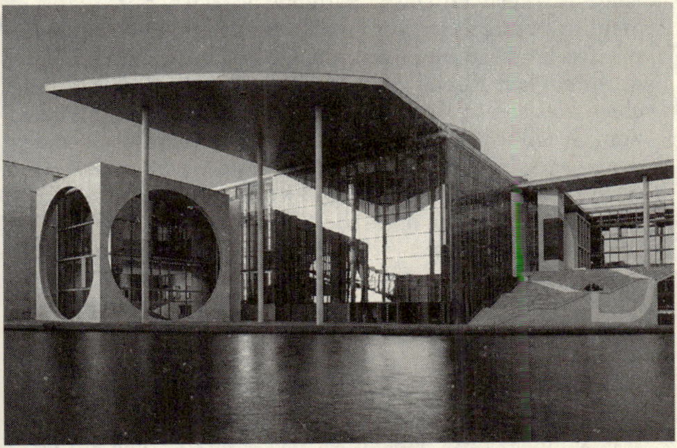

Hauptstadtarchitektur an der Spree:
›Marie-Elisabeth-Lüders-Haus‹

vom Bundeskanzleramt) sowie die des Marie-Elisabeth-Lüders-Hauses auf dem östlichen Spree-Ufer. Verbunden sind beide mit einem Tunnel unter und mit einer überdachten Doppelbrücke über dem Wasser. Markant am Paul-Löbe-Haus, das nach dem letzten sozialdemokratischen Reichstagspräsidenten benannt ist, zeigt sich die Folge gerundeter Glasfassaden mit Blick auf den Platz der Republik. Diese sind zwischen den Querbauten zurückgesetzt, womit kleine Freiräume geschaffen werden. Der Wechsel von schmalen Pfeilern vor diesen Freiräumen mit den flankierenden weißen Fassaden der Quergebäude verleiht dem langgestreckten Bau Helligkeit und Großzügigkeit und wirkt als wohltätiger Kontrast zu den monotonen Glaskuben der internationalen Büroszene.

Ins **Marie-Elisabeth-Lüders-Haus** (II E1–2), benannt nach der Rechts- und Sozialreformerin (1878–1966), die sich für die Gleichberechtigung der Frauen einsetzte, gelangt man auch auf einer Freitreppe über dem Spree-Ufer. Stephan Braunfels hat vor die Glasfassade ein Formenspiel mit Dachschräge und übergroßen Rundfenstern in einem quadratischen Kubus gesetzt. Gegenüber auf dem westlichen Ufer stehen sieben weiße und ein schwarzes Kreuz, zum Gedenken an die Opfer der DDR-Grenzwächter und des ›Todesstreifens‹. Auch letzte Reste der Mauer sind noch zu sehen. Bibliothek und Archiv wie auch Büros der Abgeordneten haben im Marie-Elisabeth-Lüders-Haus ihren Platz. Der weite, offene Hallenraum überspannt vier Stockwerke. Das stattliche Rund des Bibliotheksbaus bietet nach Washington und Tokio die drittgrößte parlamentarische Bücherkollektion weltweit.

Großenteils aus historischer Substanz schufen fünf Architektenteams das **Jakob-Kaiser-Haus** (II E2; Gewerkschaftler, im Widerstand gegen das Hitler-Regime, Bundesminister für gesamtdeutsche Fragen, 1888–1961). Dem ›Band des Bundes‹ ist der Bau beiderseits der Dorotheenstraße benachbart, aber nicht zugehörig. Zuvor hatten hier u. a. der Reichspräsident, eine Bank und die Kammer der Technik ihr Quartier. Heute arbeiten hier Abgeordnete und ihre Mitarbeiter, zusammen mehr als 2000. Einzelne Fraktionen benötigen ganze Stockwerke. Ein Bürotrakt gehört den Parlamentsdiensten (z. B. den Stenografen), benachbart residieren die Vizepräsidenten des Bundestages, mit kürzestem Weg zum Reichstagsgebäude. Zwei Sitzungssäle sind mit Zuschauertribünen ausgestattet. Der Deutschen Parlamentarischen Gesellschaft stehen die Räume im ehemaligen Reichstagspräsidentenpalais zu.

Bundeskanzleramt (I E1–2; Willy-Brandt-Allee 1): Die reichgegliederte Frontfassade des von den Architekten Axel Schultes (* 1943) und Charlotte Frank (* 1959) entworfenen, am 2. Mai 2001 von Gerhard Schröder bezogenen Bundeskanzleramts ähnelt eher einer Theaterbühne als dem Amtssitz eines Staatsoberhauptes. Scheinbar öffnet sich der Bau jedem Besucher und lädt ein, zwischen der Vielzahl der Säulen als Zuschauer Zeuge dramatischer Szenen zu werden. Der eigentliche Bereich des Kanzlers, der 36 m hohe zentrale Kubus (›Leitungsbereich‹), ragt hoch über die beiden seitlich flankierenden Bürotrakte hinaus. Die riesigen Rundfenster des Kubus heben sich aus diesen Trakten heraus, lassen sich als Symbole aufgehender Sonnen deuten.

Blickpunkt im Hof ist die Eisenskulptur *Berlin* des baskischen Meisters Eduardo Chillida (1924–2002). Sie zeigt zwei Figuren, die mit ungelenken Armen zueinanderkommen wollen, ein Symbol der 40jährigen Teilung Deutschlands, deren Wiedervereinigung weitere Jahrzehnte braucht.

Die Gesamtfläche des Grundstücks misst 73 000 qm, der achtstöckige Hauptbau bietet 12 000 qm Fläche. Im funktionalen Innern des Hauptbaus finden sich der internationale Konferenzraum mit Dolmetscherkabinen, eine ›Geheimetage‹, in der Abhörversuche scheitern, der Bankettsaal, wo Gastronomen den Politikern die Arbeit er-

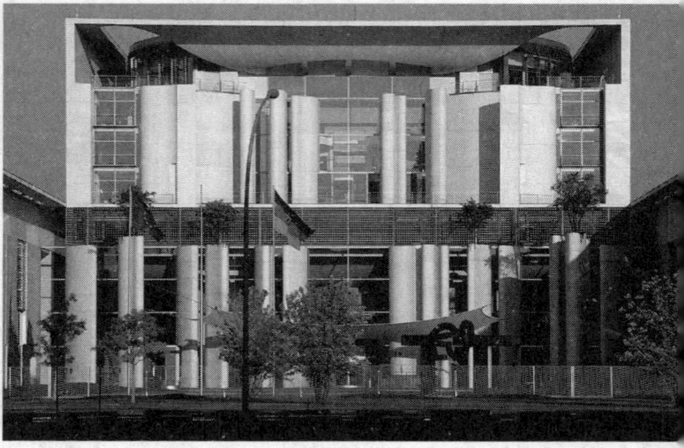

Die Frontfassade des Kanzleramts signalisiert Offenheit

leichtern, im siebten Stockwerk das Arbeitszimmer des Kanzlers / der Kanzlerin, das Büro des Kanzleramtschefs und im obersten das Kanzlerappartement. Diese Wohnung wurde weder von Gerhard Schröder noch bisher von Angela Merkel dauerhaft benutzt.

Im Haupttreppenhaus fallen die Farbabstufungen ins Auge, mit denen der Maler Markus Lüpertz (* 1941) positive Eigenschaften symbolisieren wollte, unter anderen die Tugenden der Weisheit, Tapferkeit, Gerechtigkeit, Klugheit. Zu den Kunstwerken im Kanzleramt gehören neben vielen Werken der Malerei vorzugsweise des 20. Jh.s die Porträts sämtlicher Kanzler, die auf Vorschlag Helmut Schmidts seit 1976 gesammelt werden und im ersten Stockwerk zu besichtigen sind.

Zur Gesamtanlage gehören ein Hubschrauberlandeplatz und der Kanzlerpark. Im Keller des Hauses ist ein Blockheizkraftwerk, auf dem Dach eine Photovoltaik-Anlage installiert. Wärmerückgewinnungssysteme minimieren den Verbrauch von CO_2-Emissionen.

Schweizerische Botschaft (I E1; Otto-von-Bismarck-Allee): Das 1870–71 von Friedrich Hitzig (1811–1881) für den prominenten Arzt Friedrich Frerichs erbaute Stadtpalais hatte mehrere Besitzer. Für den Chemie-Fabrikanten Erich Kunheim fügte der Architekt Paul Otto August Baumgarten kurz vor dem Ersten Weltkrieg das Stadtpalais in eine größere, im neoklassizistischen Stil ausgeführte Villa ein. Dabei wurde ein drittes Stockwerk aufgesetzt, die sieben Fensterachsen auf neun erweitert, am Dach eine Balustrade ergänzt und mit sechs ionischen Säulen in hohen Fassadennischen die Bewunderung für die Antike dokumentiert.

1919 kam die ›Villa Kunheim‹ in Besitz der Schweiz als Residenz des Gesandten. 1942–45 flüchteten die Schweizer aus Berlin, das Botschaftsgebäude aber blieb als einziges Bauwerk weiterhin stehen. Erst seit 1973 agierte hier wieder ein Generalkonsulat – und fand sich in den 1990er Jahren nah benachbart dem ›Band des Bundes‹ und zum Bundeskanzleramt. Das einstige großbürgerliche Palais in Bestlage wurde wieder zum Amtssitz der Schweizerischen Botschaft. Der Erweiterungsbau an der Ostseite im Jahr 2000/01 (Diener & Diener) fiel allerdings betont betonnüchtern aus.

Hauptbahnhof (I E1; Alt-Moabit): Erhob sich der neue Hauptbahnhof Anfang des 21. Jh.s noch über einer leergeräumten Stadtlandschaft, behauptet sich der erste Zentralbahnhof der deutschen Hauptstadt, einer der größten Europas, auch im zunehmend überbauten Niemandsland nach wie vor mit seinen flankierenden Bürotürmen und schimmernden Dächern über den Gleisen. Er ersetzte den alten denkmalgeschützten Lehrter Bahnhof, der abgerissen wurde.

2009 wurde in einer weiteren Ausbaustufe die bereits

seit 1929 geplante U-Bahn-Linie 55 in Betrieb genommen, mit Anschluss an Bundestag und Brandenburger Tor.

Der zehnjährigen Bauzeit des Bahnhofs gingen bei der Grundsteinlegung 1998 bereits drei Jahre Vorarbeit am Tunnelbau unter der Spree voraus. Gleichzeitig entstanden neben dem Nord-Süd-Fernbahntunnel auch ein Straßen- und ein U-Bahn-Tunnel. Die Baugrube musste nachhaltig gegen das nur drei Meter unter der Oberfläche aufsteigende Grundwasser gesichert werden. 15 m unter der Oberfläche verlaufen die acht Gleise der neuen Nord-Süd-Verbindung.

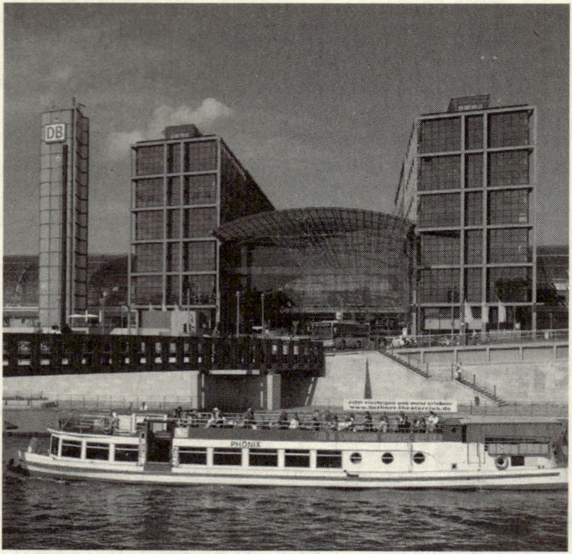

Der neue Hauptbahnhof nahe beim Regierungsviertel ist Berlins erster Zentralbahnhof

Den Wettbewerb für das ›Projekt Lehrter Bahnhof‹ hatte 1993 das Hamburger Architekturbüro Gerkan, Marg und Partner (gmp) gewonnen. Meinrad von Gerkan, der mit etwa 50 Projekten intensiv auch am chinesischen Bauboom teilhat, entwarf mit dem lichtdurchfluteten, übersichtlichen Raumkontinuum den originellsten Glaspalast Berlins. Tritt man unter dem weit vorkragenden Dach des Eingangsportals in das vielstöckige Netzwerk der Gleise, Bahnsteige, Säulen, Rolltreppen, Restaurants und Ladenzeilen ein, fasziniert der Bau mit seiner logischen Präzision und planerischen Phantasie. Wände und Decken sind sparsam eingezogen und öffnen sich den Durchblicken.

Kostspielige Streitigkeiten gab es wegen des stockwerkshohen Korbbogen-Glasdaches der Stadtbahnebene, das nach Meinrad von Gerkan 455 m lang die Bahnsteige überdecken sollte. Angeblich aus Kostengründen forderte der damalige Bahn-Chef Hartmut Mehdorn eine Reduzierung auf 321 m. Zudem, meinte er, sei das Dach nicht in voller Länge rechtzeitig zur Fußballweltmeisterschaft 2006 fertigzustellen. Als dann statt der geplanten Gewölbedecke des Untergeschosses eine niedere Flachdecke eingebaut wurde, klagte der Architekt wegen Verletzung seines Urheberrechts.

Das Landgericht Berlin gab ihm im November 2006 recht. Kurz nach der festlichen Eröffnung des Hauptbahnhofs im Mai 2006 votierte überdies der Verkehrsausschuss am Deutschen Bundestag mit beträchtlicher Mehrheit für die Überdachung der vollen Bahnsteiglänge, zum Schutz der Reisenden und der Anwohner vor vermeidbarem Lärm und Regengüssen.

Hamburger Bahnhof / Museum für Gegenwart (I E1; Invalidenstraße 50–51): 1845–47 erbauten die Architekten Friedrich Neuhaus und Ferdinand Wilhelm Holz den Hamburger Bahnhof als Kopfbahnhof der Berlin-Hamburg-Bahn im elegant spätklassizistischen Stil. Die Mitte des dreigeschossigen, breit gelagerten Empfangsgebäudes wird durch leicht überragende Türme betont, die einen zweigeschossigen, durch Bogenstellung aufgebrochenen Baukörper umfassen. Durch die beiden hohen Rundbögen konnten die Lokomotiven durch das Gebäude fahren und auf einer heute in einem Rasenrondell angedeuteten Drehscheibe umgesetzt werden.

Seit 1884 ist der Bahnhof aufgegeben. Umbauten folgten, ein Verkehrs- und Baumuseum zog ein. Nach der Teilzerstörung im Zweiten Weltkrieg konnten zunächst die Architekten Winnetou Kampmann und Ute Weström manches wiederherstellen. Bereits 1984 hatte der Berliner Senat die Verwaltung des ehemaligen Bahnhofs von der DDR-Reichsbahn übernommen, sodass 1993 der Umbau durch Josef Paul Kleihues zum ›Museum für Gegenwartskunst‹ erfolgen konnte. Von hohem architektonischem Reiz ist vor allem die ›große Halle‹ mit den freiliegenden, unter der Mitte der Decke zusammentreffenden Bögen der Stahlträger. Erweitert um die angrenzenden Rieck-Hallen (2004) und zur Neuen Nationalgalerie zugehörig, ist der Hamburger Bahnhof dank der Stiftungen und Leihgaben privater Großsammler heute eines der führenden deutschen Museen der westlichen zeitgenössischen Weltkunst.

Haus der Kulturen der Welt (I E2; John-Foster-Dulles-Allee): Die große internationale Berliner Bauausstellung ›Interbau‹ des Jahres 1957 veranlasste die Benjamin-Franklin-Stiftung, den Bau der Stadt Berlin zu schenken, als Symbol amerikanischer Verbundenheit mit der ›Frontstadt‹ Berlin und im Sinne demokratischer Traditionen und Lebensart. Dieses Gebäude wurde vor allen Dingen wegen des kühn geschwungenen Daches über dem Saalbau bereits 1957 von den Berlinern als eines der frühesten Bauten der Moderne in der damals noch intensiv mit dem Wiederaufbau beschäftigten Stadt bewundert.

Der Entwurf geht auf den US-Architekten Hugh Stubbins mit seinen beiden deutschen Kollegen Werner Düttmann und Franz Mocken zurück. Die scheinbar flügel-

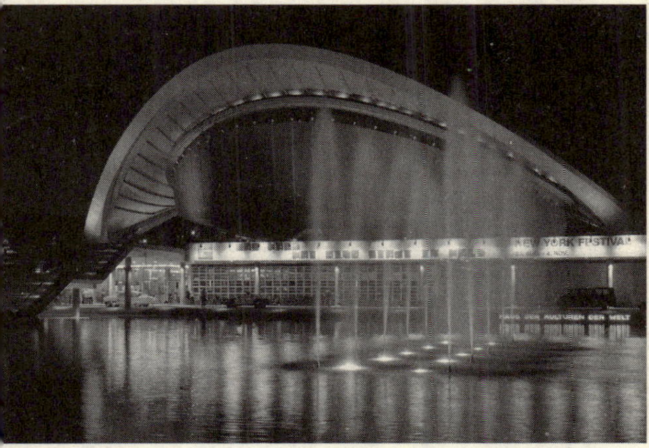

Erbaut, eingestürzt und erneuert: Haus der Kulturen der Welt

leichte Dachkonstruktion über dem soliden zweistöckigen Sockelgeschoss stützte sich in Wirklichkeit auf ein System von Stahlbetonteilen, Zugbändern und Widerlagern, die nicht nur der Schwerkraft, sondern im Notfall auch Orkanböen widerstehen sollten. – Die Sockelgeschosse boten Kongressräume, von der Empfangshalle bis zu Vortragssälen und Konferenzräumen. Darüber hinaus lud die weiträumige Terrasse unter dem Flügeldach zum Ausblick auf den Tiergarten und zur Spree hin ein.

1980 stürzte aufgrund durchgerosteter Stahlträger die Deckenkonstruktion ein. Der Wiederaufbau des so starken Symbols deutsch-amerikanischer Verbundenheit wurde bald beschlossen und von den Architekten Hans-Peter Störl und Wolf Rüdiger Borchardt durchgeführt.

Aus der im äußeren Bild unveränderten Kongresshalle wurde ab 1989 das ›Haus der Kulturen der Welt‹,

Deutschlands Zentrum für zeitgenössische, außereuropäische Kunst, mit vielfältigen Veranstaltungen, von Ausstellungen bis zu Theater, Film und Tanz. Durch die Nähe zu Reichstag und Regierungsviertel ist dieser ›kosmopolitische Ort‹ aus einer Randlage ins politische Zentrum gerückt. Hier begegnen sich Künstler und Kunst aus aller Welt, hier können Berlins verschiedene gesellschaftlichen Gruppen und Nationalitäten ins Gespräch miteinander kommen, hier wird Musik weltweit präsentiert und diskutiert: mit dem Sommerfestival ›Wassermusik‹ oder mit ›Worldtronics‹ im Bereich der elektronischen Musik.

Ein doppeltes Wasserbecken trennt das ›Haus der Kulturen der Welt‹ vom Straßenverkehr und spiegelt zugleich das wiedererstandene Architektur-Unikat, das von den Berlinern als ›Schwangere Auster‹ bezeichnet wird. Die Skulptur *Zwei Formen* des britischen Künstlers Henry Moore (1898–1986) wirkt in ihren klaren Formen zeitlos und klassisch.

Nur wenige Schritte östlich ragt aus dem Tierparkgrün der schlanke Glockenturm von 1987 empor, dessen Carillon, ein spielbares, großes Glockenspiel, mit 68 schwingenden Glocken als das größte weltweit oder zumindest in Europa gilt. Zweimal täglich ertönt ein computergesteuertes Glockenspiel, sommers lassen Glockenspieler ihre Kunst hören. Höher als dieser Glockenspielturm ist der im Olympiagelände mit 77 m.

Schloss Bellevue (I D2; Spreeweg 1): Vor rund drei Jahrhunderten war der heutige Amtssitz des Bundespräsidenten nicht viel mehr als ein Garten vor den Toren der Stadt, in dem Maulbeerbüsche für die Seidenraupenzucht König Friedrichs I. aufgezogen wurden.

1743 übernahm Georg Wenzeslaus von Knobelsdorff (1699–1753) das Grundstück, der unter Friedrich II., der 1740 die Regierung antrat, zum Oberintendanten der Gärten und Schlösser avancierte. Das Haus, das er sich an der Stelle des späteren Schlosses Bellevue bauen ließ, war bescheiden. Nach seinem Tod folgten andere Besitzer. Erst Friedrichs II. jüngster Bruder August Ferdinand erwählte für sich diesen Platz und beauftragte den Architekten Philipp Daniel Boumann 1785 mit dem Bau des Schlosses; die Gestaltung des Parks folgte. Das Dreiflügelschloss Bellevue gilt als der erste frühklassizistische königlich preußische Schlossbau. Das Portal des Mittelrisalits hebt sich unter schlichtem Dreiecksgiebel mit vier korinthischen Pilastern hervor. Im Giebelfeld personifizieren Sandsteinfiguren ländliches Leben: Ackerbau, Fischzucht und Jagd. Beinahe berühmt war der Garten respektive Schlosspark, der mit künstlichem Wasserfall, einem Otaheiti-Kabinett (= Tahiti), Brücken und Gedenksteinen sowie einem Gartenhaus von Karl Friedrich Schinkel an den Wörlitzer Park erinnerte.

Nach dem Ersten Weltkrieg stand das Schloss leer, 1928 kam es in Staatsbesitz, 1935 nutzte das Staatliche Museum für Volkskunde den Raum, das 1938 wegen der Nutzung als Reichsgästehaus wieder ausziehen musste. Umbauten erfolgten, nur der 1791 von Carl Gotthard Langhans gestaltete ovale Saal blieb erhalten.

Nach dem Zweiten Weltkrieg wurde das zerstörte Schloss wieder aufgebaut und 1959 als Amtssitz und Berliner Dependance des Bundespräsidenten eingerichtet.

Seit 1994 ist Schloss Bellevue der offizielle Amtssitz des Bundespräsidenten. 1996–98 entstand im Park der Verwaltungsbau für das Bundespräsidialamt (von Martin Gruber, *1963, und Helmut Kleine-Kraneburg, *1961). Der elliptische viergeschossige Büroring mit einer polierten schwarzen Außen-Steinfassade umschließt einen rechteckigen, dachhohen Bauquader im Hof. Auf dem begehbaren Dach arbeitet eine Photovoltaikanlage in den 22 Referaten, darüber hinaus sind rund 150 Mitarbeiter für den Bundespräsidenten tätig.

Der kriegszerstörte Park war schon 1952 mit Unterstützung der ›Shropshire Horticultural Society‹ und anderer britischer Gartenfreunde neu angelegt worden.

Hansa-Viertel (III D2; am Tiergarten zwischen den S-Bahn-Stationen Tiergarten und Bellevue): Im Sommer 1957 staunten die Besucher über Hochhausfassaden und Musterwohnungen. In der immer noch trümmergrauen Innenstadt Westberlins verhieß die ›Interbau‹, die Internationale Bauausstellung Berlin, bessere Zukunft und hellere Wohnungen. Zugleich präsentierte die ›Interbau‹ modernste großstadttaugliche Architekturkonzepte.

Ein halbes Jahrhundert später ist das ›Hansa-Viertel‹ selbst ein wenig angegraut. Im grünen Rahmen der Tiergartenflora überdauert dennoch diese singuläre Mischung aus Hoch- und Flachbauten. Es lohnt allemal, die Eigenheiten und Unterschiede der Hochhäuser wahrzunehmen, deren Architekten alle Sieger des drei Jahre zuvor ausgeschriebenen Wettbewerbs waren. Zu den Hochhaus-Erbauern zählen Walter Gropius (1883–1969, der Bauhaus-Gründer), Oscar Niemeyer (* 1907, der Erbauer Brasilias), Alvar Aalto (1898–1976, der Architekt des organischen Bauens) und Egon Eiermann (1904–70, der wenig später die Kaiser-Wilhelm-Gedächtniskirche baute). Von den Architekten der Ein- und Mehrfamilienhäuser sind zu nennen: Arne Jacobsen (1902–71, der finnische Meister des Funktionalismus), Max Taut (1884–1967, der 1945–53 an der Berliner Hochschule für bildende Künste lehrte) und der Münchner Sep Ruf (1908–82, der bald darauf den ›Kanzler-Bungalow‹ in Bonn schuf).

Statt geschlossener Blockrandbebauung war das gemeinsame Ziel eine aufgelockerte Gliederung der Bauten mit viel Raum für Grün, zudem eine Kostenbegrenzung gemäß der Finanzierung aus öffentlichen Mitteln im sozialen Wohnungsbau. Verfolgt wurden die Grundsätze der ›Charta von Athen‹ (1933), nach der moderner Städtebau die Lebensbereiche von Wohnen, Arbeit und Erholung zur Steigerung der Lebensqualität trennen sollte. Diese Forderung entsprang den miserablen Wohnverhältnissen zur Zeit der wachsenden Industrialisierung, wurde aber um 1950 nicht mehr rigoros angestrebt. Für die Grünflächen zwischen den Bauten sorgten fünf bewährte Gartenarchitekten für jeweils ein Areal unter der Gesamtplanung des Berliners Walter Rossow.

Das Hansa-Viertel umfasst 35 Objekte mit 1160 Wohneinheiten. Hinzu kamen zwei Kirchen, St. Ansgar auf elliptischem Grundriss und die Kaiser-Friedrich-Gedächtniskirche, aus Beton, mit angrenzendem Gemeindesaal. Des weiteren befanden sich im Ladenzentrum auch ein Kino, das später zur Spielstätte des vielbewunderten GRIPS-Theaters wurde, ein Berlin-Pavillon und eine städtische Bibliothek. Zum meistbesuchten kulturellen Zentrum entwickelte sich die Akademie der Künste (Hanseatenweg 10), erbaut 1959–60 mit Hilfe einer Stiftung des US-amerikanischen Industriellen Henry H. Reichhold (Architekt: Werner Düttmann).

Zur gleichen Zeit, in der das Hansa-Viertel entstand, ließ die Stadtverwaltung Ostberlins die Stalin-Allee (heute: Karl-Marx-Allee) im Zeichen des Historismus nach Moskauer Beispiel erweitern. Der Kontrast zwischen diesem Fassadenprunk und der schnörkellosen Bauhaus-Architektur im Hansa-Viertel ist eklatant.

Siegessäule (I D2; Großer Stern): Mitten im flach ausgreifenden Tiergarten erhebt sich die 67 m hohe Siegessäule, die zur Zeit des Kaiserreichs und noch in der Weimarer Republik ihren Platz im Rondell vor dem Reichstag hatte (Höhe der Aussichtsplattform: 48 m). 1864 hatte sie König Wilhelm I., der spätere Kaiser Wilhelm I., im Anschluss an Preußens Sieg im Deutsch-Dänischen Krieg 1864 in Auftrag gegeben, ausführender Architekt war Johann Heinrich Strack. Beutestücke gewonnener Kriege sollten sie schmücken. So erweisen sich die senkrechten Eisenrohre am Säulenschaft bei Nahsicht als vergoldete Geschützrohre. Die Siegessäule ließ Wilhelm II. auch in Erwartung künftiger siegreicher Feldzüge schaffen: Dazu zählen die Siege der preußischen bzw. deutschen Truppen:

1813 über Napoleon, 1864 über Dänemark, 1866 über Österreich, und der deutschen Armeen im Kaiserreich: 1870/71 über Frankreich. 1873 wurde die Siegessäule eingeweiht, 1938 wurde sie an ihren jetzigen Platz versetzt und um ein Segment erhöht. Bekrönt ist die Säule mit einer 8 m hohen, 35 Tonnen schweren, in goldglänzendem Gewand gekleideten Siegesgöttin mit Engelsflügeln und Lorbeerkranz. Ruhmreiche Szenen der Befreiungskriege gegen Napoleon sind im Umgang des Granitsockels in Bronzereliefs dargestellt. Dagegen zeigt ein umfängliches Glasmosaik des Historienmalers Anton von Werner an den Innenwänden die Einigung der deutschen Staaten im Kaiserreich.

Sowjetisches Ehrenmal des ›Großen Vaterländischen Krieges‹ (I E2; Straße des 17. Juni, westlich vom Brandenburger Tor): Das monumentale Denkmal präsentiert vor dem Halbrund einer Kolonnade zwei T34-Panzer, die Berlin als erste erreicht hatten – am 21. April 1945 überschritten die ersten sowjetischen Truppen Berlins Stadtgrenze –, und zwei Kanonen, deren Salven am 2. Mai das Ende der Schlacht um Berlin verkündeten. Die britische Militärregierung hatte 1945 ein Stück Westberliner Boden nah dem Brandenburger Tor und dem Reichstag requiriert und den Sowjet-Behörden auf unbestimmte Zeit zur Verfügung gestellt. Am 11. November 1945 wurde das Denkmal enthüllt. Hinter den Kolonnaden mit den Namen toter Sowjetsoldaten sind viele von ihnen bestattet worden. Auf einem hochaufragenden Postament blickt die überlebensgroße Bronzegestalt eines Rotarmisten ins Weite.

Zu den Jahrestagen versammeln sich mehrere Hundert Veteranen mit ihren Angehörigen zur Feier des Kriegsendes und der Versöhnung. Tausende Berlinerinnen und Flüchtlinge erlitten 1945 Gewalt von Russen, viele Tausende Russen starben 1941–43, als die deutsche Wehrmacht sie mit der Blockade St. Petersburgs (Leningrad) in den Hungertod trieb.

Von ›Mitte‹ nach Kreuzberg

Bundesrat & Abgeordnete, Willy-Brandt-Haus, Berlinische Galerie, Jüdisches Museum, Riemers Hofgarten und der Kreuzberg

Sitz des Bundesrats (II E1; Leipziger Straße 3–4): Der viergeschossige Bau mit Mittelrisalit und Portikus und zwei weit ausgreifenden Flügeln wurde 1904 vom Architekt Friedrich Schulze-Colbitz (1843–1912) in seiner bewährten Neorenaissance nördlich des Preußischen Landtags an der Leipziger Straße errichtet. Im Giebel zeigt ein großes Relief Symbolfiguren des preußischen Staates: Um eine »Borussia« stellte Otto Lessing (1846–1912), ein Urgroßneffe Gotthold Ephraim Lessings, neun Gestalten, die Zweige der Staatsverwaltung symbolisieren. Aufwendige Gartenanlagen befinden sich im Ehrenhof zur Straße hin.

Im Palast arbeitete zunächst das Preußische Herrenhaus, eine Art ›Oberhaus‹ des Parlaments. Nach 1933 zogen Abteilungen des Luftfahrtministeriums ein, in der DDR-Ära die Akademie der Wissenschaften. Seit 2000 tagt hier der Bundesrat. 1825–51 stand auf diesem Grundstück das Wohnpalais der Familie Mendelssohn Bartholdy.

Berliner Abgeordnetenhaus (II F3; Niederkirchnerstraße 5): Das stattliche Berliner Abgeordnetenhaus mit drei Portaldurchgängen zwischen glatten Pfeilern, hohen Fenstern in zwei Geschossen und ebenmäßigem Rustika-Mauerwerk im 1. Geschoss stammt aus Kaisers Zeiten. Es wurde nach Plänen des Architekten Friedrich Schulze-Colbitz in den Jahren 1892–97 in italienisierendem Neorenaissancestil errichtet und umfasst vier Innenhöfe.

Bestimmt war das Gebäude für den Preußischen Landtag, für das sogenannte Zweite Haus, dessen 130 Abgeordnete in höchst kompliziertem Verfahren gewählt wurden. 1918 tagte hier die Reichsversammlung der revolutionären Arbeiter- und Soldatenräte. Nach 1934 wurde es als ›Haus der Flieger‹ für das Reichsluftfahrtministerium genutzt, nach 1945 tagten hier der Ministerrat, die Staatliche Plankommission und Abteilungen der Staatssicherheit der DDR. Nach der Wiedervereinigung ist das Haus nun seit 1993 Sitz der Berliner Abgeordneten, des Landesparlaments des vereinten Berlins. Im ersten Stock befindet sich eine Galerie der Ehrenbürger der Stadt.

Martin-Gropius-Bau (I EF3; Stresemannstraße 110): Der ungewöhnlich prächtige Bau, heute bekannt als Ort internationaler Wechselausstellungen, ist nach einem seiner Architekten benannt, der ein Großonkel des Bauhausarchitekten Walter Gropius war. Martin Gropius (1824–1880) und Heino Schmieden (1835–1913) errichteten das Gebäude 1877–81 in der bewussten Nachfolge der Schinkelschen Bauakademie-Architektur, als aufwendig geschmückten Renaissancebau mit Mosaikfries im Obergeschoss und Terrakotta-Reliefbändern. Ziegelfassade und dreiteilige Fenster mit klassischen Giebeln erinnern an Schinkel. Der Grundriss ist fast quadratisch, großzügig öffnet sich ein weiter Lichthof mit umlaufender Galerie, Säulen und Glasdach. Ursprünglich diente das Haus als Königliches Kunstgewerbemuseum mit Ausstellungsstücken aus vielen Ländern. Im Krieg erheblich beschädigt, stand es nach dem Krieg direkt an der Mauer zwischen West und Ost. Darum wurde der Haupteingang auf die Südseite verlegt, als das verfallende Objekt 1979–81 wieder aufgebaut wurde. Vorübergehend waren hier zunächst die Berlinische Galerie, das Werkbund-Archiv und Judaica untergebracht.

Detlev-Rohwedder-Haus – Finanzministerium (II F2; Wilhelmstraße 97): Das Gebäude ist in seiner strengen, im eintönigen, neoklassisch genannten Stil errichteten Monumentalität ein Paradebeispiel für die Architektur des Dritten Reiches. Anstelle eines Vorgängerbaus, der dem preußischen Kriegsministerium und dann dem Reichswehrministerium diente, wurde 1935 mit großen Um- und Neubauten (Architekt: Ernst Sagebiel, 1892–1970) ein repräsentativer Großbau für das Reichsluftfahrtministerium errichtet. In dem vier- bis achtgeschossigen Stahlskelettbau, dem größten Bürogebäude Berlins, hatten 2000 Büroräume Platz.

Nach 1945 arbeiteten hier die sowjetische Militäradministration, später die Staatliche Plankommission. 1949 setzte hier der ›Volksrat‹ die Verfassung der DDR in Kraft und gründete damit die DDR. Offiziell war es dann das ›Haus der Ministerien‹, mit dem oft abgebildeten großen Wandbild *Aufbau Republik* Max Lingners (1888–1959) in der Pfeilerhalle des Erdgeschosses, ein monumentales Werk des »Arbeiter- und Bauernstaates«.

Am 17. Juni 1953 fanden vor dem ›Haus der Ministerien‹ Arbeiterdemonstrationen statt, an die ein Denkmal, eine im Boden des Hofes eingelassene Fotografie von Wolfgang Rüppel (*1942), erinnert. Nach dem Fall der Mauer bezog die Treuhandanstalt das Gebäude. Nach der Ermordung von dessen Leiter Detlev Rohwedder (*1932) 1991 durch die RAF wurde das Haus nach ihm benannt. Seit 1999 hat das Bundesfinanzministerium hier seinen Sitz. Das Gebäude steht unter Denkmalschutz.

Deutsches Technik-Museum Berlin (I E3; Trebbiner Straße 9): Das Technik-Museum steht auf dem Gelände am Verkehrsknotenpunkt Gleisdreieck, ein früherer Schwerpunkt der Güterversorgung Berlins beim Anhalter Bahnhof. Historische Gebäude aus dieser Zeit dienen dem Deutschen Technik-Museum seit 1982 sowohl als Ausstellungshallen als auch als Schauobjekte. Über 100 verschiedene technische Sammlungen gab es in den vergangenen Jahrhunderten in Berlin, deren Sammlungen zum Teil zerstört oder verlagert wurden. Aus verbliebenen und neuen Beständen wurden 1983 die Anfänge für das Museum zusammengestellt. Seit 1996 heißt es Deutsches Technik-Museum Berlin.

Ein spektakulärer **Neubau** (2003, Architekten: Ulrich Wolff und Helge Pitz) am Landwehrkanal zeigt in vier Etagen Geschichte und Entwicklung von Schifffahrt und Luftfahrt. Auf der Gesamtnutzfläche von 20000 qm blieb Raum für ein umfangreiches historisches Archiv und eine große Bibliothek. Beeindruckend schiebt sich ein verglaster Stahlskelettwürfel ins Blickfeld, mit vorkragendem Flachdach zwischen zwei Türmen, die wie riesige Metallrohre aussehen. Die architektonische Gestaltung ist völlig auf die Sichtbarkeit der Konstruktionen ausgerichtet, auf Stahlkonstruktionen, auf Sichtbeton und unverputzte Mauern sowie auf Installationen.

Auf der Dachterrasse steht ein ›Rosinenbomber‹ vom Typ Douglas C-47 B ›Skytrain‹, wie er während der Blockade Westberlins 1948/49 als ›Luftbrücke‹ eingesetzt wurde. Das Museum konzentriert sich nicht auf reine Sammlungsdarbietung, sondern zeigt Technik in ihrer Verbindung zu Gesellschaft und Geschichte.

Unter den 14 Abteilungen des Museums sind die Lokomotiven, die Oldtimer und die Brauerei sehr beliebt, an erster Stelle allerdings steht das ›Science Center‹ mit Hunderten von Experimentiermöglichkeiten im Sehen und Selber-Erfahren. Im parkartigen Gelände beim Museum sind alte Mühlen zu beobachten. Geplant ist das ›Technoversum‹ auf dem zugemessenen Grundstück nahebei.

Willy-Brandt-Haus (I F3; Wilhelmstraße 140 / Stresemannstraße 28): Der schmale hohe Bau mit im oberen Bereich abgerundeter Spitze, sieben glasverkleideten blauschimmernden Geschossen zwischen zwei hellen Pfeilern, die sich über vier Stockwerke erheben und sich in anderem Rhythmus zum obersten Geschoss fortsetzen, fügt sich geschickt in den tortenförmigen Grundriss ein (Architekt: Helge Bofinger, * 1940).

Die Bundeszentrale der Sozialdemokratischen Partei Deutschlands schuf sich hier 1996 eine neue Stätte. Mit der Wahl des Grundstücks in Berlin-Kreuzberg knüpfte man an die Ortstradition der 1933 gewaltsam geschlossenen Parteizentrale an, wo das alte Haus in der Lindenstraße Opfer des Krieges wurde. Bofinger hatte zur IBA 1984/87 interessante Entwürfe vorgestellt, die dem Wunsch des Parteipräsidiums entsprachen, neben einer Organisationszentrale auch ein offenes Haus zu schaffen. Der Bau überrascht durch ein Atrium, das mehrere Geschosse hoch und einladend geräumig ist. Hier steht die überlebensgroße Skulptur Willy Brandts, ein sowohl verfremdetes als auch verdeutlichtes Porträt von Rainer Fetting (* 1949). Im Erdgeschoss findet man Läden und Gastronomie, in den unteren beiden Geschossen extern genutzte Büros. Auch sind Räume für öffentlich zugängliche Ausstellungen und Vorträge vorhanden. In der fünften Etage liegen die Büros des Parteivorsitzes und oben direkt hinter der gewölbten Glaswand der große Präsidiumssaal. Zwischen der Stresemann- und der Wilhelmstraße führt eine Passage durch das Haus.

Berlinische Galerie (I F3; Alte Jakobstraße 124–128): Das Landesmuseum für Moderne Kunst, Fotografie und Architektur, 1975 als privater Verein gegründet, hat nach langen Jahren der provisorischen Unterbringung seiner Kunstwerke im Martin-Gropius-Bau seit Oktober 2004 in einer sorgfältig und einfallsreich umgebauten ehemaligen Glaslagerhalle seinen Ort gefunden. Weite hohe Räume öffnen sich, Treppen führen aus verschiedenen Richtungen durch die Hallen ins Obergeschoss. Vor dem schlichten Bau mit weißer freistehender Wand breitet sich auf dem Boden des Vorplatzes ein schwarz-gelbes Buchstabenfeld aus, wo in Erinnerung an den Dadaismus 160 ohne Unterbrechung aneinandergereihte Künstlernamen in Großbuchstaben neugierig machen, sinnlose Sentenzen auf Wörter im Rösselsprung zu lesen sind, also wie im Schachbrett nach den Sprüngen des Springers verbunden sind (eingerichtet von dem Architekturbüro Kuehn Malvezzi, Berlin, 2001). Das Museum liegt in einem modernen

Wohnviertel (aus der Internationalen Bauausstellung IBA neu 1984), nur rund 150 m vom Jüdischen Museum und dem Barockbau des ehemaligen Kammergerichts entfernt. Im Außenbereich stellen sich Moderne Kunstwerke, als Skulpturen gefügt, als Botschaften und rätselhafte Erscheinungen dem Passanten in den Weg.

Die Sammlung des Museums bietet einen Überblick über Berlins Kunst der Zeit seit 1870 mit Werken von lokaler als auch internationaler Bedeutung, unter anderem aus den Bereichen der Sezessionisten, des Dada, des Expressionismus, der Neuen Sachlichkeit und der Fotografie. Außer der Dauerausstellung trifft man Kunst der jüngsten Gegenwart, Wechselausstellungen, ein großes Archiv mit Schwerpunkt Architektur, eine Bibliothek und eine beliebte Jugendwerkstatt (Atelier Bunter Jakob).

Jüdisches Museum (I F3; Lindenstraße 9–14): Berlin verdankt Daniel Libeskind (* 1946 in Łódż/Polen, aufgewachsen in Polen, Israel und in den USA, seit 1965 US-Staatsbürger) den Neubau des Museums, eine nahezu fensterlose vielkantige, vielfach geschlitzte aluminiumverkleidete Architektur. Ausgeschrieben war der Wettbewerb für einen Erweiterungsbau des barocken Palais des ehemaligen preußischen Kammergerichts, wo das Berlin-Museum seit Jahrzehnten seinen Platz hatte. 1992 wurde der Grundstein gelegt, 1999 der Bau vollendet und vielfach besucht, 2001 das Museum eröffnet.

Heftige Auseinandersetzungen um die Aufteilung der Ausstellungsräume zwischen den Sammlungen des Berlin-Museums und des Jüdischen Museums endeten mit dem Auszug der Berliner Sammlungen. Das Erdgeschoss des historischen Bauwerks dient nun als Eingangsbereich, als Museumsladen und Café.

Durch einen Tunnelgang tritt der Besucher in Kellerfluchten und schräge Ebenen ein, viele Wände sind schwarz ausgeschlagen. Verunsicherung, Irritation, Zwangswege und Umwege symbolisieren schwieriges Dasein. Kernthe-

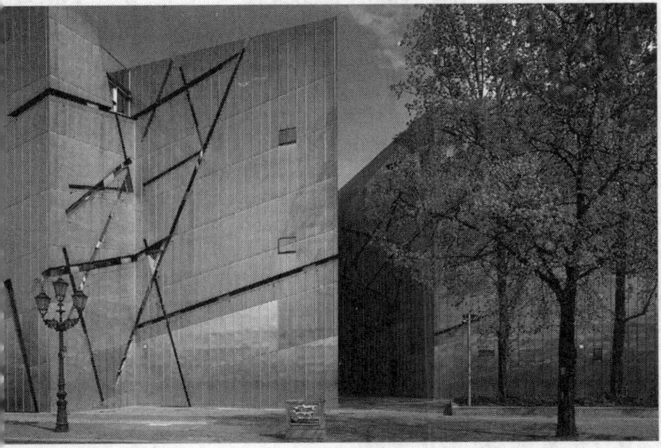

Die fast fensterlose Fassade des Jüdischen Museums

ma der Gesamtausstellung ist die jüdisch-deutsche Geschichte. Neben informativen Abteilungen öffnen sich meditative Räume, wie der ›Garten des Exils und der Emigration‹ – ein Betongarten mit hochragenden Stelen, oder die riesige Zelle, der Holocaust-Turm, in den nur aus einem Mauerschlitz in der Höhe ein Licht herabschimmert. Freundlicher bieten sich Abteilungen wie ›Moses Mendelssohn und die Aufklärung‹ oder ›Moderne und Urbanität‹ dar. Die scharfeckige Grundrissform hat Libeskind selber als geborstenen Davidstern bezeichnet, ein vielzackiges, vieldeutiges Symbol. Für eine Erweiterung in der Friedrichstraße, am Platz der ehemaligen Markthalle des Blumengroßmarkts, liegen Pläne von Daniel Libeskind vor.

Riehmers Hofgarten (Yorkstraße 83–86): Diese Wohnanlage gilt als Paradebeispiel der Wohnarchitektur der Gründerzeit. Nach langen Vorplanungen errichtete der

Maurermeister Wilhelm Riehmer 1881–92 auf 23 Parzellen 20 vier bis fünf Stockwerke hohe Mietshäuser. Seine Entwürfe hatte er dafür erstreiten müssen, entsprachen sie doch nicht dem von James Hobrecht 1862 festgelegten Bebauungsplan, der geschlossene Straßenfluchten mit enger Hinterhofbebauung vorsah.

Riehmer beabsichtigte, zwischen Yorkstraße, Großbeerenstraße, Hagelberger Straße und (heutigem) Mehringdamm einen ›Hofgarten‹ zu schaffen: Die Innenhöfe wurden dauerhaft mit hohen Bäumen begrünt. Alle Häuser haben helle Treppenhäuser, helle, gut geschnittene Wohnungen mit integrierten sanitären Anlagen. Balkone und vorspringende Risalite gliedern die Außenfassaden, die bis zum ersten Stock mit Polsterquadern geziert sind. Der Fassadenschmuck folgt Vorbildern verschiedener Epochen, wie z. B. die neobarock üppigen Atlanten vom Haupteingang Yorkstraße.

Nach dem Zweiten Weltkrieg stellte sich heraus, dass die solide Bausubstanz die Zeit weit besser überstanden hatte als die übliche billige Mietskasernenarchitektur. Ein zerstörter Gebäudeflügel wurde schlichter rekonstruiert. Die Stadt Berlin unterstützte die Wiederherstellung des sehens- und bewohnenswerten Baudenkmals.

Der Kreuzberg und sein **Nationaldenkmal** (zwischen Kreuzberg-, Großbeeren- und Dudenstraße, nah beim ehemaligen Flughafen Tempelhof): Auf dem Gipfel einer 66 m hohen Anhöhe über dem Urstromtal südlich des alten Berlin steht das von Karl Friedrich Schinkel 1821 im Auftrag von König Friedrich Wilhelm III. errichtete Nationaldenkmal, das an die Schlachten der Befreiungskriege (1813–15) gegen Napoleon erinnern sollte. Schinkel hielt für den erhabenen Anlass die Form eines gotischen Kathedralturms angemessen, später wurde die achteckige Plattform mit Freitreppe von Johann Heinrich Strack (dem Erbauer der Siegessäule, 1805–1880) konstruiert. Die Spitze schmückt ein Eisernes Kreuz, das ebenfalls von Schinkel entworfen und von König Friedrich Wilhelm III. gestiftet worden war. Die Gestaltung des Kreuzes geht in seiner Form auf Balkenkreuze des mittelalterlichen Deutschen Ordens zurück.

Der Turm ist überreich mit Fialen verschiedener Höhe samt seitlicher Krabben-Blattzier geziert, die auch die dünne Spitze schmücken. In den Nischen des unteren Turmteils stehen große Krieger- und Engelsgestalten, darunter sind Tafeln mit den Namen der Schlachten in Goldbuchstaben angebracht.

Zum Stadtpark mit künstlichem Wasserfall und felsiger Wolfsschlucht wurde der Hügel erst 1888–94 umgestaltet (Hermann Mächtig), später noch erweitert. Vom Denkmal aus bietet sich ein guter Blick auf die Stadt.

Richtung Westen

Vom Potsdamer Platz zum Kulturforum, vom Bauhausmuseum zum Tierpark, von der Gedächtniskirche zum Ku'damm

Potsdamer Platz I (I E2; Kreuzung Potsdamer und Leipziger Straße, Bellevue-, Ebert- und Stresemannstraße – samt den Neubauten bis zum Tiergarten, Kemperplatz und Landwehrkanal): In den 1920er Jahren galt der Potsdamer Platz als der verkehrsreichste Europas. Fast ein halbes Jahrhundert, von 1945 bis 1989, zeigte sich derselbe Platz größtenteils als steinige, fast menschenleere Öde. Einige einfache Buden als Randbebauung bleiben aus den 1950er Jahren erinnerlich, auch das Weinhaus Huth und

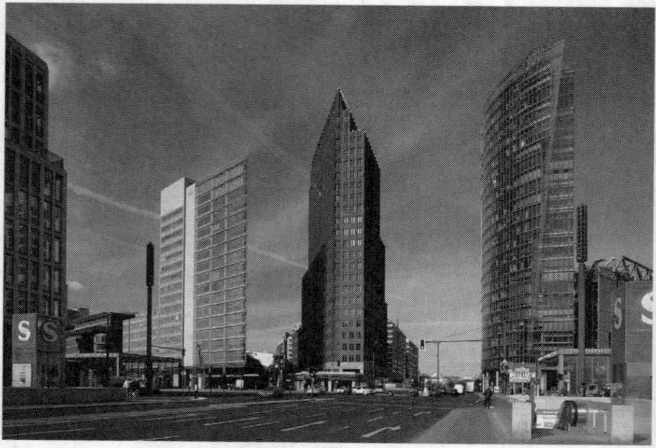

Berlins *american style*: Architektur am Potsdamer Platz

der schmale Rest des einst eleganten Hotels ›Esplanade‹, die ruiniert den Zweiten Weltkrieg und die Kämpfe der sowjetischen Armee in den ersten Maitagen 1945 überstanden hatten. Mit dem Mauerbau 1961 war der Potsdamer Platz völlig abgeschottet. Nach dem Mauerabriss 1989 setzten die Diskussionen um die Gestaltung des Areals ein.

Im vom Berliner Senat ausgeschriebenen Wettbewerb ›Potsdamer und Leipziger Platz‹ fiel der erste Preis an die Architekten Heinz Hilmer und Christoph Sattler, deren Entwurf als Absage an die Hochhauspläne zu verstehen war. Ausgeführt wurden jedoch gerade diese, die Gegenentwürfe der Stararchitekten Helmut Jahn (* 1933) und Renzo Piano (* 1937), unter Federführung des Briten Richard Rogers (* 1933).

Alsbald verwandelte sich der ganze Platz zu einer einzigen tief ausgeschachteten Baustelle. Die Daimler-Benz AG sicherte sich den größten Grundstücksanteil. Als nächstgrößter Investor stieg die japanische Firma Sony in das Grundstücksgeschäft ein. Die Investoren übernahmen auch Straßen und Plätze und damit das Hausrecht am öffentlichen Stadtgelände.

Geschäfts- und Verwaltungsbauten sind in die Höhe gewachsen. Der Werbeslogan ›Berlins neue Mitte‹ mag dennoch ein Stück zu hoch greifen. Anders aber als etwa die Frankfurter Banken-Türme hat sich das neugeschaffene, nach dem Potsdamer Platz benannte Stadtviertel zu einer der meistbesuchten Touristenattraktionen in Berlin entwickelt. Der Erlebniswert der Wolkenkratzer-Architektur samt kulturellem und gastronomischem Umfeld ist hoch: vom Film- und Fernsehmuseum bis zum Panoramablick, vom Musical-Theater und Imax-Kino bis zur dreistöckigen Einkaufspassage, vom Fastfood- bis zum Edelrestaurant.

Potsdamer Platz II: Sony Center (I E2; zwischen Potsdamer Straße, Ben-Gurion-Straße, Bellevue-Straße und

Potsdamer Platz): Die transparente Überdachung mit einem riesig ausgebreiteten Zeltdach über dem Innenhof des von Helmut Jahn (*1933 in Nürnberg, heute US-Staatsbürger) entworfenen Sony-Hochhauses ist ein optimaler Blickfang, am stärksten in der Sicht von der Neuen Nationalgalerie aus. Schrägstellung und enormes Format machen den wie über eine kolossale Schüssel aufgespannten Schirm zum städtebaulichen Ereignis. Im Dreieck des Gebäudekomplexes selbst sind das ›Filmmuseum Berlin‹ und die ›Deutsche Kinemathek‹ untergebracht. Unterm Zeltdach bieten sich in Vielzahl Caféhaustische, seitlich vom Haupteingang auch der ›Kaisersaal‹, ein erhaltener Rest des Hotels ›Esplanade‹, das – um 75 m von seinem ursprünglichen Standort an der Bellevue-Straße versetzt – jetzt Restaurant samt stattlichem Weinkeller ist.

An der östlichen Spitze des Sony-Dreiecks schließt sich der ›Bahn Tower‹ (Architekt: Helmut Jahn) an, auf einem Halbkreis-Grundriss, der die 26-Stock-Fassade zur Nacht als eine einzige gewölbte Lichtwand erscheinen lässt.

Potsdamer Platz III: Daimler-City (I E2; zwischen dem Potsdamer Platz und dem Landwehrkanal): Im Kontrast und zugleich in Entsprechung zum ›Bahn Tower‹ erhebt sich auf der gegenüberliegenden Seite der Potsdamer Straße der schlanke, 103 m hohe, ursprünglich Daimler-Chrysler-Haus benannte ›Kollhoff-Tower‹, mit rötlichen Klinkern überzogen (Architektenbüro Hans Kollhoff, *1946, und Helga Timmermann). Die Materialien Stahl und Glas dominieren mitnichten die Bauten des Potsdamer Platzes, ein Großteil der Fassaden ist in Stein oder auch Verputz ausgeführt. In nur knapp vier Jahren, 1994–1997, erbaut, war der ›Kollhoff-Tower‹ eines der ersten Bauwerke. Rund ein Jahrzehnt später veräußerten Daimler wie Sony ihre milliardenschweren Immobilien.

Bei der Anfahrt von der Leipziger Straße kommend, wirken beide Bürotürme, der ›Bahn-Tower‹ und der ›Kollhoff-Tower‹, wie Mega-Statuen einer Toreinfahrt.

Als dritter Hochhausbau (I E2) ragt der spitze, 1996–98 erbaute Glaskeil des Büro- und Geschäftshauses von Renzo Piano und Christoph Kohlbecker zum Potsdamer Platz. Hinter dem Glaskeil schließen sich breitere Gebäudeteile an, die mit Terrakottafliesen braun-ocker verkleidet sind.

Ein Stück weiter südwestwärts auf der Alten Potsdamer Straße erreicht man den **Marlene-Dietrich-Platz** (II E2), das Zentrum zum Verweilen, Einkaufen, Speisen, samt Doppelgebäude Musicaltheater und Spielbank (wieder von Renzo Piano und Christoph Kohlbecker). Die Skulpturen im Straßenbild stammen von Keith Haring (Eichhornstraße), Jeff Koons (Marlene-Dietrich-Platz), Robert Rauschenberg (Fontaneplatz), Marc di Suvero (Wasserfläche), Auke de Vries (Schellingstraße) sowie in der langen Passage ›Daimler Atrium‹ von Nam June Paik, François Morellet und Jean Tinguely.

Noch weiter südlich entwarfen die beiden Architekten Piano und Kohlbecker am Reichpietschufer für den Daimler-Konzern den 163 m langen Debis-Baublock, aus dem der 85 m hohe Büroturm hervorragt, der zur Energieeinsparung mit doppelter Glasfassade ausgestattet ist.

Die Daimler-City umfasst nicht weniger als 19 Gebäude, zehn Straßen und zwei Plätze und reicht süd- und südwestlich bis zum Landwehrkanal. Ein einziges Gebäude kann als Altbau gelten, das vierstöckige, mit Giebeldach versehene **Weinhaus Huth** (Architekten: Conrad Deidenreich und Paul Michel), Baujahr 1912, an der Alten Potsdamer Straße 5. In ihm spiegelt sich beispielkräftig die Berliner Stadtgeschichte. Die festliche Fassade mit den über alle vier Stockwerke leicht vorkragenden Erkern lockte in den 1920er Jahren viel Publikum, auch zu den Olympischen Spielen 1936. Das Haus wurde im Zweiten Weltkrieg stark beschädigt, dank der Stahlskelettkonstruktion für die Weinlager in der 2. und 3. Etage hielt der Bau aber stand.

Pächter und Namen wechselten, unruhige Zeiten folgten. ›Zum Klausner‹ und ›Zum Wiener Heurigen‹ hieß die Schoppenstube. Nach dem Abriss der angrenzenden Ruinen war das ›Weinhaus Huth‹ das letzte Gebäude im Umkreis. Es stand grenznah auf Westberliner Seite, ab dem 13. August 1961 unmittelbar in der Nähe zu der Ulbricht-Mauer.

Nach dem Mauerfall 1989 bezogen die Architekten Renzo Piano und Christoph Kohlbecker beim Gesamtplan für den Aufbau des Potsdamer Platzes ›Haus Huth‹ mit ein. Die Architekten Christine Kreplin und Hubertus Duwensee restaurierten das alte Bauwerk, samt Marmortreppen und Wappensaal. Ein Aufzug wurde eingebaut, zudem zur Vermeidung eines Absturzes in die rundum ausgehobene Baugrube eine 25 m tiefe Betonpfahlwand eingezogen. Wo einst Prominente wie der Berliner Komponist Wilhelm Furtwängler und der Chirurg Ernst Ferdinand Sauerbruch im ›Weinhaus Huth‹ tafelten, zog die ›Konzernrepräsentation Daimler AG‹ ein. Für Kunstinteressierte öffnete sich das 4. Stockwerk mit wechselnden Ausstellungen der ›Daimler Kunstsammlung‹ (auch als ›Daimler Contemporary‹ bekannt).

Potsdamer Platz IV, Beisheim Center (I E2; zwischen Lenné-Straße, Am Park, Bellevue-Straße und Ebertstraße): Der dritte Großinvestor, Otto Beisheim, Jahrgang 1924, zählt mit seinen 2300 Märkten und Warenhäusern in 28 Ländern, in denen fast eine Viertelmillion Menschen arbeiten, zu den vermögendsten Personen weltweit. Mit dem ›Beisheim Center‹ setzte er rund eine Milliarde Euro ein und sich selbst ein Hochhaus-Denkmal.

Über den 18 Stockwerken des Hochhauses mit dem Hotel Ritz-Carlton und ›TowerApartments‹ – direkt am Ausgangs-Pavillon des Bahnhofs Potsdamer Platz – sieht man am Dachaufbau die vergoldeten Buchstaben BC, ›Beisheim Center‹, leuchten. Die fast weiße, cremefarbige Fassade des in halber Höhe verschlankten, von den Architekten Hilmer & Sattler (*1936 und 1938) mit Thomas Albrecht (*1960) entworfenen Baus schließt unter Verzicht auf gigantische Glasflächen an den Stil früher Hochhausbauten in den USA an (›Chicagoer Schule‹). In den Obergeschossen konnten sich die Interessenten den Zuschnitt ihrer Apartments nach Wunsch gestalten lassen und genießen als Bewohner nicht nur die opulente Aussicht, sondern nach amerikanischem Beispiel auch den Hotelservice des Ritz-Carlton.

Mit dem nur ein Stockwerk niedrigeren ›Delbrück-Haus‹ (Architekten: Kollhoff und Timmermann) ergibt sich in nördlicher Richtung nochmals ein starker Tor-Effekt. Die beiden Zwillingsbauten variieren gleichen Stil und gleiche Baugestalt. Städtebaulich entstand unter Wahrung der Berliner Traufhöhe von 35 m zum Tierpark hin eine stark verdichtete Zone um den Inge-Beisheim-Platz mit der *Phönix*-Skulptur von Gidon Graetz. Kaufhäuser und Imax-Kinos haben im Beisheim-Center keinen Platz zwischen den Büro- und Wohnbauten. Nicht zum Beisheim-Center zählt allerdings die noble Zeile der ›Parkside Apartments‹ des Briten David Chipperfield (*1953), die an der Lenné-Straße zum Tierpark hin entstand. Chipperfield eröffnete schon als 30jähriger sein eigenes Architekturbüro und entwarf zahlreiche Bauten in Deutschland, so das Marburger Literaturmuseum der Moderne, den Neubau des Folkwangmuseums in Essen oder das Neue Museum auf der Berliner Museumsinsel. Die 150–300 qm großen Parkside Apartments im langgestreckten Gebäude mit stark gerundeten Kanten erfüllen mit jeweils versetzten Balkonen und hochwertigen Materialien auch gehobene Luxusansprüche.

Das Stadtviertel Potsdamer Platz zählt im Schnitt täglich 70 000 Besucher und ist damit einer der neuen Berlin-Magneten. Im Untergrund wurden Parkhäuser und U- und S-Bahn-Linien geschaffen. Völlig neu ist die Nord-Süd-Fernbahnverbindung, die unter den Hochhäusern hindurchgeführt werden musste. Wegen des Grundwassers benötigten die Baugruben Schlitzwände und eine Unterwasserbetonsohle. Erschütterungs- und sekundäre Luftschalleintragungen erforderten spezielle Dämmungen für das Beisheim-Center.

St.-Matthäus-Kirche (I E2; Matthäikirchplatz 4): Die Matthäus-Kirche entstand 1844–46 als Pfarrkirche für die betuchte Gegend. Der rötlich gestreifte Ziegelbau im Stil oberitalienischer Romanik galt als angemessen würdevoll und behauptet sich auch heute inmitten der modernen Bauten. Der Architekt Friedrich August Stüler (1800–1865) entwarf die dreischiffige Kirche mit geradem Schluss und drei Apsiden. Der schlanke Turm mit einer kupfergrünen Spitze ist mangels Platz für einen stilgerechten freistehenden Glockenturm in das Mittelschiff eingeschoben. Im Zweiten Weltkrieg stark beschädigt, wurde der Bau nur äußerlich rekonstruiert. 1959–60 stellte Jürgen Emmerich das Innere in schlichter und sparsamer Ausführung wieder her, mit wechselnden Farbmustern des Materials an den Ziegelwänden, mit farbigen Glasfenstern und einem Christuskopf von Gerhard Marcks (1889–1981).

Kulturforum I / Philharmonie (I E2; Herbert-von-Karajan-Straße 5): Ende der 1950er Jahre erarbeitete Hans Scharoun, Architekt organischer Architektur und Akademiepräsident, ein Konzept für das gesamte Areal des ›Kulturforums‹, an dem die folgenden drei bis vier Jahrzehnte gebaut wurde.

Nachdem am 30. Januar 1944 die Philharmonie in der Bernburger Straße zerstört worden war, wo Franz Heinrich Schwechten (1841–1934) nur etwa einen Kilometer vom heutigen Standort am Kemperplatz entfernt eine ehemalige Rollschuhbahn 1882 zur Konzerthalle umgebaut hatte, brauchte Westberlin eine neue Konzerthalle. Beim Wettbewerb um den Neubau gewann 1956 Hans Scharoun (1893–1972) den ersten Preis, allerdings war sein völlig unkonventioneller Entwurf jahrelang Streitthema. Scharoun plante von innen nach außen: Das Pentagon (= Fünfeck) des Daches ergab sich aus der Innengestalt, diese wiederum aus Scharouns Idee, die Musik in den Mittelpunkt zu stellen. Der Saal ist von allen Seiten für das Publikum zugänglich, die Sitze sind zu Blöcken arrangiert und wie in einer Rundarena um das Podium der Musiker angeordnet. Deutlich mehr als 2000 Zuhörer haben Platz, genießen die Formvielfalt des ansteigenden Raumes, die gute Sicht auf die Bühne und die hervorragende Akustik, die auf die Zusammenarbeit mit dem Akustiker Lothar Cremer von der Technischen Universität Berlin zurückzuführen ist.

Als erstes Gebäude am Südrand des Tiergartens wurde die Philharmonie 1963 eingeweiht. Inzwischen hatte Ulbrichts Mauerbau 1961 das Projekt ›Kulturforum‹ auf dem Kemperplatz beschleunigt. Konzipiert als Gegenstück zur Museumsinsel, sollte es Westberlin neben dem Charlottenburger Schloss ein zweites, lebendig modernes Zentrum der Künste bescheren.

So folgten der Philharmonie im folgenden Jahrzehnt das Institut für Musikforschung mit dem Musikinstrumenten-Museum (1978–84) und der Kammermusiksaal (›Kleine Philharmonie‹, 1984–88). Scharoun hatte für beide Bauten Entwürfe hinterlassen. Sein nächster, engster Mitarbeiter und Partner Edgar Wisniewski (1930–2007) setzte in dessen Sinn die Arbeit fort und brachte ebenso den Bau der Deutschen Staatsbibliothek an der Potsdamer Straße 33 zum Abschluss, deren langgestreckte Dachlandschaft mit der Philharmonie korrespondiert. Seit der Wiedervereinigung kooperieren die beiden Bibliotheksbauten Unter den Linden (seit 1914) als ›Haus I‹ und am Kulturforum ›Haus II‹ und verfügen über einen gemeinsamen Bestand von über acht Millionen Büchern nebst vielen anderen Schätzen.

Die ockergelb gestrichenen Betonbauten der Philharmonie und Staatsbibliothek wurden erst 1979 mit eloxierten, leuchtend gelben Aluminiumblechen verkleidet. Vor allem im Sonnenlicht glänzen die Häuser in ihrer frei entwickelten Gestalt prächtig.

Kulturforum II / Musikinstrumenten-Museum (Tiergartenstraße 1): Der kühn und innovativ aussehende Bau (1979–84) beherbergt das Staatliche Institut für Musikforschung (SIM) und das Musikinstrumenten-Museum (MIM).

Kulturforum III / Neue Nationalgalerie (I E3; Potsdamer Straße 50): Mit dem Bau der ›Neuen Nationalgalerie‹ am Südrand des Kemperplatzes 1961–68 setzte der damals bereits 80jährige Ludwig Mies van der Rohe einen extremen Kontrast zu den funktionalen Scharoun-Bauten der Philharmonie und der Staatsbibliothek wie auch – vorwegnehmend – zum modernsten Dekonstruktivismus.

Knapp entfernt und doch deutlich distanziert vom Verkehr der Potsdamer Straße ruht die großräumige quadratische Halle mit breit über deren hohe Glasfassaden hinausreichendem Stahldach. Auf einem erhöhten Freiluft-Podest mit reichlich freier Spazierfläche nach allen Seiten kommt der 65 × 65 m große Hallenraum ohne Stützen aus. In das Untergeschoss fällt nur von einer Seite Tageslicht ein. In ihrer kompromisslosen Klarheit erscheint diese Architektur wie ihr eigenes Kunstwerk, wenn auch nicht praktisch, schon gar nicht funktional.

Geboren 1886 in Aachen als Sohn des Steinmetzmeisters Michael Mies und seiner holländischen Frau, deren Namen er später dem seinen anfügte, war Mies van der Rohe früh fasziniert von Architektur. Als Schüler von Peter Behrens entwarf er in Modellen architektonische Grundformen: ›Glashaus‹, ›Landhaus in Eisenbeton‹, ›Bürohaus in Eisenbeton‹, ›Landhaus in Backstein‹. Seine ›Haut- und Knochenarchitektur‹ kam im Idealfall mit Glasfassaden als Haut und Stahlträgern und Stahlrahmen als Knochen aus. 1929 entwarf er das deutsche Empfangsgebäude für die Weltausstellung in Barcelona. Großräumig, klar, mit ›fließendem Raum‹, gilt der ›Barcelona-Pavillon‹ als Meilenstein der modernen Architektur. 1930 wurde Mies van der Rohe Direktor des Bauhauses.

Während des Dritten Reiches emigrierte Mies van der Rohe 1938 in die USA und wurde amerikanischer Staatsbürger. Die Anfrage des Berliner Senats gegen Mitte der 1960er Jahre, ob er den Bau für die ›Städtische Galerie des 20. Jh.s‹ übernehmen wolle, nahm er gerne an.

Trotz schwerer gesundheitlicher Beschwerden reiste Mies van der Rohe mehrere Male nach Berlin, um seinen Entwurf zu verwirklichen. Anders als bei früheren ähnlichen Hallenbauten konnte er ihn kompromisslos, ohne funktionale Änderungen vollenden, wenn auch nicht mehr bei der Eröffnung 1968 zugegen sein. Die Neue Nationalgalerie verfügt über eine großartige Sammlung und veranstaltet immer wieder höchstrangige, vielbesuchte Sonderausstellungen.

Kulturforum IV / Gemäldegalerie (I E2; Matthäikirchplatz 5–6): Im Neubau am Kulturforum (Architekten: Hilmer, Sattler und Albrecht) fanden 1998, knapp ein Jahrzehnt nach der Wiedervereinigung, die Bestände Alter Gemälde wieder zusammen, die in der Museumswelt vor dem Krieg eine einzigartige, kostbare Sammlung europäischer Malerei gewesen waren und heute wieder zu den bedeutendsten Museen alter Kunst weltweit zählen. Von 1830 an war die noch kleine Sammlung im Alten Museum untergebracht, 1904 bereits stark vergrößert im Bode-Museum. Nach Kriegsverlusten wurden die Kunstwerke getrennt und in Magazinen aufbewahrt. Ein guter Teil war im Museum Dahlem/Westberlin zu sehen.

Nach einer Empfangsrotunde betritt man die große Wandelhalle mit zwei Säulenreihen unter einer leicht gewölbten Decke mit 32 Glaskuppeln. Hufeisenförmig um diese Halle angeordnet sind 18 Säle und 41 Kabinette, der Rundgang vor den rund 900 Gemälden ist zwei Kilometer lang. Die Säle sind, soweit möglich, mit Tageslichtbeleuchtung ausgestattet. Im Sockelgeschoss befindet sich die Studiengalerie ausgestellt, da die Räumlichkeiten nicht ausreichten, als nach der Wiedervereinigung die Gemälde neu geordnet wurden.

Die Gemäldegalerie präsentiert sich außen als ein langgestrecktes Gebäude mit Rustikasockel und am Hauptgeschoss rötlichen, festgefügten Terrakottaplatten. Unauffällig wirkt der optisch zurückgesetzte Eingang, die schräge, treppenreiche Rampe vor den Museumsgebäuden wirkt nicht sehr einladend.

Kulturforum V / Kupferstichkabinett und Kunstbibliothek (I E2; Matthäikirchplatz 8): Das durch ein Foyer mit der Gemäldegalerie verbundene Gebäude wurde vom Architekten Rolf Gutbrod (1910–1999) errichtet und 1994 eröffnet. Es beherbergt eine der größten und bedeutendsten Sammlungen von ›Kunst auf Papier‹ weltweit. 110000 Handzeichnungen und 550000 Druckgraphiken bilden den Bestand. Sonder- und Wechselausstellungen zeigen Werke aller Epochen von Albrecht Dürer bis Andy Warhol. Im Studiensaal werden Werke auf Wunsch vorgelegt.

Die Kunstbibliothek ist eine Spezialbibliothek, sie umfasst 400000 Bände und wird von rund 35000 Benutzern jährlich besucht. Die reiche Fotosammlung der Kunstbibliothek befindet sich im Museum für Fotografie in der Jebenstraße 2 am Bahnhof Zoo (s. S. 246).

Kulturforum VI / Kunstgewerbemuseum (I E2; Herbert-von-Karajan-Straße 10): Das neue Haus des Kunstgewerbemuseums wurde 1985 eröffnet, und es schließt als großer Stahlskelett-Museumsbau (Architekt: Rolf Gutbrod) auf der Westseite des Kulturforums nach Norden hin ab. Die Sammlung ist die älteste ihrer Art in Deutschland und zeigt kostbarste Objekte aus vielen Gebieten des Kunstgewerbes vom Mittelalter bis zur Neuzeit, Repräsentations- und Gebrauchskunst. Eine neue Abteilung für die Geschichte der Mode ist im Entstehen. Ein entsprechender Sammlungsschwerpunkt findet sich außerdem in der Dependance im Schloss Köpenick.

Shell-Haus (I E3; Reichpietschufer 60–62): Emil Fahrenkamp (1885–1966), Architekt aus dem Rheinland, baute das – so der Architekt Meinhard von Gerkan – vielleicht schönste Bürohaus Berlins, das Shell-Haus. 1930–32 entstanden, zählt es zu den ersten Stahlskelettbauten der Stadt und ist in seiner Fassadengestalt bis heute singulär geblieben. Von fünf bis zu zehn Stockwerken hoch reiht sich der Komplex treppenförmig aufwärts, betont aber nicht die Vertikale, sondern mit weißen breiten Travertinplatten zwischen den Fensterbändern die Horizontale. Fenster- wie Steinbänder haben deutlich gerundete Kanten, laufen parallel durch sämtliche Stockwerke und verleihen dem Gesamtbau seine Leichtigkeit: Statt der kristallinen Härte moderner Glaskuben assoziiert das Auge eine leichtere, geschmeidigere Materie, etwa wie Wasserwellen über Staustufen. Luftschlitze unter dem Bürgersteig rund um das Gebäude unterbinden die Schwingungen der Stahlkonstruktion.

Ursprünglich für eine Hamburger Mineralölfirma erbaut, von der Deutschen Shell-AG erworben und während des Dritten Reiches vom Oberkommando der Marine belegt, wurde das Shell-Haus 1946 von der BEWAG (Berliner Elektrizitätswerke AG) übernommen. Seit 1958 steht das Shell-Haus unter Denkmalschutz. Aufwendige Restaurierung zur Jahrtausendwende schloss die Auswechslung aller Travertinplatten ein, wofür ein alter Steinbruch bei Rom wieder geöffnet wurde. Das Gesamtgelände des Shell-Hauses verkaufte die BEWAG an eine Immobilienfirma, Erweiterungsbauten wurden abgeräumt und ein 500-Zimmer-Maritim-Hotel hochgezogen.

Bauhaus-Archiv / Museum für Gestaltung (I D3; Klingelhöferstraße 14): Nahe dem Landwehrkanal fällt die blendendweiße Fassade mit den futuristisch wirkenden Shed-Dächern auf. Das Museum zeigt Werke der Bauhauskünstler: Angeregt von ihrem Initiator Walter Gropius (1883–1969), arbeiteten diese unter seiner Leitung erst

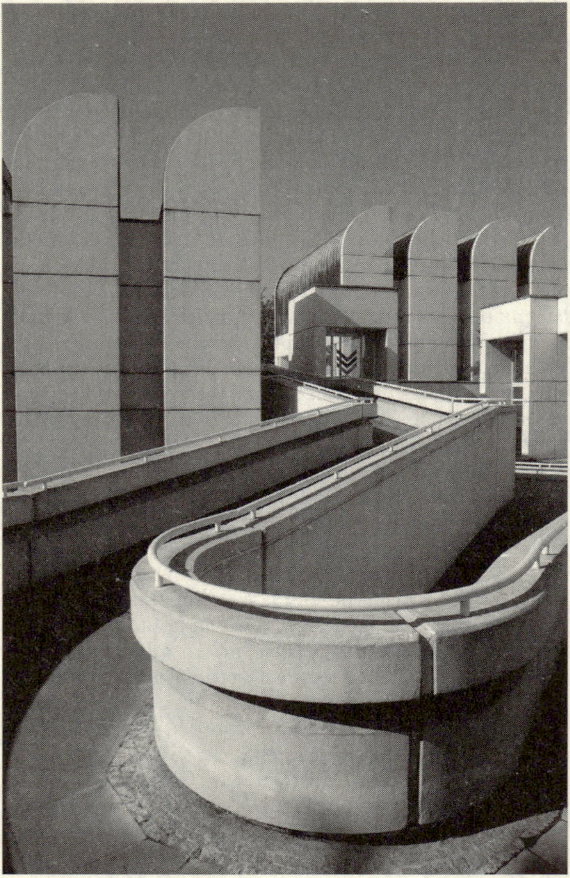

Bauhaus-Architektur vom Besten: das Bauhaus-Archiv

in Weimar von 1919 bis 1924, dann von 1925 bis 1928 in Dessau. Nach Gropius leitete der Schweizer Architekt Hannes Meyer, von 1930 bis 1932 Ludwig Mies van der Rohe das Bauhaus. Unter dem Druck der Hitler-Anhänger im Dessauer Stadtrat versuchte Mies van der Rohe nach der Schließung des Dessauer Bauhauses im Oktober 1932 einen privat finanzierten Bauhaus-Neuanfang in Berlin, musste aber schon im April 1933 aufgeben. Das Bauhaus war die Avantgarde der Architektur und schuf die klassische Moderne der Baukunst.

1960 wurde das Bauhaus-Archiv in Darmstadt von dem Kunsthistoriker Hans Maria Wingler gegründet, mit Unterstützung von Walter Gropius und anderen Bauhauskünstlern. Dafür wurde ein Museumsgebäude benötigt, das von Gropius entworfen, jedoch erst viel später in Berlin realisiert wurde. Dort fand der Architekt Unterstützung bei Bausenator Rolf Schwedler. Der zentral, unmittelbar am Landwehrkanal gelegene Neubau kam erst 1976–78 zur Ausführung, zehn Jahre nach dem Tod von Walter Gropius. Die Rampe zum oberen Bereich ähnelt einer Sommer-Bobbahn, ein Innenhof mit Baumgrün und helle Räume empfangen die Besucher. Dieses auch wegen der Wechselausstellungen vielbesuchte Gropius-Spätwerk bewahrt die weltweit größte Bauhaus-Sammlung, sie steht seit 1997 unter Denkmalschutz. Um den nötigen Erweiterungsbau wird seit langem gerungen. Ein Wettbewerb ist ausgeschrieben, ein Entwurf prämiert worden, dann fehlte es an der Finanzierung. Zu hoffen ist, dass der filigrane Gropius-Bau nicht vom Neubau an den Rand gedrängt wird.

Konrad-Adenauer-Haus (III D3; Klingelhöferstraße 8): Die Parteizentrale der CDU wirkt wie ein kolossaler Schiffsbug, der durch einen kristallenen Block vorandrängt. Die außerordentliche Architektur, nach knapp zweijähriger Bauzeit 2000 bezogen, ragt südlich des Großen Sterns auf (Architekturbüro Petzinka Pink und

Partner, Düsseldorf). Als der Umzug nach Berlin anstand, wählte man als Standort für die Parteizentrale diese Tiergartengegend, die als ›Alter Westen‹ Wohnort der führenden Berliner Schichten zur Kaiserzeit gewesen war.

KaDeWe (III D3; Kaufhaus des Westens, Tauentzienstraße 21–24): 1903–05 entstand in München das luxuriöse Warenhaus Oberpollinger, in Berlin folgte Adolf Jandorf mit dem KaDeWe 1905–07. Bereits 1894 und 1904 hatten Robert Wertheim und Oskar Tietz an der Leipziger Straße ähnlich große Häuser hochziehen lassen. Abraham Adolf Jandorf (1870–1932), bescheidener Herkunft aus dem württembergischen Hohenlohe, hatte in Berlin sogar sechs Warenhäuser für Käufer mit kleinerem Einkommen gegründet oder übernommen und war zum Kommerzienrat avanciert.

Für das ›Kaufhaus des Westens‹ beauftragte Jandorf den Architekten Johann Emil Schaudt und mit der Innengestaltung den zuvor schon für das Münchner Oberpollinger tätigen Franz Habich. Der Standort zwischen Potsdamer Platz und Ku'damm war gut gewählt. Der Journalist und Schriftsteller Max Osborn (1870–1946) äußerte dazu 1929: »Dies Bauwerk in der Tauentzienstraße gab ein Musterbeispiel der Wirkung, die das Warenhaus in der modernen Stadt nach sich ziehen kann. Von dem Augenblicke an, da das ›K. d. W.‹ stand, begann der verblüffende Aufschwung um die Kaiser-Wilhelm-Gedächtniskirche, begann auch die ungeahnte Blüte des Kurfürstendamms als Geschäftsgegend. Eine neue Sonderprovinz der Geschäftsstadt Berlin, ein neues Stadtbild war geboren, das seitdem zu Weltruf aufgestiegen ist« (*Berlin 1870–1929*, Berlin 1929; Neuausgabe Berlin 1994).

Schaudt entwarf einen fünfstöckigen, über Eck angelegten Gebäudeblock mit einer geschickt gegliederten neoklassizistischen Muschelkalkfassade, die den Bau nicht zu mächtig erscheinen ließ. Zwei halbrunde Mittelrisalite rahmten den Eingang, das Zifferblatt der bronzenen Uhr darüber hatte einen Durchmesser von drei Metern. Nach dem Beispiel historischer Rathäuser wurde ein Figurenspiel mit einer Hanse-Kogge, einem Hanse-Segelschiff, als Wahrzeichen für das KaDeWe gewählt.

Die solide Holztäfelung der Eingangshalle stieß auf Zuspruch ebenso wie die Marmorportale vor den beiden Garten-Innenhöfen, in denen sich die wohlhabenden Käufer vom Schauen und Kaufen erholen konnten. Den Fahrstuhl sicherten Türen mit überreicher Kunstschmiedearbeit, im übrigen aber dominierte das Solide, Gediegene. Große Fenster auf Straßenniveau fehlten völlig. Der Verzicht auf lockende Auslagen war baupolizeilich erfordert, damit die Inhaber kleinerer Läden nicht zu heftig unter der Konkurrenz zu leiden hatten.

Das KaDeWe wuchs beständig: mit 24000 qm Verkaufsfläche hatte man 1907 begonnen, um 1975 waren es 44000, 2008 in nunmehr sieben Stockwerken über 60000. Rund 2000 Mitarbeiter bieten heute den Kunden rund 380000 verschiedene Artikel an, davon etwa 60000 ›Luxusartikel‹. Der siebte Stock, die Feinschmeckeretage, bietet allein 34000 Artikel an. Das KaDeWe misst sich mit dem Moskauer Warenhaus ›Gum‹ und dem Londoner ›Harrods‹. Es hat zwei Weltkriege überstanden – im Zweiten stürzte ein Kampfflugzeug aufs Dach und setzte das Haus in Flammen. Das KaDeWe hat mehr als einmal die Besitzer gewechselt und wurde zuletzt in die ›Arcandor‹-Insolvenz gesteuert. Gerettet hat die Karstadt-Häuser im Herbst 2010 der Investor Nicolas Berggruen. Das KaDeWe behauptet sich standhaft und erfreut sich ungebrochener Beliebtheit und Nachfrage.

Nächst dem KaDeWe ist die **U-Bahn-Station Wittenbergplatz** (III D3) mit wenigen Schritten zu erreichen. Sie verfügt über eine der architektonisch reizvollsten Eingangshallen, die seit dem Bau 1911–13 kaum verändert wurde. Ohne allen wilhelminischen Schwulst nehmen das

Eisenfachwerk mit Muschelkalkplatten, Pilaster und Giebel die Formensprache des Schinkel-Klassizismus auf.

Zoologischer Garten (III C/D2–3; Eingang: Löwentor, Hardenbergplatz 8, und Elefantentor, Budapester Str. 34): Tiergarten und Zoologischer Garten wurden ursprünglich als eine Einheit von dem preußischen Gartenkünstler Peter Joseph Lenné (1789–1866) geplant. Gebürtiger Bonner, Sohn einer etablierten Gärtnerfamilie, unternahm Lenné mehrere Studienreisen und machte bald Karriere, avancierte schließlich 1854 zum Generaldirektor der königlichen Gärten in Preußen. In Berlin und anderen deutschen Städten schuf er mehr als ein halbes Hundert Landschaftsgärten. Als Landschaftskünstler nach Preußen berufen, gestaltete er 1816–25 mit Karl Friedrich Schinkel den Park und die Parkbauten der Pfaueninsel, einen romantischen Sommerort der preußischen Monarchen und ihrer Familien, nicht weit von Potsdam.

Dort hatten sich Friedrich Wilhelm II. und Friedrich Wilhelm III. exotische Tiere zugelegt. Affen, Bären, Kängurus gehörten zur königlichen Hofhaltung, die Havelinsel gab sich den schönen Schein eines irdischen Paradieses. Friedrich Wilhelm IV. (1795–1861) beschloss 1842, einen Teil der Menagerie den Berlinern zu schenken. Schon zwei Jahre später konnte der erste deutsche Zoo (als neunter Zoo in Europa) am 1. August 1844 eröffnet werden.

Dank Lennés Tiergarten-Planung sind die 35 Hektar des Zoologischen Gartens, die damals noch ein gutes Stück außerhalb der Stadt lagen, auch heute nicht allseitig dem Straßenlärm ausgesetzt: Im Norden liegt der Landwehrkanal mit wenig befahrenen Uferstraßen zum Neuen See, im Westen verlaufen die Gleise zum Bahnhof Zoo. Der Zugang in den Zoologischen Garten führt durch das **Löwentor** am Hardenbergplatz und das noch imposanter aufgebaute **Elefantentor** am Olof-Palme-Platz an der Budapester Straße (beide von Carl Zaar, 1920). Mehrere tausend Tiere wurden 1943 binnen einer Viertelstunde bei einem Luftangriff getötet und das Löwen- und Elefantentor zerstört. 1987/88 rekonstruiert, glänzt der Dachbogen über den Elefanten heute ostasiatisch goldbunt.

Erhalten hat sich aus der Frühzeit des Zoos auch das **Antilopenhaus** von 1871. Dafür sorgte Katharina Heinroth, damals einzige Zoodirektorin Deutschlands, die 1945–56 den Wiederaufbau leitete. Ihr Nachfolger Heinz-Georg Klös setzte die Aufbauarbeit fort, ließ unter anderem das historische Giraffenhaus renovieren und gab neue Tierskulpturen in Auftrag.

Skulpturen von Tieren, Nymphen und Kentauren schmückten den Park schon im 19. Jh., später kamen dazu die Büsten der Zoodirektoren, darunter die Lenné-Büste von Christian Daniel Rauch (1847). Am Braunbärfelsen findet man die eher niedliche Figur eines Bären mit Rosenkorb (um 1917 von August Gaul) und an der Fasanerie den ›Königsfasan‹ (1939 von Carl Esser). Rund dreißig Skulpturen schmücken das Zoogelände.

Der ›Zoologische Garten Berlin‹ gilt mit anderthalbtausend Tierarten und über 15000 Tieren als artenreichster Zoo der Welt. Weitere Tausende von Tieren sind im benachbarten **Aquarium** zu sehen, das zu den Bewohnern von Meeren, Seen und Flüssen auch ein Terrarium und ein Insektarium umfasst.

Europa-Center (III C3; Breitscheidplatz): Das 1963–1965 als erstes Hochhaus Berlins erbaute Europa-Center (Architekten: Helmut Hentrich und Hubert Petschnigg, Beratung durch Egon Eiermann und Werner Düttmann) überragt mit seinen 22 Stockwerken und 86 m Höhe den gegenüberliegenden, 16 Stockwerke hohen Bau des ›Zentrums am Zoo‹. Das Europa-Center galt als Berlins erster großer Vielzweckbau nach US-amerikanischem Muster: zum Einkaufen, zum Speisen, zum Sporttreiben, mit Nachtclub, Kino und Kabarett, für Büros und auch zum Wohnen. Nicht zuletzt war der Bau ein unübersehbarer Werbeträger für den Mercedes-Stern über dem Dachrestaurant. 1974 und 1982 wurde aufwendig umgebaut, Innenhöfe überdacht und Glaswände eingebaut.

Vor dem Zweiten Weltkrieg stand an gleicher Stelle das ›Romanische Haus‹ (Architekt: Franz Schwechten, um 1895) mit dem ›Romanischen Café‹, ein unvergessener Literaten- und Künstlertreffpunkt der goldenen Zwanziger Jahre. Nach Kriegsende blieb davon nur eine Ruine, die abgeräumt wurde.

Zwei großdimensionierte Skulpturen prägen das Stadtbild: Die **Metallskulptur *Berlin*** von Brigitte und Martin Matschinsky-Denninghoff (1987) zeigt auf dem Mittelstreifen des Tauentzien einander suchende oder miteinander ringende Figuren. Der hochglanzpolierte marmorne **Weltkugelbrunnen** von Joachim Schmettau (1985), von den Berlinern ›Wasserklops‹ benannt, hat seinen Platz auf der einstigen Durchfahrt zwischen Kaiser-Wilhelm-Gedächtniskirche und dem Europa-Center.

Kaiser-Wilhelm-Gedächtniskirche (III C3; Breitscheidplatz): Die Kaiser-Wilhelm-Gedächtniskirche, quasi auf einer Verkehrsinsel zwischen Kantstraße, Budapester Straße und Kurfürstendamm gelegen, zeigt sich als Zusammenspiel zwischen erhaltener Ruine der ursprünglichen, 1943 und 1945 zerstörten neoromanischen Kirche und dem Neubau von Egon Eiermann (1904–1970). Dieser hatte 1957 den Architekturwettbewerb mit einem Entwurf gewonnen, der zunächst den Totalabriss der Ruine vorsah. Der schließlich 1961 von Bischof Otto Dibelius (1880–1967) geweihte Neubau, eine achteckige, flach gedeckte Halle mit Vorraum und freistehendem, sechseckigem Turm, integriert die als Mahnmal erhaltenen Reste der alten Kirche.

Der neue Kirchenbau wirkt am Abend, wenn er von innen erleuchtet ist, wie ein blauer Kristall. Aus Chartres von dem damals schon berühmten Glaskünstler Gabriel Loire (1904–1995) stammen die über 20000 farbigen Glasmosaikscheiben, die zu ›Betonwaben‹ zusammengefügt wurden.

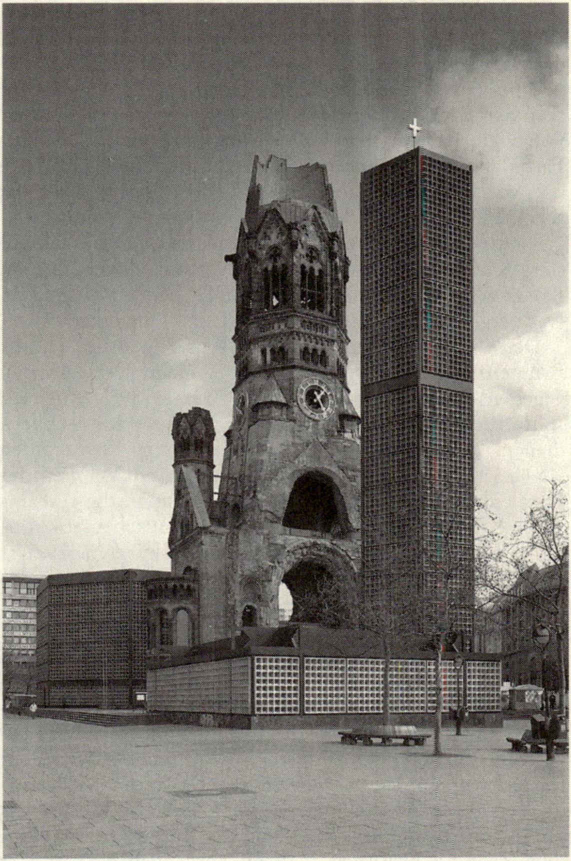

Die Kaiser-Wilhelm-Gedächtniskirche, Symbol der Berliner Stadt, ihrer Geschichte und ihrer Überlebenskraft

Ihr dominierendes, warmes, lebendiges Blau findet sich auch im Turm wieder, in der Kapelle und im flachen Foyer, das als Stätte der Begegnungen und Beratungen dient.

Zum feierlichen Ort wird Eiermanns Kirche, sobald man den Innenraum betritt. Hier überzeugen die Klarheit von Vieleck, Kreis und Kubus, betörend wirkt der blaue Farbklang. Die Ausstattung ist sparsam, aber nicht dürftig. Vor dem schimmernden Blau der Fenster zieht die scheinbar über dem Altartisch schwebende, goldmantelglänzende, überlebensgroße Christusgestalt den Blick auf sich. Karl Hemmeter hat ihn als Auferstandenen, der am Kreuz gelitten hat, und zugleich als Segnenden dargestellt. Das vergoldete Altarkreuz formte Peter Tauchnitz.

Den ursprünglichen Bau hatte Kaiser Wilhelm II. zur Erinnerung an seinen Großvater Wilhelm I. in Auftrag gegeben (Grundsteinlegung 1891, Weihe 1895). Zugleich sollte die Kirche dem Ruhm des Hauses Hohenzollern dienen. Architekt war der Kölner Franz Schwechten (1841–1924), später königlicher Baurat und Mitglied der Bauakademie, der den Bau in Anlehnung an die romanischen Kirchen im Rheinland im neoromanischen Stil konzipierte, auf einem Grundriss eines verkürzten, lateinischen Kreuzes mit Kapellenkranz um den polygonalen Chor, mit dominierendem Westturm (heute Ruine) und weiteren flankierenden Türmen. Reich ausgestattet war die Kirche mit Mosaiken und Marmorreliefs zu sakralen wie auch die Monarchie verherrlichenden Themen. Zeugnis davon gibt heute noch die Gedenkhalle im Erdgeschoss der Turmruine mit der mosaikschimmernden Prozession gekrönter Kurfürsten, Könige und Kaiser, deren letzter, Wilhelm II., im November 1918 in die Niederlande floh. Eine Ausstellung dokumentiert das Gotteshaus als Trümmerstätte und das Elend der Bürger im und nach dem Zweiten Weltkrieg. Gezeigt wird auch die von der deutschen Luftwaffe schon 1940 zerbombte gotische Kathedrale von Coventry in den englischen Midlands. Von dort stammt auch das ›Nagelkreuz‹, das britische Christen an die erneuerte Kaiser-Wilhelm-Gedächtniskirche schickten, nachgebildet dem Original, das in Coventry aus drei Nägeln des 1940 zerstörten Dachstuhls geschaffen wurde.

Ludwig-Erhard-Haus / Börse (III C3; Kantstraße 155/ Fasanenstraße 83/84): Zwischen Kantstraße, Fasanenstraße und Hardenbergstraße drängt sich in unmittelbarer Nachbarschaft zum Theater des Westens das 1994–97 von den britischen Architekten Nicholas Grimshaw & Partner (* 1939) errichtete, nach dem ersten Wirtschaftsminister der Bundesrepublik Deutschland benannte Ludwig-Erhard-Haus, das neben der Börse und der IHK Berlin weiteren Wirtschaftsinstitutionen Raum bietet. Die Geschosse sind in 15 elliptische, aneinander gestaffelte, sich aufwölbende Stahlbögen eingespannt, weshalb die Berliner den Bau auch ›Gürteltier‹ nennen. Tageslicht gelangt durch zwei mal zwei gläserne Rippenbogen ins Gebäude.

Gegenüber, südlich der Kantstraße / Ecke Fasanenstraße, hat der Architekt Josef Paul Kleihues ein riesiges Segel über dem Kubus des kompakten Bürogebäudes der 1990er Jahre installiert, das als ›großer Hahnenkamm‹ aus genietetem Blech in 36 m Höhe in alle Richtungen schwingt. Gemäß dem Architekten grüßt es »in die verschiedenen Richtungen und auch in die Vergangenheit: grüßt Schriftsteller im Romanischen Café und die Künstler der Sezession, liebäugelt mit Josephine Baker und der Bühne im Theater des Westens. Diesem Ort, an dem sich Melancholie und Heiterkeit die Waage halten, soll das Kant-Dreieck bildhaft entsprechen.«

Universität der Künste und Konzertsaal (III C2; Hardenbergstraße 32): 1897–1902 erhielt die 1875 gegründete ›Hochschule für die bildenden Künste‹ ein schlossähnliches Hauptgebäude, mit einem zentralen, bis zum Dach emporreichenden Portalrisalit, zwei weiteren Eckrisaliten, flankierenden Pavillons und einem stattlichen Turm. Mit hohen Rundbogenfenstern, neobarocken Schmuckformen, dem Quadermauerwerk des ersten Stockwerks und den Mansarddächern signalisierten die Architekten Heinrich Kayser und Karl von Großheim den Kunststudenten Stabilität, Solidität. Das Gebäude wurde im Zweiten Weltkrieg schwer beschädigt, konnte aber in reduzierter Form ohne die seitlichen Pavillons und mit verkleinertem Turm wieder aufgebaut werden. Das Dachgeschoss wurde ausgebaut und die Flügel mit einer gläsernen Galerie zusammengeführt.

In den Jahren 1953–55 schuf Paul G. R. Baumgarten auf den Fundamenten des zerstörten Konzertsaals den neuen Konzertsaal aus Stahlbeton, mit einer großzügig vom Boden bis zum Flachdach reichenden Glaswand vor dem zweistöckigen Foyer. Glasfassade und Konzertsaal (mit über 1300 Plätzen) überzeugen auch nach einem halben Jahrhundert mit ihrer architektonischen Klarheit, die freien Einblick in den Baukörper gibt. Die helle Lichtflut aus den Foyers lädt allabendlich zum Konzertbesuch.

Die Universität der Künste Berlin verfügt über weitere Standorte in der Stadt, darunter auch das ehemalige Joachimsthaler Gymnasium (Bundesallee 1–12). Die Universität der Künste geht in ihren Wurzeln auf das 1850 gegründete Stern'sche Städtische Konservatorium zurück. 1875 erfolgte die Gründung der Hochschule für die bildenden Künste, 1966 die der Staatlichen Hochschule für Musik und Darstellende Kunst. Ab 1975 zur Hochschule der Künste Berlin umbenannt, wurde ihr 2001 der Titel der Universität verliehen. Angeboten werden Studienrichtungen in Musik, Architektur, Malerei und Design.

Jüdisches Gemeindehaus (III C3; Fasanenstraße 79): Über dem Erdgeschoss erhebt sich eine fensterlose, langgestreckte grau und nüchtern anmutende Wand, der vor dem Haupteingang das überkuppelte Säulenportal der am 9. November 1938 abgebrannten und in den 1950er Jahren abgerissenen Synagoge vorgestellt ist. Den Neubau entwarfen 1957–59 Dieter Knoblauch und Heinz Heise. Die

Eingangshalle, der große Saal im Obergeschoss mit der Thorarolle und der Säulenhof mit der Gedenkstätte strahlen die ruhige, sparsame Sachlichkeit der 1950er Jahre aus und wirken zugleich als Mahnmal. Das Gemeindehaus ist ein Kulturzentrum mit vielen Veranstaltungen. Seit 1986 finden im November die Kulturtage statt.

Literaturhaus (III C3; Fasanenstraße 23): Im ›Wintergarten-Ensemble‹ ist das seit 1986 betriebene ›Literaturhaus mit Café und Restaurant Wintergarten‹ architektonisch das interessanteste. Hans Grisebach, der auch den pittoresken Hochbahnhof ›Schlesisches Tor‹ entwarf, baute die geräumige Backstein-Villa 1889–92 für die Familie Hildebrand nach Art eines kleinen Renaissancepalastes, mit weit überkragendem Flachdach und verglaster Veranda.

1871 ist die benachbarte spätklassizistische Gründerzeitvilla (Fasanenstraße 24) des Maurermeisters Martens als erstes Wohnhaus in der Straße errichtet worden. Die kriegsbedingten Schäden wurden in den 1980er Jahren behoben, seit 1986 ist hier das Käthe-Kollwitz-Museum zu Hause.

Freie Volksbühne (III C3; Schaperstraße 24): Die ›Freie Volksbühne‹ wurde 1890 als Besucherorganisation ursprünglich für minderbemittelte Arbeiter gegründet. Da ihr Stammhaus, die Volksbühne am Luxemburgplatz, nach dem Zweiten Weltkrieg im Osten der Stadt lag, erhielt 1962 der Architekt Fritz Bornemann (1912–2007) den Auftrag für den neuen Theaterbau der Freien Volksbühne in Wilmersdorf, deren erster Leiter Erwin Piscator (1893–1966) wurde. Das Gebäude sollte ein einfaches Aussehen erhalten, weshalb Sichtbeton eingesetzt wurde. Der sechseckige Zuschauerraum (Parkett 765, Rang 282 Plätze) ist von einem zweistöckigen rechteckigen Gebäude umgeben. Zur Straße ist die eingeschossige Eingangshalle vorgelagert, die ein Gang aus Glaswänden mit dem Theaterbau verbindet. Das strenge Gesamterscheinungsbild wird durch Glaswände und den umgebenden kleinen grünen Park gemildert.

Nach der Wiedervereinigung kehrte die Freie Volksbühne Berlin wieder in das Haus am Luxemburgplatz (siehe S. 109) zurück. Die ›westliche‹ Freie Volksbühne, die jahrelang auch politisch kontrovers diskutierte Stücke aufgeführt hatte, verlor die finanziellen Zuschüsse des Senats und konnte den Spielbetrieb nicht länger aufrechterhalten. Das Haus wurde 1999 verkauft und dient heute als ›Haus der Berliner Festspiele‹.

Schaubühne am Lehniner Platz – WOGA (III B3; Kurfürstendamm 153–156). Das Theater mit seiner im Halbrund geschwungenen Front über dem verglasten Eingangsgeschoss hat einen hervorragenden internationalen Ruf. Seine Geschichte reicht zurück ins Gründungsjahr 1962, als die Schaubühne am Halleschen Ufer mit politisch engagierten, konsequent zeitnahen Aufführungen Furore machte. Schon von 1970 an war der vielbewunderte Regisseur Peter Stein (* 1937) führend tätig, unter seiner Leitung zog das Theater 1981 an den Lehniner Platz. Peter Stein verließ das Haus 1985, seit 1987 steht das Theater unter der Direktion von Jürgen Schitthelm (* 1939). Viele berühmte Schauspieler traten hier auf, unter anderen Bruno Ganz, Otto Sander, Jutta Lampe, Angela Winkler, Edith Clever.

Die Schaubühne ist Teil eines herausragenden Architekturdenkmals der 1920er Jahre. Das damals noch unbebaute 40000-qm-Grundstück zwischen dem Kurfürstendamm, der Albrecht-Achilles-Straße im Osten, der Paulsborner Straße im Süden und der Cicerostraße im Westen und auch die ›Wohnungs-Grundstücks-Verwertungs-Aktiengesellschaft‹, genannt WOGA, gehörten den Erben von Rudolf Mosse (1843–1920), einem Medien-Tycoon der Kaiserzeit.

Rudolf Mosses Tochter Felicia und Schwiegersohn Hans Lachmann-Mosse beauftragten zunächst den Architekten Jürgen Bachmann, dann Erich Mendelsohn (1887–1953) mit der Planung und Ausführung. In seinen frühen Jahren als Architekt expressionistischer Formen tätig, schuf Mendelsohn den multifunktionellen Komplex am Lehniner Platz im Zeichen der Sachlichkeit, mit einem markanten steilen Turmkeil über dem zum Kurfürstendamm gewendeten Halbrund des Kopfbaus. In den finanziell extrem schwierigen Zeiten kam eine amerikanische Dollar-Anleihe sehr gelegen, dazu Hypotheken und die Gelder zahlungskräftiger Anteilseigner.

Besonders um diese zu gewinnen, sollte auch ein Kulturkomplex gebaut werden. Mendelsohn plante ein Kino und ein Kabarett, so entstand dort das UFA-Premierenkino ›Universum‹, in dessen Gebäude heute die Schaubühne spielt, mit 1763 Sitzplätzen. Dieses Gebäude war schon damals mit einer besonderen Belüftung und einem Raum für ein versenkbares Orchester ausgestattet. Eine noch aufwendigere Belüftung wurde in dem anderen Teil des Gebäudes, wo das ›Kabarett der Komiker‹ einzog, installiert, da dies als ›Rauchtheater‹ agierte. Das zugehörige Café wurde 1935–1937 Treffpunkt des verfolgten jüdischen Kulturbunds.

Eine kleine Ladenstraße trennt die beiden Teile des Kopfbaus, der ursprünglich zu dem hinter den Kopfbauten geplanten Hotel führen sollte, aus dem aber später ein Apartmenthaus wurde. Das gesamte Bauensemble unterbricht am Lehniner Platz die lange gleichmäßige Blockbebauung des Kurfürstendamms. Wohnblocks an der Cicerostraße erhielten eine von Mendelsohn belebte, lange Fassade mit horizontalen, bandförmig angeordneten Klinkersteinen und auffallenden wellenförmigen Balkonen. Die zu dem Ensemble gehörende fünfgeschossige Wohnanlage Paulsborner Straße und Albrecht-Achilles-Straße wurde am Anfang der Planung von Jürgen Bachmann entworfen. Die meisten dieser sehr modern ausgestatteten Wohnbauten wurden im Zweiten Weltkrieg zerstört.

Die Kriegsschäden am Gebäudekomplex des Kopfbaus wurden behoben, schon 1946 begann Hermann Fehling (1909–1996) mit dem Wiederaufbau und Umbau. Das Kino wurde unter dem Namen ›Capitol‹ wiedereröffnet und 1959 erweitert, 1968/69 vorübergehend auch als ein Musical-Theater genutzt. 1981, als Jürgen Sawade (*1937) den Kinobau für die Schaubühne umgestaltete und das Innere des Hauses komplett veränderte, erhoben sich in der Öffentlichkeit heftige Proteste, da der ganze WOGA-Komplex seit 1979 unter Denkmalschutz steht. Die drei Spielstätten des Theaters können einzeln oder auch als Einheit genutzt werden.

Charlottenburg, Westend und weiter

Von den Theatern zum Schloss Charlottenburg, zum Funkturm, zum Olympiastadion, nach Spandau und zur Siemensstadt

Schiller-Theater (III B2; Bismarckstraße 110). 1943 zerstört, entstand der Theaterbau 1948 neu über den Ruinen eines Jugendstil-Volkstheaters aus den Jahren 1905/06, entworfen von dem Münchner Architekten Max Littmann (1862–1931) für die Schiller-Theater AG und die Stadt Charlottenburg. 1937–39 wurde der Bau von Paul O.A. Baumgarten im Dekor vereinfacht und im Sinne des damals bevorzugten Monumentalstils umgebaut, 1938 als ›Schiller-Theater der Reichshauptstadt Berlin‹ wiedereröffnet.

1950/51 gestalteten die Architekten Rudolf Grosse (1905–1942) und Heinz Völker ein Zwei-Rang-Theater im kubischen Neubau, mit Travertinfassade und dominant vorgewölbter Glasfront des Foyers, ein gelungenes klares und schnörkelloses Beispiel der 1950er-Jahre-Architektur, ausgestattet mit Reliefs im Foyer (von Bernhard Heiliger, 1915–1995), glasmosaikgeschmückten Säulen (Werkstatt August Wagner) und Glasmalereien (Peter Kowalski, 1891–1967). Als Haupthaus der Staatlichen Schauspielbühnen Berlin war das Theater eine führende Bühne Westberlins, deren Ruf u. a. die Regisseure Gustav Gründgens, Jürgen Fehling, Boleslav Bartog, Fritz Kortner, Hans Lietzau, George Tabori, Hans Neuenfels und Peter Zadek mitbegründet haben. 1993 wurden die staatlichen Schauspielbühnen jedoch aus Geldmangel geschlossen, das Schiller-Theater wird nur noch als Gastspielhaus benutzt. Von 2010 bis ins Jahr 2014 hat die Staatsoper ›Unter den Linden‹ hier ihr Ausweichquartier.

Deutsche Oper Berlin (III B2; Bismarckstraße 35): Zur

Zeit der Stadtteilung nach dem Zweiten Weltkrieg war Westberlin ohne Oper. Über Ruinen eines Opernhauses wurde 1956–61 die Deutsche Oper Berlin neu aufgebaut. Das rückwärtige Bühnenhaus (von Heinrich Seeling, 1911–12) konnte weiterverwendet werden, die Hauptbereiche, den Theaterraum, das Foyer und den Eingangsbereich schuf Fritz Bornemann (1912–2007) neu.

Zur Straße hin zeigt sich eine fensterlose Fassadenwand, akzentuiert durch eine schmale hochragende Plastik von Hans Uhlmann. Wenn der Besucher durch die unspektakulär positionierten Eingänge das Theater betritt, strömt Licht ein durch die Glasfassaden an der West- und Ostseite. Das Foyer ist eindrucksvoll hoch, zwei stützenlose Freitreppen führen zu einer Galerie, die als zweites Foyer dient. Belebt wird der Raum wirkungsvoll mit moderner Kunst. Mit 1895 Plätzen ist der Zuschauerraum der zweitgrößte in Deutschland. Breit angelegt, mit freischwebenden Balkonen über dem Parkett und den Rängen im Hintergrund des Raumes, ist er bekannt für seine hervorragende Akustik. Die Deutsche Oper gilt als bedeutende Theaterarchitektur des 20. Jh.s. Berühmte Chef- und Gastdirigenten waren und sind dem Haus verbunden: von Bruno Walter und Ferenc Fricsay bis zu Christian Thielemann, Gastdirigenten von Karl Böhm und Wilhelm Furtwängler bis zu Herbert von Karajan und Zubin Mehta.

Schloss Charlottenburg (III A1; Spandauer Damm / Luisenplatz): Kurfürstin Sophie Charlotte von Hannover (1668–1705) war schon als Sechzehnjährige mit dem preußischen Kurfürsten Friedrich III. verheiratet. 1695 gab sie ihrem Gatten den Landsitz auf Caputh bei Potsdam zurück und erhielt dafür das Dorf Lietzen samt einem großen Grundstück. Lag Caputh damals weit draußen, brauchte man per Kutsche von Berlins Stadtmauer nur einen halben Tag bis zur entstehenden kleinen Sommerresidenz ›Lietzenburg‹. Der Architekt Johann Arnold Nering entwarf ein bescheidenes Schlösschen mit nur zwei Risali-

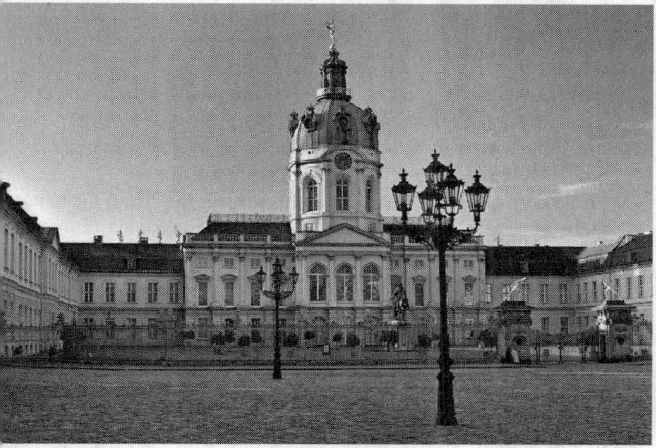

Schloss Charlottenburg, benannt nach Königin Sophie Charlotte, Gemahlin von König Friedrich I. in Preußen

ten. Nach dessen Tod übernahm die Bauausführung Martin Grünberg, in der Schlussphase dann, wird vermutet, Andreas Schlüter.

Ab 1699 hatte Sophie Charlotte hier ihren eigenen Hofstaat mit Personal im rückwärtigen Nebengebäude, dazu noch ein kleines Opernhaus. Unter den prominenten Gästen waren Künstler und Musiker, auch der Philosoph, Mathematiker und Diplomat Gottfried Wilhelm Leibniz (1646–1716). Nach seinem Entwurf organisierte die Königin die ›Sozietät der Wissenschaften‹ (die spätere Preußische Akademie der Wissenschaften). Das Ansehen der hochtalentierten Frau wuchs rasch, bald hieß das Schlösslein ›Sophie Charlottes Musenhof‹.

Das Kurfürstenpaar wurde 1701 König und Königin, Friedrich III. hatte sich selbst zum König Friedrich I. in

Preußen gekrönt. Friedrich I. beauftragte den Hofbaumeister Eosander von Göthe (1669–1728), einen Schweden aus Stralsund, zugleich Konkurrent und Nachfolger Andreas Schlüters, nicht nur das Stadtschloss zu erweitern, sondern auch die Schlösser Monbijou, Oranienburg und Charlottenburg, wie das Schloss Lietzenburg nach dem Tod der Königin 1705 bezeichnet wurde.

Bald prunkte Schloss Charlottenburg mit dem hohen, mächtigen, zentralen Rundturm und seiner bekrönenden Laterne, über der die goldene Fortuna leichtfüßig auf ebenso goldener Kugel zu schweben scheint – und mit dem *Cour d'Honneur*, dem Ehrenhof, im Dreiflügel-Kernbau des Schlosses. Erst später kamen die Figuren des ›Borghesischen Fechters‹ auf den Torhäuschen hinzu, Zink-Kopien einer römischen Skulptur des 1. Jh.s n. Chr.

Erst in der Mitte des 20. Jh.s fand das Standbild des Großen Kurfürsten seinen Platz inmitten des Ehrenhofs: großartig in seiner verhaltenen Kraft, zeigt es das Bild eines Siegers, der sein Pferd zügelt, um seitwärts in die Weite Ausschau zu halten, zeitlos und zugleich erfüllt im Moment. Friedrich I. ließ das Bronze-Standbild von Andreas Schlüter schaffen. In seiner meisterhaften Ausführung zählt es zu den besten Reiterstandbildern des europäischen Barocks nördlich der Alpen. Bis zum Zweiten Weltkrieg hatte es seinen Platz auf der Langen Brücke beim Stadtschloss. Mit einem Lastkahn sollte es in Sicherheit gebracht werden, versank stattdessen aber im Tegeler Hafen und wurde erst 1949 geborgen.

Eosander von Göthe hatte die elf Achsen des Schlosses zu beiden Seiten um je 13 Achsen und auch die Seitentrakte vergrößert, zudem im westlichen Flügel die rund 140 m lange **Große Orangerie** eingerichtet. Unausgeführt blieben die geplanten Giebelskulpturen und Statuen oben auf den Dachbalustraden. Friedrichs I. Tod 1713 brachte die Baupläne vorerst zum Stillstand. Sein Sohn Friedrich Wilhelm I., der ›Soldatenkönig‹, missbilligte die verschwenderische

Bau- und Lebenslust des Vaters. Für die Erhaltung des Charlottenburg-Schlosses ließ er aber das Notwendige tun.

Friedrich II., ›der Große‹, der als Kronprinz sich jahrelang von seinem Vater, Friedrich Wilhelm I., entzweit hatte, schätzte das Schloss Charlottenburg. 1740 Thronfolger, ließ er von Georg Wenzeslaus von Knobelsdorff am Rande von Potsdam sein ›Sanssouci‹ bauen, zugleich aber auch am Schloss Charlottenburg den unter Friedrich I. nicht mehr verwirklichten zweigeschossigen Neuen Flügel im Osten anfügen. Der zierliche Dekor an Balkongittern und Kapitellen ist als ›friderizianisches Rokoko‹ bekannt geworden, zeigt aber auch klassizistische Anklänge. Das letzte größere Charlottenburg-Bauwerk, der Theaterbau von Carl Gotthard Langhans, entstand bald nach Friedrichs Tod 1787–91, im Auftrag von Friedrich Wilhelm II. Er ist vom ausgehenden Barock und vom beginnenden Klassizismus geprägt.

Nach dem Ende des Zweiten Weltkriegs wurde der Abriss des 1943 ausgebrannten Schlosses geplant. Dagegen setzte sich Margarete Kühn, die spätere Direktorin der Westberliner Schlösserverwaltung, ein. Die Rekonstruktion des Schlosses Charlottenburg konnte mangels Vorlagen nicht in allen Teilen gelingen. Manche Räume wurden neu gestaltet, so sind im Weißen Saal und im Treppenhaus des Neuen Flügels die Deckenbilder von dem vielfach ausgezeichneten informellen Maler Hann Trier (1915–1999). Auch die goldene Fortuna auf der Schlosskuppel ist eine Neuschöpfung von Richard Scheibe (1879–1964).

Die authentisch erhaltenen Räume geben Einblick in das Leben am preußischen Hof: die ›Paradekammern‹, die langgestreckte ›Große Eichengalerie‹ mit ihrer wandhohen Täfelung und ihren sieben Fensterachsen, die Wohnräume und Audienzzimmer von König Friedrich I. und seiner Gattin Sophie Charlotte, das Schlafgemach mit seinen Spiegeln und prunkvollen Damasttapeten. Die Möbel ähneln den originalen. Im ›Ovalen Saal‹ verbinden die hohen

Fenster die Eleganz des Schlosses mit dem Grün des Schlossgartens.

Höhepunkte der barocken Ausstattung sind im Westflügel des ›Alten Schlosses‹ die Schlosskapelle und das Porzellankabinett. Die hinter einer verspiegelten Tür verborgene Kapelle hat noch die originale Kanzel und prunkt mit ihrer Königsloge. Gegenüber der Kanzel trägt der preußische Adler, unterstützt von Engeln, die Königskrone. Die rekonstruierte Orgel (von Arp Schnitger, 1806) erreicht wieder den originalen Klang.

An der Chinoiserie-Begeisterung der europäischen Monarchien im 17. und 18. Jh. hatten auch Sophie Charlotte und Friedrich I. starken Anteil. Das Porzellankabinett mit dem allegorischen Deckenbild *Die Morgenröte, die die Finsternis vertreibt* (von Jan Anthonie Coxie, 1706) bezieht sich mit den dargestellten Weltteilen, Tierkreiszeichen und Jahreszeiten auch auf die königliche Herrschaft. Eosander von Göthe sorgte für das Arrangement der chinesischen und auch japanischen Porzellane an den Wänden, deren Spiegel und Vergoldungen optisch fast die Fülle der dargebotenen Porzellankunstwerke verdoppeln. Schweren Schaden richteten schon 1760 die russischen Kosaken und österreichischen Husaren an, die Berlin für einige Tage besetzten. Kriegsverluste konnten größtenteils im Kunsthandel wiederbeschafft werden.

Im Ostflügel, auch **Neuer- oder Knobelsdorff-Flügel** genannt, hatte Friedrich II. im Mittelpavillon seinen Stuckmarmor-Bankett- und Thronsaal, genannt ›Weißer Saal‹. Ihm schließt sich die langgestreckte, elegante ›Goldene Galerie‹ (42 m) mit reich vergoldetem Rokoko-Dekor auf zartgrünem Grund und hohen Fenstern an beiden Längsseiten an. Gemälde von Jean-Antoine Watteau haben sich erhalten, von den Werken des Hofmalers Antoine Pesne ist vieles verloren. Ein Sammlungsschwerpunkt sind Friedrichs II. kostbare, teils diamantengeschmückte Schnupftabaksdosen.

Das von Karl Friedrich Schinkel ausgestattete, rekonstruierte Schlafzimmer der Königin Luise ist eine der frühesten Arbeiten Schinkels für den Hof, nach dem Abzug Napoleons und der Rückkehr des Königspaares. Andere Räume sind im Biedermeier-Stil gestaltet und wurden von Friedrich Wilhelm IV. und Elisabeth von Bayern (1801–1873) bewohnt, die Museen sind meistens ausgezogen.

Schlosspark (Schlossgarten) Charlottenburg und Parkbauten (III A1; Spandauer Damm): Der Mode entsprechend, ließ Sophie Charlotte 1697 vom Hofgärtner Siméon Godeau einen Schlossgarten im französischen Stil anlegen. Dazu gehörten auch Anglerhäuser an der Spree, ein kleiner Bootshafen, ein Fasanengarten und ein Spielgarten, wo die Hofgesellschaft sich beim Boule-Spiel vergnügte. König Friedrich Wilhelm dagegen sah vor allem die Notwendigkeit, Kosten zu sparen, und verpachtete große Teile des Geländes. Unter der Herrschaft Friedrichs II. wuchs der Garten wieder im Rokokostil. Unter seinen Nachfolgern wechselten die Gartenstile zum englischen Landschaftspark, an dem der Gartenarchitekt Peter Joseph Lenné entscheidenden Anteil hatte – ohne dass der Barockgarten völlig aufgegeben wurde. Nach dem Zweiten Weltkrieg konnte seine Erhaltung durchgesetzt werden – heute gilt er als Juwel europäischer Gartenbaukunst.

Raumgreifendes Grüngelände erstreckt sich zwischen dem Schloss im Süden, dem Universitätsklinikum samt anderen Bauten im Osten, der Spree im Westen und dem Bahnkörper im Norden. Vom Schloss wandelt man auf eine hohe Fontäne zu ins Zentrum des Grüns. Streng symmetrisch, aber auch mit eleganten Schwüngen ausgestattet, ist der Barockgarten angelegt, flankiert vom englischen Landschaftspark, von Baumgrün, Teichen, Bächen und Brücken, in dem drei architektonische Fixpunkte liegen:

Das Mausoleum, von Heinrich Gentz nach dem Tod der Königin Luise (1810) klassizistisch entworfen, wurde 1828/29 von Karl Friedrich Schinkel und auch später noch umgebaut. Romantisch inmitten der Natur gelegen, bietet es einen Ort stiller Besinnung, als ein Tempel der Trauer und des Gedenkens. Christian Daniel Rauchs Skulptur auf dem Marmorsarkophag lässt die junge Frau, Königin Luise, 34jährig als Mutter von sieben Kindern verstorben, wie schlafend erscheinen. Neben anderen Hohenzollern sind hier auch ihr Gatte, Friedrich Wilhelm III., und – in der Krypta – ihr Sohn Kaiser Wilhelm I. bestattet.

Das **Belvedere**, das 1789 von Carl Gotthard Langhans erbaute Gartenschlösschen, steht im Landschaftspark weiter nördlich entfernt vom Hauptschloss. Errichtet im Geist des Barock, schließen sich dem ovalen Grundriss vier Rechtecke an, jeweils mit zwei hohen Säulen- oder Pilasterpaaren in der Höhe des ersten Stockwerks. Ist der Wechsel zwischen geschwungenen und geraden Wandelementen noch barock, wirken die Architrave über den Vollsäulen, die Dreiecksgiebel über den Fenstern des ersten Stockwerks und auch die geraden Linien der Balkone klassizistisch. Nach schweren Kriegsschäden konnte das Belvedere in seiner Außengestalt rekonstruiert werden.

Im dreistöckigen, von einer Kuppel überdachten Bauwerk trafen sich die Herrschaften zum Tee. Heute dient der Bau der Ausstellung der Königlichen Porzellanmanufaktur (KPM). 2001 konnte die KPM ihren 250. Geburtstag feiern (1751 gegründet, heute offiziell ›Staatliche Porzellan-Manufaktur‹). Die Manufaktur ist nicht ganz so weltberühmt wie das Meißener Porzellan, aber kreativ mit Porzellankünstlern aus mehreren Ländern (Produktion, Ausstellung und Verkauf in der Wegelystraße 1, nahe dem Hansa-Viertel).

Der **Schinkel-Pavillon** (1824/25), ein kleines repräsentatives Wohnhaus (Grundfläche von 18 × 15 m) mit der klaren architektonischen Handschrift Schinkels, liegt dem Schloss am nächsten. Diesen ›Neuen Pavillon‹ nutzte Friedrich Wilhelm III. als private Wohnung für sich und seine zweite Frau, die ihm 14 Jahre nach dem Tod Königin Luises morganatisch (= nicht ebenbürtig) angetraute Auguste Fürstin von Liegnitz.

Vorbild für diesen Pavillon war die neapolitanische Villa Chiatamone, die der König 1822 besucht hatte. Ein alle vier Seiten umlaufender Balkon am ersten Stock öffnet den kubischen Bau ins Freie. Je zwei hohe schlanke Säulen und eine Loggia öffnen die Fassade im Obergeschoss als Symbol des Herrschaftsanspruchs. Ein kräftiger Architrav betont das Obergeschoss. Die Nähe zum Schloss bezeugt seit 1840 am Weg eine Reihe von Granitsäulen mit bronzenen Viktorien, geflügelten weiblichen Gestalten als Siegessymbolen (von Christian Daniel Rauch).

Die Innenräume wurden in der geteilten Stadt der Nachkriegsjahrzehnte als ein kleines Museum kostbarer Gemälde genutzt. Heute sind in dem Bau Gemälde und Objekte ausgestellt, die in Bezug zu Schinkel, seiner Zeit und seinen Zeitgenossen stehen, von der Architekturzeichnung bis zum Möbel.

Drei Museen an der Schlossstraße – **Bröhan** (Nr. 1a) – **Berggruen** (Nr. 1) **und Sammlung Scharf-Gerstenberg** (Nr. 70): Mit schattiger Mittelpromenade vom Charlottenburger Schloss südwärts auf den damals noch ungepflasterten Ku'damm zulaufend, prangte die Allee der Schlossstraße seit 1859 vis-à-vis dem Charlottenburger Schloss mit stattlichen Militärbauten. Für die königliche Leibwache hatte August Stüler die zwei spiegelbildlichen Eckbauten mit dekorativen, auf schlanken Säulen ruhenden Kuppeln errichtet. Nach dem Ersten Weltkrieg wurden Schloss und zugehörige Bauten verstaatlicht, nach dem Zweiten Weltkrieg die schwer getroffenen Gebäude und – soweit betroffen – auch die Gardekasernen nach dem Grundsatz restauriert, dass authentisch Belegbares wiederhergestellt wurde. In den 1950er und 1960er Jahren folgte der Umbau zum Antikenmuseum und zum Ägyptischen Museum. Die ›Nofretete‹ wechselte aus Dahlem an die Schlossstraße.

Nach dem Fall der Mauer kehrte nach langem Umbau Antikes und Ägyptisches an die Museumsinsel zurück. Damit wurde Platz für das Museum Berggruen und die Surrealen-Sammlung Scharf-Gerstenberg frei. Ein drittes Museum hatte sich direkt benachbart schon vorher etabliert.

Das **Bröhan-Museum** (III A2) gründete der Hamburger Kaufmann, Wahlberliner und Kunstentdecker Karl H. Bröhan (1921–2000) schon 1973 in seiner Privatvilla am Grunewald. 1983 stiftete er dem Land Berlin die Fülle seiner Kunst- und Design-Objekte, des Jugendstils und des Art déco.

Das **Museum Berggruen** (III A2) nebenan im westlichen Stüler-Bau zeigt seit 1996 immer Werke des 20. Jh.s aus dem Besitz des Kunsthändlers und Picasso-Freundes Heinz Berggruen (1914–2007). Der gebürtige, 1936 in die USA emigrierte, Berliner zählt zu den meistgeachteten Kunsthändlern und -sammlern. Er hatte den Staatlichen Museen eine große Zahl von Leihgaben anvertraut, die 2000 von der Bundesrepublik angekauft wurden.

Gegenüber im östlichen Stüler-Bau ist die **Sammlung Scharf-Gerstenberg** (III A2) als Teil der Nationalgalerie Berlin unter dem Titel »Surreale Welten« seit 2008 ein Magnet für die Liebhaber des Phantastischen! Zu den Gemälden, Zeichnungen und Skulpturen von der Romantik bis zum Surrealismus wird auch ein Filmprogramm des surrealen Kinos gezeigt.

Funkturm (III A3; Messedamm 11): Die Aussichtsplattform ist ein beliebtes Ausflugsziel und bietet Rundblick über die Dächer und Straßenschluchten entlang in die Weite, bis ins wellige Brandenburgische hinein! Der Funkturm, ›Langer Lulatsch‹ genannt, war jahrzehntelang ein Wahrzeichen der Stadt.

1924–26 wurde für den Sendeturm des Rundfunks die transparente Stahlstruktur inmitten der Messehallen gebaut mit fast 150 m Höhe, einschließlich der Antenne.

Heinrich Straumer (1876–1937) entwarf ihn in der dem Pariser Eiffelturm entsprechenden Stahlkonstruktion, der Kragarmkonstruktion. Die Grundfläche von 20 × 20 m fällt im Verhältnis zur Höhe relativ klein aus. Der 600 Tonnen schwere Turm ist aus Porzellanisolatoren der KPM montiert.

Um 1930 kam ein Restaurant in 52 m Höhe (Entwurf Martin Wagner und Hans Poelzig) dazu, ebenso die Aussichtsplattform in 124 m Höhe, dazu ein Lift, der vier Meter pro Sekunde schafft. Ein Radio-Sendemast blieb der Funkturm nicht lange, ab 1933 fungierte er als Reservesender. Schon 1929 wurde vom Funkturm die erste Fernseh-Versuchssendung ausgestrahlt, von 1935 bis 1938 das erste reguläre Fernsehprogramm des Senders ›Paul Nipkow‹ (Erfinder, 1860–1940).

Im Zweiten Weltkrieg wurde der Turm als Warn- und Beobachtungsposten genutzt. 1945 zerstörten Granaten eine der vier Tragstreben am Boden, dennoch stürzte der Turm nicht um und wurde wieder instand gesetzt. Die Medienwelt entwickelte sich, der Turm wurde UKW-Antenne und von 1971 bis 1973 Fernsehsender. Zeitgleich erfolgte eine Sanierung. Heute wird der Funkturm für den Mobilfunk und von der Polizei genutzt und steht zusammen mit dem Messegelände unter Denkmalschutz.

Internationales Congress Centrum Berlin / ICC Berlin (III A3; Messedamm 19): Berlins ›Congress Centrum‹, 1973–70 als internationaler Messe-Treffpunkt erbaut, wirkt wie eine gigantische Maschine, langgestreckt eingeparkt zwischen einer Vielzahl von Autobahnen und Autobahnzubringern. Der technoide Eindruck des 320 m langen Bauwerks wird intensiviert von dem Aluminiummantel, in den die Architekten Ralf Schüler und Ursulina Schüler-Witte den Bau mit seinen zahlreichen Stützelementen gehüllt haben. Dies erfolgte, um die Kongresssäle stützenfrei zu überbrücken und um bei Konzerten unbeabsichtigte Schallübertragungen zu verhindern. Die Isolierung wurde durch eine Haus-in-Haus-Konstruktion erreicht. Die Lasten wurden mit Stahldachbindern auf die Stützköpfe der Treppenhäuser abgeleitet.

Kritisiert wurde, dass die rund 80 Räume und Säle (mit bis zu 5000 Plätzen) in den vier Ebenen des Hauses ungünstig geschnitten seien und nur ein Bruchteil der Gesamtfläche für Veranstaltungen genutzt werden könne. Messebesucher wissen allerdings das großzügige Raumerlebnis zu schätzen. Dies empfanden die Betreiber (die Berliner Messegesellschaft respektive der Berliner Senat) als kostentreibende Platzverschwendung. Tatsächlich drohte dem Congress Centrum der Abriss. 2008 fand sich dann doch eine Mehrheit für den Erhalt und für eine auch wegen Asbestelementen fällige Sanierung. Die Londoner Organisation ›World Travel Awards Ltd.‹ verlieh ihre Auszeichnung gleichen Namens mehrere Male, zuletzt 2009 an das ICC Berlin.

Entfernt wurde die Monumentalskulptur an der Ostseite. Der Franzose Jean Ipoustéguy (1920–2006) hatte seine Skulptur *Alexander der Große betritt die eroberte Stadt Ekbatana* 1978 in einer Neufassung überarbeitet. Unter dem Titel *Ekbatana – der Mensch baut seine Stadt* wurde sie für das Congress Centrum erworben, 2005 aber wegen des brüchigen Sockels abgetragen.

Georg-Kolbe-Museum (s. Übersichtskarte; Sensburger Allee 25): Das hohe Atelierhaus des Berliner Bildhauers Georg Kolbe (1877–1947) liegt in einem der vielen wohlhabenden, ruhigen und durchgrünten Berliner Villenviertel, südöstlich vom Olympiastadion und nahe eines kleinen Parks samt See. Ein Grünstreifen, der sich vom Grunewald bis nach Ruhleben und hinüber zur Siemensstadt hinzieht, berührt auch das Kolbe-Museum und ist hier als Georg-Kolbe-Hain bekannt. Fünf monumentale Bronzen sind im ›Hain‹ aufgestellt, eine *Große Kniende*, eine *Ruhende*, ein *Dionysos*, ein *Großer Stürzender* und *Mars und Venus*. Das Atelierhaus wie das Wohnhaus der Familie wurden

1928/29 vom Schweizer Architekten Ernst Rentsch im klaren Bauhausstil entworfen, Anfang der 1930er Jahre um ein Glas- und Tonatelier und einen Skulpturenhof erweitert (Architekt Paul Linder).

Georg Kolbe wurde nach Malereistudien bei seinem Rom-Aufenthalt 1898–1901 Bildhauer und ließ sich von der Antike wie auch von Rodin inspirieren. Er wurde Mitglied der Berliner Sezession und der Preußischen Akademie der Künste, reiste in Europa und Ägypten und war einer der produktivsten und erfolgreichsten Bildhauer seiner Generation. Kolbe emigrierte nicht im Dritten Reich, hielt aber deutlich Distanz zu der heroisierenden NS-Kunst. Immer neu variierte er sein Hauptthema, die menschliche Gestalt – in Tänzerinnen und Tanzgruppen, in strengen Statuen und sportlichen Frauenfiguren, in idealistisch kraftvollen Akten.

Corbusier-Haus (s. Übersichtskarte; Flatowallee 16): ›Unité d'habitation, Typ Berlin‹ lautet die sachliche Bezeichnung des vergleichsweise riesigen Wohnspeichers. Le Corbusier (d.i. Charles-Édouard Jeannerat, 1887–1965), einer der einflussreichsten Architekten des 20. Jh.s, entwarf für die Interbau 1957 seine ›Unité d'habitation‹, die jedoch für das Areal des Hansa-Viertels am Tiergarten schlicht zu groß war. In 17 Etagen und insgesamt etwa 575 Wohnungen finden etwa 1600 Bewohner Platz. Ursprünglich als Sozialwohnungen gedacht, wurden sie 1979 zu Eigentumswohnungen und fanden rasch Käufer.

Le Corbusiers bereits in Marseilles und Nantes realisiertes Konzept der ›Wohnmaschine‹ vertrug sich nicht mit den Finanzen und Vorschriften in Berlin. Statt einer kompletten familienfreundlichen Infrastruktur mit Läden, einer Schule, Post, Theater und Kindergarten usw. wurden letztlich nur Wohnungen gebaut, die durch ›Straßen‹ innerhalb des Stahlbeton-Bauwerks miteinander verbunden sind. Die gemäß Le Corbusiers ›Modulor‹ geplante Raumhöhe von 2,26 m wurde auf 2,50 m vergrößert. Dagegen wurden die vorgesehenen zweigeschossigen Wohnungen mit einem galerieähnlichen Schlafraum kaum verwirklicht. Kräftige Farbe, von Le Corbusier an Balkonen eingesetzt, macht den riesigen Wohnriegel bunter. Le Corbusier war nicht immer der Mann kühler Zweckmäßigkeit, in Ronchamps bei Belfort zeigt seine 1950–55 gebaute Wallfahrtskirche Notre-Dame-du-Haut, wie expressiv und figural er Räume gestalten konnte.

Olympiagelände (s. Übersichtskarte; Olympischer Platz 3): 1932 wurde der noch nicht 40jährige Werner March (1894–1976) mit der Neuplanung des Olympiastadions und des ›Reichssportfeldes‹ beauftragt. 1933 musste er die Pläne nach Vorgaben von Hitlers Architekt Albert Speer ändern, behielt aber die Leitung und baute eine ›Stätte nationaler Feste‹ – mit dem Olympiastadion, dem Maifeld für 500000 Menschen, dem Glockenturm, anderen Sportanlagen, dem ›Deutschen Sportforum‹ und dem Amphitheater ›Waldbühne‹ nordwestlich vom Maifeld.

Schon Werner Marchs Vater Otto March hatte 1909 am Rand des Grunewalds eine Pferderennbahn angelegt. Für die für das Jahr 1916 nach Berlin vergebenen, dann aufgrund des Krieges abgesagten Olympischen Spiele wurde das ›Deutsche Stadion‹ gebaut. 1936 durften die Spiele erstmals wieder in Deutschland stattfinden. Mit der Eröffnung konnte Adolf Hitler einen internationalen Propagandagewinn feiern.

Werner March hatte das Olympiastadion für 110000 Zuschauer gebaut, samt Aufmarschgelände, den monumentalen Pylonen und den sechs Turmbauten, die streng symmetrisch die Achsen betonen. Architektur und überlebensgroße steinerne Sportlerskulpturen ergänzen sich und steigern die sportliche Szene ins Feierliche, Pathetische, Weihevolle, wie Leni Riefenstahl dies in ihrem zweiteiligen Film *Olympia* (1938) eindrucksmächtig dokumentiert.

Nach dem Zweiten Weltkrieg konnte Werner March den gesprengten 77 m hohen Glockenturm wieder aufbauen, heute bringt ein gläserner Lift die Besucher zur Rundumschau. Eine Generalüberholung der Sportstätten, insbesondere des Olympiastadions nahm in den Jahren 2000–04 das Architektenbüro Gerkan, Marg und Partner für die Fußballweltmeisterschaft 2006 vor. Den Umbauten, so zum Beispiel der verringerten Anzahl der Zuschauerplätze im Olympiastadion (statt über 100000 jetzt rund 75000 Plätze), setzte der Denkmalschutz Grenzen – alle Ein- und Umbauten können wieder entfernt werden. Neu sind das Dach, das alle Ränge umfasst, und die Flutlichtbeleuchtung (*ring of fire*), die keine Schatten oder Halbschatten wirft.

Informationen zum Thema ›Reichssportfeld‹, Olympische Spiele und Politik bietet eine 18 m hohe Leuchtstele auf dem Vorgelände mit Bildern und Videos. Dazu zeigt ein ›Stadionmuseum‹ Szenen und Dokumente der Geschichte. Auf weitere ›Informationspunkte‹ trifft man im Olympiagelände. Deutlich wird, dass dieses inszenierte Arrangement von Architektur und Skulpturen nicht nur für die Massenbewegungen der Sportfeste geschaffen wurde, sondern auch im Zeichen von ›Führer‹-, Herrschafts- und Rassenkult stand.

Zitadelle Spandau (s. Übersichtskarte; Zitadellenbrücke): Die Festung, eine der bedeutendsten der Renaissancezeit in Europa, ist allseitig umgeben vom Wasser der mit Baumgrün gerandeten Havel. Zur Kontrolle des Flusses und seines Übergangs gab es eine mittelalterliche Burg als Vorgängerbau. In der zweiten Hälfte des 16. Jh.s ließ Kurfürst Joachim II. eine Zitadelle bauen, die den neuen militärischen Anforderungen entsprach. ›Nach italienischer Manier‹ wurde die Festung symmetrisch angelegt, mit vier spitz zulaufenden Bastionen an den Ecken. Zwischen den Bastionen liegen kräftige Kurtinen, jeweils etwa 200 m lange Festungsmauern. Angreifer konnten von den Bastionen aus direkt, ohne toten Winkel, beschossen werden. Baumeister war der Italiener Francesco Chiaramella

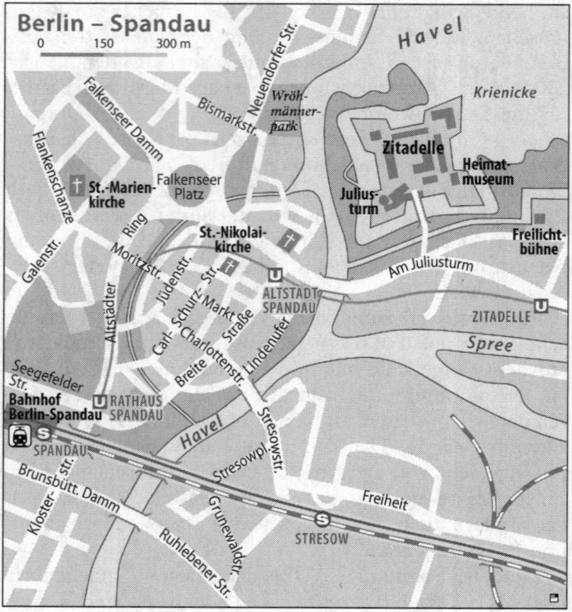

In Spandau fließt die Spree in die Havel. Als Cölln und Berlin gegründet wurden, existierte Spandau bereits

de Gandino und später der Toskaner Rochus de Lynar (Linari, 1525–1596).

Über eine Zugbrücke gelangt man zum Torhaus, das durch einen Teil der Festung hindurchführt. Das Torhaus steht auf Pfählen, die im sumpfigen Untergrund auf Schutt eingelassen sind. Über dem Tor prangt im Segmentgiebel das große, sehr fein ausgeführte brandenburgische Wappen. 1701 sorgte der frischgekrönte König Friedrich I. für die Krone im Wappen. 1813 wurde die Renaissancefassade durch die napoleonischen Truppen stark beschädigt und später durch eine klassizistische Ziegelfassade ersetzt.

Unmittelbar hinter dem Torbau schließen sich der Palas und ein mächtiger Turm an, beide Teile der älteren Anlage aus dem 14. Jh. In dem spitzgiebeligen, öfters umgestalteten Palas wohnten die Herrschaften im 15. Jh. Heute wird der Gotische Saal, eine Halle mit Balkendecke, für kulturelle Veranstaltungen und Konzerte genutzt. Der massive, inzwischen zur Aussicht genutzte Turm ist ein Wahrzeichen Spandaus. Er ist als ›Juliusturm‹ sprichwörtlich geworden, ohne dass die Herkunft des Namens bekannt ist. Nach dem gewonnenen Krieg 1871 wurde hinter seinen 3,60 m dicken Mauern der ›Reichskriegsschatz‹, der zu gutem Teil aus den französischen Reparationszahlungen bestand, bis 1919 aufbewahrt. Wenn der Staat vorausschauend sparsam mit seinen finanziellen Rücklagen umgeht, spricht man noch heute vom ›Juliusturm‹.

Im geräumigen Hofgelände der Zitadelle sind die ehemals im Tiergarten aufgestellten Marmorstatuen preußischer Fürsten (damals ›Puppenallee‹ genannt) aufgestellt (derzeit in Restaurierung).

Die Bastion der Königin (Südostbastion) zeigt eine Anzahl mittelalterlicher **jüdischer Grabsteine** mit hebräischen Inschriften, die in den Fundamenten des Palas vermauert waren, dorthin wahrscheinlich nach der Vertreibung der Juden und Zerstörung ihrer Friedhöfe im 15. Jh. verbracht. Weiter finden sich eine große biologische Station für Fledermäuse, die Keller und Gewölbe bewohnen, und das **Stadtgeschichtliche Museum Spandau** im ehemaligen Zeughaus mit vielen Alltagsgegenständen aus früheren und frühesten Zeiten. Die Freifläche der Zitadelle wird für Konzerte und jahreszeitliche Märkte genutzt.

Altstadt Spandau (s. Übersichtskarte; Kern des größten der westlichen Bezirke Berlins, kaum mehr als sechs Kilometer vom Charlottenburger Schloss entfernt): Spandau war, bis es 1920 nach Berlin eingemeindet wurde, selbständig. Heute ein Industrie- und Neubauort, hat Spandau eine Altstadt bewahrt, auf einer ovalen Insel am Zusammenfluss von Spree und Havel in Sichtweite der Zitadelle. Die Altstadt ist ein Beispiel für wiederhergestellte mittelalterliche Strukturen samt einiger, ebenfalls restaurierter Originalbauten. Urkundlich belegt ist die Existenz der Stadt schon 1232. Getreidehandel auf dem Wasserweg nach Hamburg brachte der Stadt im 14. Jh. Reichtum.

Die gotische **Nikolaikirche**, deren Vorgängerbau ins 13. Jh. datiert, stammt aus der ersten Hälfte des 15. Jh.s: eine stattliche dreischiffige Backstein-Hallenkirche, mit gotischem Portal, Kreuzgewölbe, Spitzbogenfenstern und einem steilen hohen Satteldach mit Dachreiter.

Der Westturm mit quadratischem Grundriss erhielt Anfang des 19. Jh.s eine Barockhaube, die zum Abschluss der gesamten, schon 1946 von Hinnerk Scheper begonnenen, später von Jürgen Emmerich fortgesetzten Restaurierung 1989 erneuert wurde. Zu Rate gezogen wurden dafür die Baupläne Karl Friedrich Schinkels, der 1830–39 die gotischen Elemente der Kirche noch verstärkte.

Rochus Graf zu Lynar, der Architekt der Zitadelle, stiftete 1581 den acht Meter hohen steinernen Altar im Renaissancestil, aufgebaut nach der Art eines mittelalterlichen Flügelaltars. Zuseiten der Darstellung des Abendmahls stehen Familienbildnisse des Stifters, über dem Abendmahl ein Jüngstes Gericht, flankiert von Karyatiden, die Glaube und Nächstenliebe symbolisieren, über allem thront die Figur Christi.

Die barocke Kanzel mit Akanthusverzierungen war zu Zeiten Friedrich Wilhelms I. für das Stadtschloss in Potsdam bestimmt und kam erst 1904 in die Nikolaikirche. Das älteste Inventar ist der kupferne Taufkessel aus dem Jahr 1398.

Auf dem Reformationsplatz vor dem Portal der Kirche steht das Denkmal (von Erdmann Enke, 1811–1889) des

Kurfürsten Joachim II. (reg. 1535–71), dessen Politik das Kurfürstentum Brandenburg für die Reformation Martin Luthers zu öffnen begann. Außer der Nikolaikirche findet man in der Altstadt sehr wenig Ursprüngliches. 1945 wurden die Bauten schwer beschädigt, vieles wurde anschließend abgerissen. Immerhin waren der ovale Umriss der Altstadt und das Muster der Straßenverläufe erhalten geblieben. Erst in den 1970er Jahren wurden letzte historische Bauten bewahrt:

Das Gotische Haus (Breite Straße 32) ist ein Steinbau mit Netzrippengewölben im Innern und einer Spitzbogenarkade, heute als Informationsort und für Ausstellungen genutzt. Die klassische Fassade stammt aus dem 19. Jh. – Ein Fachwerkhaus (An der Behnitz 5) stammt im Kern aus der Barockzeit. – Das sogenannte Wendenschloss (Jüdenstraße 35, Ecke Ritterstraße) ist der Nachbau eines Ackerbürgerhauses aus dem 17. Jh. Der Kolk – ursprüngliche Bezeichnung für eine Vertiefung im Flussbett –, das älteste Viertel Spandaus, weist noch ein altes Haus von 1750 (Kolkschänke 3) auf. Dort und am Viktoria-Ufer sind auch Reste der Stadtmauer zu sehen.

Ring-Siedlung Berlin-Siemensstadt (s. Übersichtskarte; UNESCO-Welterbe in den Bezirken Charlottenburg und Spandau, Goebelstraße, Jungfernheideweg u. a.): Diese Wohnsiedlung wurde 1929–31 und 1933–34 im Industriegebiet Siemensstadt beispielhaft für neues soziales Bauen in einer großstädtischen Umgebung verwirklicht. Die Architekten, unter ihnen einige später berühmte Vertreter der Moderne, waren Otto Bartning (1883–1959), Fred Forbat (1897–1972), Walter Gropius (1883–1969), Hugo Häring (1882–1958), Paul-Rudolf Henning (1886–1986) und Hans Scharoun (1893–1972), die der Vereinigung ›Ring‹ angehörten (daher die Benennung ›Ring‹-Siedlung‹, gebaut von jungen Architekten, die sich zu einem Zweckbündnis für ein Neues Bauen zusammengefunden hatten). Der ›Ring‹ existierte von 1926 bis 1933. Der sozialdemokratische

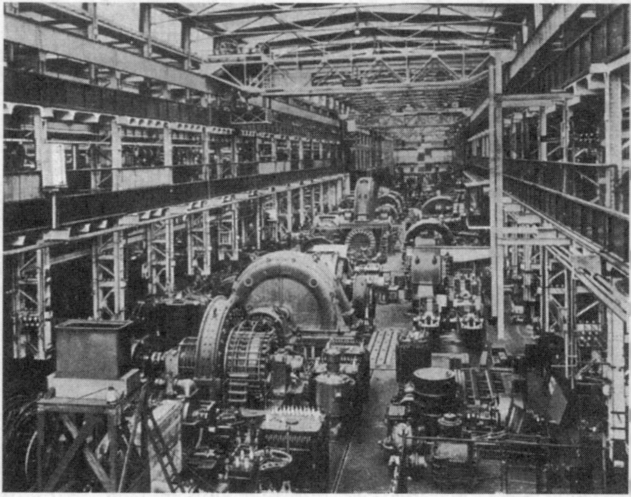

Berlin auf dem Weg zur Industriemetropole: Montagehalle der Siemens-Schuckert-Werke – vom Südwesten Berlins wanderten sie nach Nordwesten, so entstand die ›Siemensstadt‹

Stadtbaurat Martin Wagner leitete bis zu Hitlers Machtergreifung die Arbeitsgemeinschaft.

Vorgegeben war der Bautyp der Großzeile, doch konnte jeder beteiligte Architekt die Grundsätze des Modernen Wohnbaus individuell ausführen. Hans Scharoun vertrat maßgeblich die Abkehr von den Städtebauvorstellungen des 19. Jh.s: Neue, bis dahin nur selten realisierte Ideen von Straße, grüner Umgebung und Wohnbau wurden verwirklicht. Die Mitgestaltung der Gartenarchitekten war wichtig, Gemeinschaftsbereiche für Spiel und Sport in den Parks gehörten dazu. Die Nord-Süd-Ausrichtung der meisten Häuserzeilen sollte für Sonne und helles Licht in den Wohnungen sorgen.

Die unterschiedliche, architektenspezifische Gestaltung der Wohnhäuser sorgte für Lebendigkeit. So wechseln weißer oder naturweißer Putz, rauher oder glatter, so finden sich farbliche und formale Akzente mit den Fensterrahmungen, Balkonen, Gittern, Treppenhäusern. Eine Grünanlage im Zentrum der Siedlung mit Spielplätzen und anderen Gemeinschaftseinrichtungen sollte dem Ziel der ›Nachbarschaft‹, einem Leitmotiv Scharouns, dienen.

Im Zweiten Weltkrieg wurden einige der Bauten stark beschädigt. Der Aufbau in den 1950er Jahren stellte nicht immer den Originalzustand wieder her. In den 1980er Jahren wurde denkmalgerecht instand gesetzt, besonders hinsichtlich Fassadenputz und -farbigkeit.

2008 wurde die ›Ring‹-Siedlung Siemensstadt mit fünf anderen ›Berliner Siedlungen der Moderne‹ in das Welterbe der UNESCO aufgenommen: die Weiße Stadt (Reinickendorf, Aroser Allee), Siedlung Schillerpark (Wedding, Bristolstraße, Oxforder Straße), Gartenstadt Falkenberg (Treptow-Köpenick, Akazienhof), Wohnstadt Carl Legien (Prenzlauer Berg, Erich-Weinert-Straße) und Großsiedlung Britz (Hufeisensiedlung, Neukölln).

Südwest, grün und üppig

Grunewald, Wannseewelt, Preußens Schlösser

Brücke-Museum (Berlin-Zehlendorf, Bussardsteig 9): Nur acht Jahre hielt die Gemeinschaft expressionistischer Künstler zusammen. In Dresden hatte sie sich 1905 den Namen ›Brücke‹ gegeben. Abkehr vom Impressionismus und Zuwendung zu der Kraft ›primitiver Kunst‹ außerhalb Europas waren ihnen gemeinsam, miteinander fanden sie zu starkfarbigen Flächen, steigerten die Vorbilder der Natur zu heftiger Dynamik, zu intensiven Botschaften von Leben, Wahrnehmung, Ausdruckskraft. Kirchner, Heckel, Schmidt-Rottluff, dann Pechstein, Otto Mueller und für kurze Zeit auch Nolde waren die Meister der ›Brücke‹. Nach dem Zweiten Weltkrieg erhielten sie ein beispielhaft stimmiges Museum. Karl Schmidt-Rottluff (1884–1976) übergab dem Westberliner Senat an seinem 80. Geburtstag eine umfangreiche Schenkung seiner Werke, Erich Heckel (1883–1970) schloss sich mit einer Schenkung seiner Werke an.

In Berlin-Dahlem, am Rande des Grunewalds, unter hohen Kiefern – Schmidt-Rottluff und Heckel waren die Naturnähe wichtig –, mit heller Mauer zur Straße hin, entstand ein Bungalow mit Sichtbeton und großer Glasfläche, in seiner klaren funktionalen Konzeption der Bauhausarchitektur der ersten Hälfte des 20. Jh.s zugehörig (Architekt: Werner Düttmann, 1921–1983). 1967 wurde das Museum eröffnet. Die Eingangshalle führt zu vier unterschiedlich großen Ausstellungsräumen um den bepflanzten Innenhof. Oberlichtfenster geben Tageslicht. Die Raumfarben sind hell gehalten, sodass die starkfarbigen Gemälde umso mehr leuchten (s. S. 235). An den nicht der Straße zugewandten Seiten umgibt Waldgrün das Haus, bis auf das große, benachbarte Atelier Arno Brekers

(1900–1991), in dessen Garten Skulpturen seines Schülers Bernhard Heiliger (1915–1996) ausgestellt sind.

Jagdschloss Grunewald (Hüttenweg 100): Das Jagdschloss ›Zum grünen Wald‹, das am Südostufer des Grunewaldsees inmitten von waldigem Gelände liegt, ist in seinen Ursprüngen das älteste Berlins und im Kern aus seiner Gründungszeit erhalten geblieben. Joachim II., Kurfürst von Brandenburg und leidenschaftlicher Jäger (1505–1571), ließ es 1542 erbauen, möglicherweise von seinem Baumeister Caspar Theyß. Vom Berliner Schloss führte zum Grunewaldsee ein gerader Weg von etwa 15 km, zunächst über einen Feldweg (später ›Unter den Linden‹ genannt), durch den Tiergarten, über die spätere Budapester Straße und über den noch nicht vorhandenen Kurfürstendamm in den Grunewald, damals ›Spandauer Forst‹. Knüppeldämme erleichterten das Durchqueren feuchter Gelände.

Das Schloss war im 16. Jh. noch ein Wasserschloss, da der Wasserspiegel des Sees zwei Meter höher lag als heute. Zur Landseite führte nur eine Holzbrücke über den Graben. Über einem einfachen Dreiflügelgrundriss hatte das Jagdschloss schon ursprünglich eine große Vorhalle und den Treppenturm. 1669 wurde es barock umgestaltet, mit Mansarddach und einem geräumigen Hofrechteck mit Wirtschaftsgebäuden.

In der Regierungszeit Friedrichs II. und bis 1825 verkam das Schloss zeitweilig, da die Fürsten nicht länger der Jagd nachgingen. Erst Prinz Carl von Preußen (1801–1883), Schlossherr von Glienicke, führte die Parforcejagd wieder ein und gab glanzvolle Jagdgesellschaften für Staatsgäste und Diplomaten. Kaiser Wilhelm II. ließ das Innere 1901–09 modernisieren. Seit 1932 wird das Schloss als Museum genutzt. Die jüngste Renovierung erfolgte von 2007 bis 2010. Im Schloss ist die kostbare Gemäldesammlung mit Werken von Lucas Cranach d. Ä. (u. a. *Judith mit dem Haupt des Holofernes*) und von Lucas Cranach d. J. zu sehen.

Unmittelbar am Havelufer steht der **Grunewaldturm**, ein imposanter, 1897–99 in neugotischem Stil erbauter roter Backstein-Aussichtsturm, 55 m hoch, 86 m über der Havel.

Großsiedlung Onkel Toms Hütte (Berlin-Zehlendorf): Die Wohnsiedlung aus den 1920er Jahren liegt zwischen dem Waldfriedhof Dahlem, dem langgestreckten Waldsee ›Krumme Lanke‹ und der Argentinischen Allee. Zehlendorf war damals zum beliebtesten Villenvorort der Berliner avanciert. Gegen den Villen-Bebauungsplan der Bezirksverwaltung Zehlendorf gelang es einigen der innovativsten Berliner Architekten – Bruno Taut (1880–1938), Chefarchitekt der Baugesellschaft GEHAG, Hugo Häring (1882–1958) und Otto Rudolf Salvisberg (1882–1940) – mit Unterstützung von Berlins Stadtbaurat Martin Wagner die Großsiedlung anzulegen.

Errichtet wurden von 1926 bis 1932 vorwiegend Reihenhäuser und an den größeren Straßen zwei- bis dreigeschossige Mietshauszeilen. Anstelle eines festen Rasterformats wurden viele individuell entworfene kurze und schmale, keineswegs immer nur gerade Straßen angelegt. Auch das sonst gängige Prinzip ›Schlafräume nach Osten, Wohnräume nach Westen‹ erwies sich als durchbrechbar. Wechselnde Farbigkeit der Fassaden, Tür- und Fensterrahmen sorgte für Lebendigkeit. Reihenhäuser und Erdgeschosswohnungen erhielten ein 200 qm großes Gartenareal. Baumbestand und Baumgrün wurden in die Planung einbezogen. Insgesamt konnten an die 2000 Einfamilien-Reihenhäuser und Geschosswohnungen gebaut werden. Die nicht gerade großen Wohnungen waren dennoch für kleine Einkommen nicht mehr erschwinglich.

Seit den 1980er Jahren wurde die originale Farbgebung wiederhergestellt. Der Name der Siedlung folgt der Bezeichnung eines populären Ausflugslokals der Gegend, dessen Besitzer »Thomas« sich damit auf Harriet Beecher-Stowes Roman Onkel Toms Hütte bezog. Nach ihm wurde auch der 1929 eröffnete U-Bahnhof benannt, dessen Ladenzeilen beiderseits der Bahnsteige 1931/32 von Otto Rudolf Salvisberg entworfen wurden.

Strandbad Wannsee (Wannseebadweg 25): 1907 wurde das Baden am Wannsee erlaubt. 1912 sollen es schon rund 500 000 Badegäste gewesen sein. 1915 entwarf der Architekt und spätere Stadtbaurat Martin Wagner (1885–1957) das erste Bebauungskonzept für ein Strandbad. Der Badestrand war 800 m lang, die früheren Umkleidezelte ersetzte der Architekt Ludwig Hoffmann 1924 durch strohgedeckte Holzbauten. Ende der 1920er Jahre näherte sich die jährliche Besucherzahl der Million, die S-Bahnlinie Potsdam–Erkner mit dem Vorortbahnhof Wannsee machte es möglich, ebenso die ganzjährige Öffnung für Eisläufer und Winterbadende.

Mit einem großzügigen Neubau betraute der Berliner Magistrat die Architekten Richard Ermisch (1885–1960) und Martin Wagner. Vier zweigeschossige Hallen in Stahlskelett-Konstruktion mit gelben, weiß verfugten Klinkern wurden nebeneinander in den Uferhang hineingestellt. Ein überdachter Wandelgang stellte die Verbindung her, auf den Hallendächern konnte man sich sonnen. 1929–30 entstand ein modernes ›Weltstadtbad‹ im Stil der Neuen Sachlichkeit, das ›Strandbad Wannsee‹. Im Zuge der Wirtschaftskrise konnte nur die Hälfte des Entwurfs verwirklicht werden, nach 1933 stieß der Baustil auf Ablehnung.

Nach dem Zweiten Weltkrieg wurde der Wannsee umso mehr besucht, auch als Ersatz für die für Westberliner nicht mehr erreichbaren Ostseebäder und brandenburgischen Seen. In den 1950er Jahren zeigten die Bauten erste Verfallserscheinungen, im Laufe der 1960er und 1970er Jahre verkamen sie immer mehr, 1982 wurden sie unter Denkmalschutz gestellt. Im Winter 2001 brannten die Wannseeterrassen. 2005–07 übernahm die Stiftung Denkmalschutz Berlin die Wiederherstellung der Bauten.

Das Eingangsgebäude ist ein ländlich stimmendes Haus

mit Stufengiebel, flankiert von doppelgeschossigen Hallen für Umkleideräume und Kabinenspinde oben und für Läden, sanitäre Anlagen und Versorgungseinrichtungen unten. Zur Hundertjahrfeier 2007 war die Arbeit fast vollendet. Der über einen Kilometer lange Strand wurde mit Sand von der Ostsee aufgeschüttet.

Max-Liebermann-Villa (Am Wannsee, Colomierstraße 3): Max Liebermann (1847–1935), bedeutendster Vertreter des deutschen Impressionismus und Präsident der Preußischen Akademie der Künste, erwarb 1909 ein großes Wassergrundstück in der neuen Villenkolonie Alsen am Wannseeufer. Vom Architekten Paul Otto Baumgarten (1873–1946) ließ er sich dort eine Sommervilla erbauen, deren Vorderfront das klassizistische Hamburger Godefroy-Haus von 1789 zum Vorbild hatte. Max Liebermann verbrachte von 1910 an beinahe jeden Sommer – insgesamt 24 – am Wannsee und arbeitete dort im Atelierraum des gewölbten Obergeschosses.

Der Garten- und Blumenenthusiast Liebermann malte hier viele Bilder mit Gartenmotiven, von denen etwa 40 Werke seit 2006 im Obergeschoss des Hauses zu sehen sind. Die herrliche Gartenlandschaft an der Land- wie an der Seeseite des Hauses, bei deren Anlage Liebermann sich von Alfred Lichtwark, Kunsthistoriker und ab 1886 Leiter der Hamburger Kunsthalle, beraten ließ, ist bei der Restaurierung nach den Gemälden Liebermanns wiederhergestellt worden.

Das Haus diente bis in die 1990er Jahre als Krankenhaus und Sportheim, bis es auf Veranlassung der Max-Liebermann-Gesellschaft von der Akademie der Künste saniert und als Erinnerungsstätte 2006 zugänglich gemacht wurde. Im Erdgeschoss des Hauses sind Verfolgung, Verachtung und Enteignung Liebermanns und seiner Familie nach 1933 dokumentiert.

In der ehemaligen **Villa Marnier** (Am Großen Wannsee 55–58) befindet sich die Gedenkstätte ›**Haus der Wann-**

seekonferenz‹, an der 1942 hochrangige Vertreter der SS, Gestapo und NSDAP die ›Endlösung der Judenfrage‹, das Verbrechen des Genozids an den Juden, vorbereitet und organisiert haben. Informationen bieten Dauerausstellung und Bibliothek.

Pfaueninsel (Berlin-Zehlendorf, Havel): Friedrich Wilhelm II. (1744–1797) schätzte die Abgeschiedenheit dieses grünen Refugiums und hatte sich hier oft mit seiner Geliebten Wilhelmine Encke (später Gräfin Lichtenau) aufgehalten. 1794 beauftragte er Hofzimmermeister Johann Gottlieb Brendel, ein als künstliche Ruine gestaltetes Lustschloss mit zwei hoch oben durch eine Brücke verbundenen Türmen zu bauen. Es sollte bis nach Potsdam zu sehen sein, weiß in der grünen Landschaft stehen und innen ganz privat, ohne offizielle Ausstattung mit Stuckarbeiten und intarsierten Fußböden, versehen sein. Die romantische ›Ruine‹ überdauert bis heute. Innen ließ Wilhelmine das Schlösschen in verschiedenen Stilformen einrichten, so z. B. ein Zimmer als Südsee-Schilfhütte. Da das Schloss seit 1840 kaum mehr bewohnt wurde, sind die Zimmer in der ursprünglichen Ausstattung erhalten.

König Friedrich Wilhelm III. nutzte schon um die Jahrhundertwende 1800, mehr aber noch nach der napoleonischen Eroberung Preußens das Schloss zur Sommerfrische für seine Familie. Seine Frau – Königin Luise – fühlte sich in dem Schloss nicht wohl. Nach ihrem Tod 1810 ließ der König nach Entwürfen von Karl Friedrich Schinkel auf der Insel weitere Gebäude errichten. Der Bau der Meierei, der landwirtschaftlichen Milchviehzucht, im gotischen Stil einer Klosterruine entspricht romantischen Vorstellungen. Außerdem entstanden ein Kavaliershaus mit einer aus Danzig stammenden Fassade eines Patriziergebäudes aus dem 16. Jh., sodann ein ›Schweizerhaus‹ fürs Personal und ein klassischer Gedächtnistempel für Königin Luise. Nicht erhalten haben sich die Gebäude einer Menagerie, deren Tiere, nach Berlin gebracht, dort zum Grundinven-

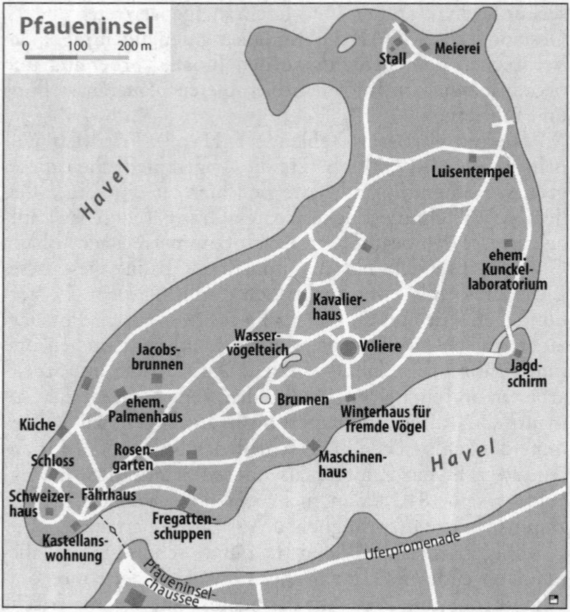

Ein Juwel im ›Preußischen Arkadien‹: die Pfaueninsel

tar des Zoos wurden. Nur die Pfauen blieben. Der Landschaftsgärtner Peter Joseph Lenné schuf auf der Insel Wiesenflächen und Durchblicke zwischen Baumgruppen, pflanzte seltene Bäume wie Zedern und Ginkgos, ließ aber die damals schon jahrhundertealten Eichen stehen. Lennés zerstörter Rosengarten wurde erst in den 1980er Jahren wieder angelegt.

Die Pfaueninsel wurde wegen des Vorkommens seltener Tiere und Pflanzen schon 1924 Naturschutzgebiet, sie ist auch Europäisches Vogelschutzgebiet. Seit 1990 steht sie zusammen mit den Schlössern und Parks von Potsdam/Sanssouci und Glienicke in der Welterbe-Liste der UNESCO.

Schloss Glienicke (Königstraße 36): Prinz Carl (1801–1883, ein Sohn Friedrich Wilhelms III. und jüngerer Bruder Wilhelms IV. ließ 1825 ein ehemaliges von Fürst Hardenberg bewohntes Gutshaus von Karl Friedrich Schinkel und Peter Joseph Lenné erweitern. Leitbild des jungen Prinzen war sein ›italienischer Traum‹, in dem Landschaft, Architektur und Antike vereint sein sollten. Für die Anlage des Gartens ließ sich Lenné von den Landschaftstheorien des berühmten Fürsten und Landschaftsarchitekten Heinrich von Pückler-Muskau anregen.

Der Prinz und seine Gattin nannten ihre Gartentempel und Aussichtspavillons ›Große Neugierde‹ und ›Kleine Neugierde‹ und ließen Schloss und Park mit vielen aus Italien mitgebrachten antiken Fundstücken ausstatten. Vor dem Schloss glänzen auf hohen Säulenpodesten zwei vergoldete Löwenfiguren – als ›Lion‹ und ›Lioness‹ bezeichneten sich der Prinz und seine Gattin.

Das dreiflügelige Schlossgebäude ist in strenger klassizistischer Form gehalten. Schinkel ließ einen Turm beim Schloss hinzufügen (der später noch erhöht wurde) und ein sogenanntes Kavaliershaus (eigentlich ein Stall und Wirtschaftsgebäude). Aufwendige Marmorkamine, edle Hölzer und Möbel des 19. Jh.s schaffen Schloss-Atmosphäre. Im idyllischen Gartenhof steht die sogenannte ›Ildefonso-Gruppe‹, die Schlaf und Tod darstellt, eine Kopie einer antiken Skulptur, hier als melancholische Romantik zu verstehen. Den tempelartigen Portikus des Eingangs schuf Ludwig Persius, ebenso die Orangerie. Um 1850 baute Ferdinand von Arnim den kleinen, stimmungsvollen Klosterhof in byzantinischer Kreuzgangsarchitektur. Langgestreckt über dem Havelufer liegt das Casino, ein Putzbau, den Friedrich Schinkel mit langen Pergolen und einem

Festsaal ausstattete. Zum weitläufigen Park hin stehen das Dampfmaschinen- und das Gärtnerhaus.

Nach dem Tod von Prinz Carl 1883 verkam das Schloss, im 20. Jh. wurde der Bau verschieden fremd genutzt, seit 1980 als Museum für Schinkel-Objekte u. a. aus dem Besitz von Prinz Carl. 2006 eröffnete im Westflügel das Hofgärtnermuseum. Schloss Glienicke wurde 1990 zusammen mit den Potsdamer Schlössern in die Welterbe-Liste der UNESCO aufgenommen.

Von der Schlossmauer hat man einen Blick auf die Glienicker Brücke, die im ›Kalten Krieg‹ wegen häufigen Agentenaustauschs der Großmächte berühmt war.

Süden

Wissenschaft und Kunst in Dahlem, Dorfkirchen, einst ein Flugplatz, Moschee, Hufeisensiedlung

Freie Universität / Henry-Ford-Bau (Garystraße 35–39 und Boltzmannstraße, südlicher Bezirk Steglitz-Zehlendorf): 1948 wurde am 4. Dezember im später abgerissenen Titania-Palast in Steglitz die Freie Universität mit Zustimmung des US-Militärgouverneurs Lucius D. Clay gegründet. Damit bekräftigten die USA ihre Entschlossenheit, Westberlin nicht der Sowjetunion zu überlassen. Nicht nur allein die Gunst der Lage – eingebunden in das Grün einer Villen- und Parklandschaft in Bezirk-Dahlem und gleichzeitig durch das Verkehrsnetz an das Stadtzentrum angebunden – sprach für die Freie Universität. Das ›Berliner Modell‹, die Universitätssatzung, garantierte so viel Selbstverwaltung und studentische Mitsprache wie andernorts erst nach dem studentischen Aufstand 1968.

Nach Nutzung von Gebäuden der Max-Planck-Gesellschaft und der ›Kaiser-Wilhelm-Gesellschaft zur Förderung der Wissenschaft‹ war der 1952–54 errichtete **Henry-Ford-Bau** der erste große Neubau der jungen Universität, eine Stiftung der von Henry Ford II. (1917–1987; 1945–60 Präsident der Ford Motor Company) initiierten Ford Foundation. Franz Heinrich Sobotka und Gustav Müller waren die Architekten des langgestreckten Audimax-Gebäudes, das damals auch das Rektorat und die Bibliothek enthielt. Großzügige Glasflächen und entsprechende Foyers mit weißem Putz und einer kräftigen Fassadengliederung (u. a. eine lange Pfeiler-Reihung vom Boden bis zum Dachgesims) sorgen für Helligkeit wie für Repräsentation.

Vielleicht ist die von Hermann Fehling, Peter Pfankuch und Daniel Gogel 1952 geschaffene **Mensa** (Van't-Hoff-Straße 6) architektonisch noch interessanter, vor allem, seit

1975 die glatte Hauptfassade mit einer halbkreisförmigen Zusatzwand eine starke Dynamik erhielt. In der Vielzahl der Campus-Neubauten ist seither die **geisteswissenschaftliche Bibliothek** (erbaut 2002–05) am meisten gefeiert worden, als ein »Höhepunkt in der Architekturgeschichte der Freien Universität« (Dieter Lenzen, Präsident der FU). Statt des ursprünglich vorgesehenen Einbaus in vorhandene Gebäude entwickelte Norman Foster, Preisträger des Gutachterwettbewerbs 1997, einen freistehenden kompakten Geschossbau mit fünf Ebenen und einer ›kuppelförmigen Hüllfläche‹, die Übergänge zu den Straßen K und L im Campus-Straßennetz.

Museumszentrum Berlin-Dahlem (Lansstraße 8, Arnimallee 25): Der Baukomplex geht in seinen Anfängen in das erste Viertel des 20. Jh.s auf Initiative des Generaldirektors der Berliner Museen, Wilhelm von Bode (1845–1929), zurück. Bruno Paul (1874–1968) entwarf das erste Museumsgebäude 1914/21, in dem zunächst die reiche Asiatische Sammlung ihre Heimat fand. Nach dem Zweiten Weltkrieg waren die Dahlemer Museumsbauten jahrzehntelang Ausweichquartier für Kunstwerke, die durch Kriegszerstörung und Stadtteilung einen neuen Platz finden mussten – wie zum Beispiel die Bilder der Gemäldegalerie, die heute im Kulturforum zu sehen sind.

1969–73 kamen Gebäude im Stil der Neuen Sachlichkeit dazu (Architekten Fritz Bornemann, 1912–2007, und Wils Ebert, 1909–1979). Heute sind hier das Museum für Asiatische Kunst, das Ethnologische Museum und das Museum Europäischer Kulturen untergebracht. Das **Museum für Asiatische Kunst** birgt Artefakte aus China, Japan und Korea sowie Süd-Südost- und Zentralasien, vielfältig und mit kostbaren Objekten. Das **Ethnologische Museum** entstand aus den fürstlichen Kunstkammern des 18. Jh.s und zeigt Kunst von untergegangenen oder vom Aussterben bedrohter Kulturen. Es hat als einziges Völkerkundemuseum Deutschlands eine musikethnologische

Abteilung. Das **Museum Europäischer Kulturen** umfasst 270 000 Objekte und befasst sich mit ›Alltagskunst‹ und Kunsthandwerk des 18.–21. Jh.s. Alle drei Museen waren bei Redaktionsschluss im Umbau begriffen.

Historisch interessant ist der U-Bahnhof Dahlem-Dorf an der Königin-Luise-Straße, nah beim Museums-Areal. Er wurde zum schönsten U-Bahnhof Europas gekürt (1987 in Japan). Er verbindet Dahlems ländliche Tradition – Dahlem war schon vor 800 Jahren ein Ritterhof – mit moderner Verkehrstechnik.

Dorfkirchen Marienfelde (An der Dorfkirche 5) und **Mariendorf** (Alt-Mariendorf 39): In Berlins Stadtgebiet haben sich über 50 Dorfkirchen erhalten. Die jahrhundertealten Ortschaften wurden um 1920 in die ›neue Stadtgemeinde Berlin‹ aufgenommen. Viele dieser Kirchen sind älter als irgendein Gebäude im alten Berlin.

Die Kirche **Alt-Marienfelde** auf dem erhaltenen grünen Dorfanger soll schon um 1230 im Bau gewesen sein, vermutlich war hier der Templerorden tätig. Die Kirche ist aus Feldsteinquadern im romanischen Stil mit Rundbogenfenstern gebaut, der Turm ist wehrhaft in der Breite des Kirchenschiffs angelegt. Im 17. und im 19. Jh. erhielt die Kirche einen neuen Eingang am Turm sowie eine dreiseitige Empore. Im 20. Jh. entdeckte man alte Gräber unter dem Kirchenfundament, eines ist unter einer Glasabdeckung sichtbar.

Die **Dorfkirche von Mariendorf** stammt aus dem 13. Jh. Sie ist aus Feldsteinen und gleichmäßig behauenen Granitquadern gemauert, mit Ergänzungen aus dem späteren Mittelalter. Der barocke Turm-Aufbau mit Kupferhelm ist dem Turm erst im 18. Jh. angefügt worden. Von der halbrunden Apsis über das Chorquadrat und das einschiffige Langhaus steigt der Baukörper bis auf den weiß gestrichenen Turm hinauf an.

Die mittelalterliche **Dorfkirche in Berlin-Zehlendorf** (Clayallee 357, Ecke Potsdamer Straße) ist nach dem Siebenjährigen Krieg als achteckige Barockkirche mit Pyramidendach wiederaufgebaut worden. Hier ist die älteste Glocke Berlins zu hören.

Ehemaliger Flughafen Tempelhof (Platz der Luftbrücke, Tempelhofer Damm): Das weite Areal war zu Kaisers Zeiten dem Militär zu Übungen und Paraden vorbehalten, an Wochenenden den Berlinern als Sport- und Ausflugsziel freigegeben. Otto Lilienthal (*Der Vogelflug als Grundlage der Fliegekunst*) sorgte hier seit 1891 mit seinem Fluggerät für Aufsehen.

In den 1920er Jahren entstanden auf dem Tempelhofer Feld die ersten Anlagen für einen Flughafen. Der Flugverkehr nahm rasch zu, sodass zugleich mit einer Vergrößerung des Flugfeldes ein Neubau des Flughafengebäudes begonnen wurde (Architekt: Ernst Sagebiel, 1892–1970). Geplant im Stil der NS-Variante des Neoklassizismus, das heißt Übersteigerung der Dimensionen besonders in repräsentativen Bereichen, gelang es dem Architekten, die Bauteile geschickt für die Funktionalität in den technischen Bereichen zu nutzen. Erstmals wurden getrennte Ebenen für Ankunft, Abflug, Post- und Frachtverkehr geschaffen und Nebenfunktionen wie Gastronomie, Verwaltungen, Kongress- und Versammlungsräume einbezogen. Diese Organisation der Funktionen war völlig neu und wurde vorbildlich für den modernen Flughafenbau.

Die insgesamt vier Quadratkilometer große Anlage war bis Kriegsausbruch 1939 noch nicht fertiggestellt. 1941 war das Flughafengebäude für die Dauer von zwei Jahren das größte Gebäude der Welt, danach wurde es vom Pentagon in Washington übertroffen. Der zivile Flugverkehr ruhte, in Teilen des Bauwerks wurden Militärflugzeuge montiert. Die Kriegszerstörungen waren nicht erheblich, die beschädigte Haupthalle war schon 1951 wieder instand gesetzt.

Unter der amerikanischen Besatzung Berlins wurde der Bau wieder benutzt. Sein repräsentativer NS-Stil blieb erhalten, nur die zur Haupthalle führende ›Ehrenhalle‹ wurde durch eine Zwischendecke auf bescheidenere Maßstäbe gebracht. Die Ausstattung mit Marmorfußböden in einigen Partien, Naturstein-Muschelkalkfassaden, schweren Pilastern und Kassettendecken blieb erhalten. Die Abfertigungshalle war 100 m lang, die Flugsteige für die damals noch kleineren Flugzeuge überdacht. Die Hallenanlagen bilden ein Halbrund am Rand des Feldes.

Berühmt machte den Flughafen die ›Luftbrücke‹ der US-Administration, die während der sowjetischen Blockade der Zufahrtsstraßen vom 26. Juni 1948 bis zum 12. Mai 1949 die Westberliner Bevölkerung mit allen notwendigsten Lebensmitteln versorgte. Die Transportflugzeuge landeten damals im 90-Sekunden-Takt.

Der Platz vor dem Haupteingang zum Flughafen hieß danach ›Platz der Luftbrücke‹. Das dreistrahlige Denkmal – eine Betonplastik (1951) von Eduard Ludwig, im Berliner Volksmund ›Hungerharke‹ genannt – erinnert auch an die 79 Unfallopfer dieser Zeit. Das Gegenstück steht auf dem Frankfurter Flughafen.

In den 1960er Jahren wurde der Flugverkehr zum Flughafen Tegel verlagert und Tempelhof aufgrund seiner Lage unmittelbar in der Nähe zu den Wohngebieten geschlossen. 1975 für Nahverkehrsflüge wieder geöffnet, blieb der Flughafen Tempelhof seit 2008 endgültig geschlossen.

Die künftige Nutzung ist noch offen. Bürgerinitiativen demonstrierten gegen Kommerzialisierung, das Aktionsbündnis ›be-4-Tempelhof‹ brachte ein Bürgerbegehren zum Erfolg: ›Das Denkmal Flughafen erhalten – als Weltkulturerbe schützen!‹ Die Modemesse ›Bread & Butter‹ findet zweimal jährlich in den Hallen statt, für 2017 ist die ›Internationale Gartenschau‹ angekündigt. Seit Mitte 2010 ist der Tempelhofer Park auf dem ehemaligen Flugfeld täglich offen.

Şehitlik-Moschee (Columbiadamm, beim türkischen Friedhof): Am Columbiadamm, wo im Hintergrund schon 1863 ein türkischer Diplomatenfriedhof angelegt wurde, folgte ein Jahrhundert später der Bau der Şehitlik-Moschee, die 1999 und 2005 erweitert wurde. Für den Komplex Moschee und Kulturzentrum wählte der Architekt Hilmi Şenalp den ›Achtpfeilerplan‹, den Mimar Sinan (1498–1588, einer der bedeutendsten Architekten des osmanischen Reiches) u. a. für die meisterhafte Selemiye-Moschee in Edirne verwendete.

Im Kern eine Stahlkonstruktion, zeigt sich die Haupthalle in schönem Blau-Dekor auf weißem Grund, strahlt festliche Farbigkeit und lichte Weite aus. In der Vielzahl der Bögen und Halbkuppeln glänzt immer wieder Gold, am dichtesten an der Seite des Minbars, des Predigtstuhls, von dem türkisch oder auch arabisch gepredigt wird. In Grün, in der Farbe des Islam, breitet sich der raumfüllende Gebetsteppich. Mit 50 Moscheelampen hat der rund vier Meter hohe Kronleuchter seinen Platz unter der Mitte der Decke.

Die Wandfarben werden noch durch farbige Fenster und Kalligraphie ergänzt, Schriftzüge wie: »Gott ist das Licht über Himmel und Erde« stehen da zum Beispiel und »Der Prophet Allahs sagt: der vollkommenste in seinem Glauben ist der, der seine Frau am freundlichsten und besten behandelt«.

Hufeisensiedlung Britz (UNESCO-Welterbe, Fritz-Reuter-Allee, Hüsung und Umgebung): Das Britzer ›Hufeisen‹ war die erste deutsche Großsiedlung mit mehr als 1000 Wohneinheiten. Von Grünflächen durchzogen, ist sie ein luftiges Wechselspiel von kleinen Einfamilienhäusern und balkon- oder loggienbestückten Wohnblocks. Geschaffen wurde die Mustersiedlung 1925–30 von der ›Gemeinnützigen Heimstätten, Spar- und Bau-Aktiengesellschaft‹ (GEHAG), einer Gründung der Sozialdemokraten und Gewerkschaften. Ihren Erfolg verdankt sie dem Initiator Martin Wagner (1885–1957) und ihrem leitenden Architekten, dem später international berühmten Bruno Taut (1880–1938). Die Siedlung wurde auf ehemaliger Ackerfläche des Gutes Britz errichtet.

Das namengebende Herzstück ist die hufeisenförmig um eine Mulde gereihte Folge von 25 mehrgeschossigen, flachgedeckten Mietshäusern mit Loggien zum Inneren des Hufeisens. Das ist weit genug, um einen Kranz von Mietergärten, eine gemeinsame Grünfläche mit umrandendem Fußweg und einen Teich aufzunehmen. Nach Osten öffnet sich das Hufeisen mit einer schönen Freitreppe.

Der neue Städtebau strebte ein gesundes, den körperlich-geistigen Bedürfnissen der Menschen entsprechendes Wohnen an. Darum wählte man für weite Teile der Siedlung das in Reihen errichtete Einfamilienhaus mit Garten. Hinter der Rundung des Hufeisens bilden die Hausreihen einen rombenförmigen Platz. Nach Norden und Süden ziehen sich strahlenförmig angeordnet Dutzende weiterer Hausreihen, die durch gewollte Unregelmäßigkeiten wie vorspringende Hausgruppen oder Kopfbauten am Ende der Reihe für Lebendigkeit sorgen, obwohl es nur zwei Haustypen für 472 Häuser gibt. Unterschiedliche Farbgebungen mit durchgefärbtem Putz setzen Akzente. Auch die dreigeschossigen, flachgedeckten Wohnblöcke der Randbebauung als Abschluss der Reihenhaus-Straßen fallen oft mit kräftigen Farben auf.

Die sozialreformerische Absicht konnte nur mit Blick auf die Kosten umgesetzt werden. Darum waren Normierungen, Typisierungen und Rationalisierung notwendig. Sogar die Grünanlagen waren seiner Zeit einer Norm unterworfen.

Die 1927–30 einsetzende Wirtschaftskrise beeinträchtigte die Bauetappen längs der Buschkrugallee und Parchimer Allee, die Grundstücke wurden kleiner. In den 1950er und 1960er Jahren wurden Vorgaben, etwa was die Farbwahl anbelangte, öfters vernachlässigt. Der Bestand an originaler Substanz ist aber außergewöhnlich gut, denkmalpflegerische Restaurierungen erfolgten seit den 1980er Jahren. 2008 wurde die Hufeisensiedlung Britz von der UNESCO in das ›Welterbe‹ aufgenommen.

Südosten / Osten

Gedenkstätte Berliner Mauer, Kulturbrauerei, Karl-Marx-Allee / Frankfurter Allee, Oberbaumbrücke, East Side Gallery, Sowjetisches Ehrenmal, Böhmisches Dorf, Schloss Köpenick

Gedenkstätte Berliner Mauer (Bernauer Straße 111–119): Die Gedenkstätte an der Bernauer Straße erinnert an die Berliner Mauer. Zwischen der Kreuzung Garten- und Ackerstraße liegt das Informationszentrum, das Dokumentationszentrum, mit originalen Mauerresten der Grenzanlagen sowie Nachbildungen aus Stahl, und die Kapelle der Versöhnung, die an der von DDR-Grenzpolizisten gesprengten Stelle der neugotischen Versöhnungskirche steht.

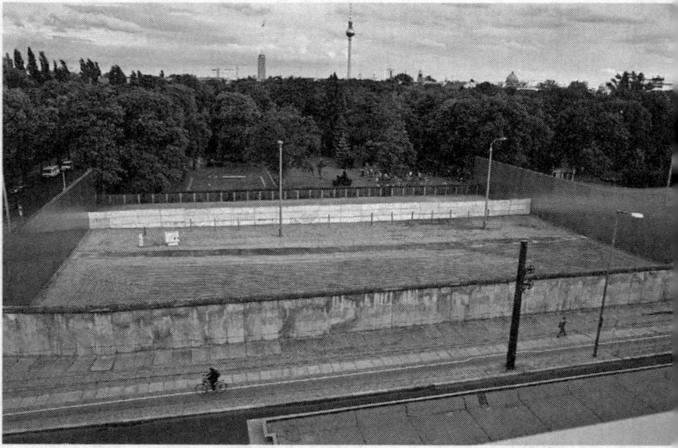

Bernauer Straße: Gedenken an die Berliner Mauer

Hier in der Bernauer Straße verlief die Ostberliner Häuserfront direkt an der Grenze. In den ersten Tagen des Mauerbaus sprangen die Menschen aus den Fenstern ihrer Wohnungen in die Sprungtücher der Westberliner Feuerwehr. Fluchttunnel wurden hier gebaut. Am 10. November 1989 begann hier der Abriss der Mauer.

Gedenkstätten sind auch der 1,3 Kilometer lange Rest der Berliner Mauer namens East Side Gallery an der Mühlenstraße in Friedrichshain, nahe dem Ostbahnhof, und im Nordbahnhof die Ausstellung ›Grenz- und Geisterbahnhöfe‹ im geteilten Berlin. Im Mauerpark an der Eberswalder Straße, bei der Max-Schmeling-Sporthalle, betätigen sich Graffiti-Künstler.

Kulturbrauerei (Schönhauser Allee 36/37, Sredzkistraße 1): Die Kulturbrauerei, ein Klinkerbau mit stolzem Vierkantturm, ist ein großartiges Industriedenkmal vom Ende des 19. Jh.s, stattlich wie eine Burg im neoromanischen Stil errichtet (Architekt: Franz Heinrich Schwechten, 1841–1924). Das vergleichsweise riesige 25 000-Quadratmeter-Gelände wurde für die Schultheiss-Brauerei mit mehreren Höfen und Seitentrakten bebaut, mit ihren Vorratshallen, Lagern, Fässern und Pferdeställen für die Auslieferung der Bierfässer. Die in Berlin gegründete Brauerei entwickelte sich hier von 1853 bis 1967 aus kleinen mittelständischen Anfängen zu einer Aktiengesellschaft und schließlich zur größten Lagerbierbrauerei Deutschlands.

Die Gebäude überstanden den Zweiten Weltkrieg ohne große Schäden, doch die Lage im russisch besetzten Teil Berlins führte zum Ende des Brauereibetriebs und zu fortschreitendem Verfall, obwohl die Architektur 1974 unter Denkmalschutz gestellt wurde. Nach der Wiedervereinigung konzipierte die Stadtverwaltung eine Mischnutzung für kulturelle und kommerzielle Bedürfnisse. Die alte Kantine, das Kesselhaus, das Maschinenhaus, der Gärkeller und andere Gebäude dienen nun als multikulturelles

Zentrum und entwickelten sich zu einer der größten alternativen Kultureinrichtungen Berlins. Ateliers, Galerien, Büros, Studios für Künstler, dazu haben sich auch Einzelhandelsläden und Clubs angesiedelt wie auch alternative Theater.

Das direkt benachbarte Arthouse-Multiplex-Kino und ein Supermarkt sorgen zusätzlich für Belebung. In den Höfen mit den alten Gebäudebezeichnungen finden im Sommer Konzerte statt, im Winter ist der Weihnachtsmarkt beliebt.

Karl-Marx-Allee / Frankfurter Allee: Die Karl-Marx-Allee (von 1949 bis 1961 Stalin-Allee) beginnt am Alexanderplatz, verläuft in östlicher Richtung und setzt sich östlich vom Frankfurter Tor als Frankfurter Allee fort. 1952 begonnen, ist ihre Baugeschichte verbunden mit den Demonstrationen und Protesten der Arbeiter am 17. Juni 1953, die gegen Arbeitsnormerhöhung und Lohnkürzung protestierten. »Diejenigen, die die Stalin-Allee bauen, sollen auch in ihr wohnen!« Als auch andernorts in der DDR das Volk auf die Straße ging, setzten die Sowjettruppen ihre Panzer ein. In Gedenken an diesen Aufstand war der 17. Juni bis 1990 in der Bundesrepublik Feiertag (abgelöst vom Nationalfeiertag am 3. Oktober).

Die Karl-Marx-Allee galt als Vorzeigestraße Ostberlins, gebaut nach Vorbildern der Lomonossow-Universität in Moskau. Zu der in Westberlin beim Wiederaufbau bevorzugten internationalen Moderne wählte man im Osten das deutlich ideologische Gegenstück, das bald im Westen als ›Zuckerbäckerstil‹ bezeichnet wurde. Die anfangs als Arbeiterpaläste bezeichneten Gebäude sind bis zu 13 Stockwerken hoch, prangen mit monumental gegliederten Fassaden eines Spätklassizismus à la Moskau, mit Giebeln, Säulen, Kranzgesimsen und Risaliten. Die Sockelgeschosse wurden meist mit Natursteinen, die oberen Stockwerke mit Kacheln verkleidet. Sie säumen einen 90 m breiten Boulevard, der nicht nur als Ausfallstraße, sondern auch

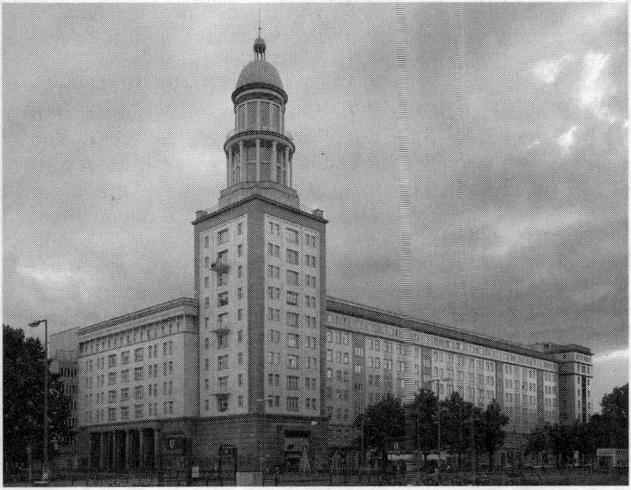

Berlin nach Sowjet-Muster: Frankfurter Allee, einst Stalin-Allee

Aufmärschen des Staates dienen sollte. Am Strausberger Platz deuten 13geschossige Hochhäuser in variiertem Art-déco-Stil eine Torsituation an. Leitender Architekt der Bauten war Hermann Henselmann (1905–1995), der später auch zu den Schöpfern des Fernsehturms gehörte. An den Wohnhäusern wirkten russische Architekten (maßgebend Alexander W. Wlassow) und ein deutsches Konsortium mit, u. a. Egon Hartmann (1919–2009), Richard Paulick (1903–1979) und Hanns Hopp (1890–1971).

Ostwärts schließt die Karl-Marx-Allee mit dem von zwei Kuppeltürmen flankierten Platz Frankfurter Tor ab (Entwurf von Hermann Henselmann in Anlehnung an die Türme des Deutschen und Französischen Doms am Gendarmenmarkt). Nach 1989 wurden die meisten Gebäude aufwendig von privaten Investoren saniert, und sie erfreuen sich bei den Bewohnern großer Beliebtheit.

Oberbaumbrücke (Spreebrücke zwischen Warschauer und Skalitzer Straße): Die Oberbaumbrücke überspannt zwischen Kreuzberg und Friedrichshain die Spree. Von Ferne schon grüßen die rundlichen Türme mit ihren spitzen Hauben (erbaut nach dem Vorbild von Türmen im uckermärkischen Prenzlau und in Kyritz). Zusammen mit den Fensterbogenreihen der überdachten Brücke bezeugen sie die Vorliebe im späten 19. Jh. für den Umgang mit historischen Bauzitaten, neoromanisch – neobarock – neoklassizistisch. Historisch belegt ist eine Zollbrücke schon aus dem 18. Jh., deren Durchlass nachts mit einem starken Stamm geschlossen wurde, nach Osten hin mit dem ›Oberbaum‹. Die Holzbrücke wurde 1894–96 durch eine steinerne Brücke ersetzt, die für Eisenbahnschienen – in der oberen Ebene – wie auch für den Straßenverkehr ausgelegt war. Für Fußgänger wählte man die Form eines mittelalterlichen Kreuzganges.

Im April 1945 sprengten Berlins Verteidiger auf Anordnung des ›Führers‹ das Brückenbauwerk und insbesondere den Mittelteil, um der Sowjetarmee den Vormarsch zu erschweren. In der Besatzungszeit lag die provisorisch instand gesetzte Oberbaumbrücke zwischen der sowjetischen und der US-amerikanischen Zone, 1972 wurde sie von der DDR für den ›kleinen Grenzverkehr‹ geöffnet. 1995 konnte nach einem umstrittenen Wettbewerbsergebnis der Mittelteil nach dem Entwurf des Spaniers Santiago Calatrava in einer sachlich klaren Gestalt wiederhergestellt werden.

Den Kontrast zu dieser Mischarchitektur aus Mittelalter und Moderne bildet seit 1999 ein Stück östlich, nahe der nächsten Brücke, der Elsenbrücke, der *Molecule Man* mit den Füßen in der Spree. Der Amerikaner Jonathan Borofsky will mit seiner 30 m hohen Skulptur dreier aufeinander zugehender Figuren an das Ziel von ›Ganzheit und Einheit‹ erinnern.

East Side Gallery (Mühlenstraße / Friedrichshain): Der 1,3 km lange Rest der fast an der Spree gelegenen Berliner Mauer wurde 1990 zum ersten gesamtdeutschen, doch nicht auf deutsche Künstler beschränkten Kunstprojekt. Auf der Fläche entstand ein politischer Farbenrausch, ein Wettbewerb der Proteste und Hoffnungen, von künstlerisch schlicht bis frappierend hochwertig. Der Denkmalschutz konnte nicht verhindern, dass viele Werke durch Graffiti überdeckt wurden, genauso wenig, dass ein 45 m breites Stück der ›East Side‹-Mauer auf Verlangen der US-Anschütz Entertainment Group zugunsten eines breiten Zugangs von der neuen Veranstaltungshalle O_2World herausgenommen wurde.

Eine erste Sanierung der auf den Beton der Berliner Mauer gemalten und schadhaft gewordenen Bilder unternahm bereits 2000 die ›Künstlerinitiative East Side Gallery e. V.‹. Ein Speziallack macht es nunmehr möglich, Graffiti vom bemalten Beton zu entfernen. Vom Berliner Senat anerkannt als »Teil des Berliner Gesamtkonzepts zur Erinnerung an die Mauer und zum Gedenken an deren Opfer«, konnte die East Gallery 2009 mit einer aufwendigen Zweitsanierung wiederhergestellt werden. Viele Künstler, deren Bilder zugrunde gerichtet waren, wurden eingeladen, sie noch einmal zu malen.

Sowjetisches Ehrenmal (Treptower Park, Zugang über Puschkin-Allee oder Am Treptower Park): Neben der ehemaligen Stalin-Allee und der russischen Botschaft Unter den Linden ist das Treptower Ehrenmal (1946–49) in Berlin das markanteste Zeugnis stalinistischer Kunst. Imposant auf neun Hektar dimensioniert, ist es wohl das größte Ehrenmal des Zweiten Weltkriegs auf deutschem Boden, zugleich eine Grabstätte für 5000–7000 russische Soldaten. Das Ehren- und Mahnmal verkörpert nicht nur die Siegerpose der Eroberer, sondern in erster Linie auch den Triumph über die faschistische NS-Ideologie. Zugleich bringt es die Trauer der Mütter um ihre toten Söhne zum Ausdruck.

Der Architekt Jakow S. Belopolski, der Bildhauer Jewgeni Wutschetitsch, der Maler Alexander A. Gorpenko und die Ingenieurin Sara S. Walenius errichteten auf dem waldumrahmten ehemaligen Spiel- und Sportplatz die wirkungsvoll auf Steigerung konzipierte Anlage. Zwei massige Triumphbögen führen zu der drei Meter hohen Sitzfigur einer trauernden Frau, der ›Mutter Heimat‹. Zugleich öffnet sich die Sichtachse zu dem Hügel in der Ferne, der den Pavillon mit der Figur des Soldaten trägt. Auf halbem Wege stehen übergroße Fahnenskulpturen aus rotem Granit. An 16 weißlichen Sarkophagen zeigen Reliefs Szenen aus der ›Geschichte des vaterländischen Krieges der Sowjetvölker‹, acht mit russischem, acht mit deutschem Text, eingemeißelte Stalin-Zitate in Goldbuchstaben, die das ›heldenhafte Sterben‹ verherrlichen.

Zum runden Pavillon auf dem Rasenhügel mit Aussicht auf das Ehrenmal, der einen mittelalterlichen slawischen Grabhügel darstellen soll, führt eine breite Treppe hinauf. Die Hauptfigur, die zwölf Meter hohe Skulptur eines Sowjetsoldaten auf dem Pavillon, zeigt beispielhaft die Armee als Beschützer und Sieger: Der Rotarmist trägt ein Kind im Arm, mit seinem Stiefel zertritt er ein zerbrechendes Hakenkreuz.

Bei den Verhandlungen zur deutschen Wiedervereinigung verpflichtete sich die Bundesrepublik Deutschland zur unveränderten Erhaltung der sowjetischen Gefallenen-Denkmäler. Neben dem sowjetischen Ehrenmal in Treptow gibt es in Berlin das im Tiergarten und das in der Schönholzer Heide (Pankow); alle drei sind auch Kriegsgräberstätten.

Böhmisches Dorf, Neukölln (Richardstraße/Kirchgasse): Wenig entfernt von Neuköllns Haupt- und Geschäftsmeile, der Karl-Marx-Straße, liegt ein kleiner ruhiger Bezirk mit einem Marktplatz und schmalen Kopfsteinpflaster-Gassen, das Böhmische Dorf. Der Name rührt von einer frühen Immigrantenwelle der Böhmen her, die 1737 auf Einladung des Königs Friedrich Wilhelm I. hier willkommen als tüchtige Handwerker siedelten. Als Protestanten waren sie in ihrer böhmischen, von Wien beherrschten Heimat wegen der Rekatholisierung nicht mehr gelitten. Sie gehörten zur Herrnhuter-Gemeinde und nannten sich Böhmische Brüder. Nikolaus Graf von Zinzendorf (1700–1760) hatte 1722 auf seinem Gut in der Oberlausitz vertriebene Böhmische Brüder aufgenommen. Nach Zinzendorfs Tod nannten sie ihre Kolonie ›Herrnhut‹, fühlten sich selbst unter der »Obhut des Herrn«. Heute gibt es rund 800 000 Herrnhuter, die meisten leben in Afrika.

Bis heute hat sich die evangelische Herrnhuter-Gemeinde gehalten, die nach dem Zweiten Weltkrieg einen neuen Gemeindesaal baute. Lange wurde hier noch Böhmisch gesprochen. Erst 1909 benannte man die Mala Ulicka (= Enge Gasse) in »Kirchgasse« um.

1849 fielen etliche alte Gebäude einem Brand zum Opfer. Erhalten blieben die alte Schule, die noch das Emblem der böhmischen Protestanten, den Kelch, unter dem Giebel trägt, ebenso eine alte Schmiede, deren Einrichtung noch heute für Kunstschmiede und Restaurationsarbeiten benutzt wird. Das angeschlossene alte Wohnhaus ist ein Frauentreffpunkt. Außerdem gibt es den alten Friedhof an der Kirchhofstraße mit Grabsteinen mit tschechischer Sprache und einem Denkmal des ›Soldatenkönigs‹ Friedrich Wilhelm I. mit einem Bronzerelief, das den Zug der Aussiedler aus Böhmen zeigt. Die Bethlehemkirche am Richardplatz aus dem 15. Jh. wurde oft umgestaltet, ihre Gemeinde nennt sich heute evangelisch-böhmisch-lutherisch. An der Richardstraße 35 erinnert eine Gedenkstätte, die anlässlich der Partnerschaft Berlin-Prag 1995 eingeweiht wurde, an den großen Pädagogen Johann Amos Comenius.

Das Dorf Rixdorf wurde 1899 zur Stadt, 1912 in ›Neukölln‹ umbenannt und 1920 als Bezirk in Berlin eingemeindet.

Schloss Köpenick (Schlossinsel 1): Noch heute ist das Rathaus Köpenick mit dem stattlichen, typisch märkischen Stufengiebel zu besuchen, das Wilhelm Voigt, der ›Hauptmann von Köpenick‹, im Frühjahr 1906 dank seines Offiziersmantels mit zehn Soldaten okkupierte, um sich die Kasse herausgeben zu lassen. Dieses Thema griff Carl Zuckmayer 1931 in seinem Theaterstück mit Witz und Monarchiekritik auf. An der Militärhörigkeit ihrer Untertanen und kaiserlicher Selbstüberschätzung war die Hohenzollernherrschaft gut ein Jahrzehnt zuvor gerade zugrunde gegangen.

Das idyllisch gelegene barocke Wasserschloss Köpenick liegt auf einer Insel im Flüsschen Dahme, kurz bevor es in die Spree fließt.

Reste einer Burg reichen ins 9. Jh. zurück, um 1558 ließ Kurfürst Joachim II. ein Jagdschloss im Stil der Renaissance bauen. An gleicher Stelle ließ der Große Kurfürst 1677–90 für seinen Sohn Friedrich, den späteren ersten König der Hohenzollern, das dreigeschossige Wasserschloss (Architekt: Rutger van Langervelt) errichten. Die barocke Schlosskapelle aus der gleichen Zeit entwarf Johann Arnold Nering, ebenso den Torbau aus Sandstein am Zugang vom Festland. Das um einen rechteckigen Innenhof angelegte Schloss zeigt eine klare Fassadenstruktur mit Rundgiebel über dreiachsigem Mittelrisalit mit Balkon im ersten Stock. Eine Parklandschaft mit reichem Baumgrün umgibt das Schloss. Der Barockgarten wurde nach 1800 zum Englischen Garten umgestaltet.

Im 19. Jh. hatten die Hohenzollern kein Interesse mehr an Schloss Köpenick. Die Gebäude wurden als Gefängnis für politische Gefangene genutzt, als Lehrerseminar, im 20. Jh. als Studentenwohnheim. Zu DDR-Zeiten wurde 1963 hier ein Museum für Kunsthandwerk eingerichtet.

Heute überrascht im Inneren die Ausstattung mit bemalten Plafond-Ecken, barockem Stuck, Täfelung mit mehreren Holzarten, vor allem aber der Wappensaal (vom Tessiner Giovanni Caroveri). In den 1990er Jahren aufwendig saniert, ist das Schloss eine Dependance des Kunstgewerbemuseums am Berliner Kulturforum.

Norden – Wende, Historisches, Neuaufbau

Die Pyramide, Jüdischer Friedhof Weißensee, Schloss Schönhausen, AEG-Turbinenhalle Moabit, IBA 1984 Tegel, Humboldt-Schlösschen Tegel und Park

Die Pyramide (Landsberger Allee, Ecke Rhinstraße): Nirgendwo hat der DDR-Staat so viele Plattenbauwohnungen bauen lassen wie hier in Marzahn-Hellersdorf, den beiden Stadtteilen, die zu einem Bezirk am Ostrand Berlins zusammengelegt wurden. Kommt man vom Prenzlauer Berg auf der vierspurigen Landsberger Allee (früher: Lenin-Allee) hinüber nach Lichtenberg und Marzahn, findet man sich unversehens inmitten eines steppenartigen Entwicklungsgeländes, aus dem sich zwischen Wildwuchs und Buschwerk die weißen Silhouetten der Wohnquartiere hervorheben wie eine lichte Rundum-›Fata Morgana‹.

Die elfstöckigen Plattenbauten sollen zu Terrassenhäusern umgebaut werden, damit die Hochhauslandschaft im Märkischen Viertel oder in Marzahn abwechslungsreicher wird. Statt der Industrien, die im Zeichen der ›Treuhand‹-Behörde wegbrachen, geben nun Tausende von kleinen Gewerbe-Unternehmen Arbeitsplätze. Errichtet wurde das ›East Gate‹-Einkaufscenter für den täglichen Bedarf, die ›Gärten der Welt‹ zum Staunen ziehen rund 500 000 Besucher jährlich an.

Als Signal für die Entwicklung Ostberlins wurde ›die Pyramide‹ der Fundus-Gruppe aus Düren 1995 fertiggestellt (Architektin: Regina Sehuh, Abschlussarbeiten Büro Tatic). Zwei schlanke, 106 m hohe Türme lassen einen gläsernen Keil zwischen sich aufsteigen, die ›Pyramide‹. Sie ist zugleich ein übergroßer Chronometer. An den höchsten Stockwerken der Westseite zeigen grüne Lichtleisten Stunden und Minuten an. Dazu geben blaue Lichtleisten an der Glaspyramide Nordfassade die Sekunden an, zu jeder Sekunde leuchtet eine Lampe mehr auf, die Spitze des Glaskeils sendet zu jeder vollen Minute einen Lichtblitz aus. Eigentümer wurde nach einem Wechsel 2006 die britische Comer Group International.

Jüdischer Friedhof Weißensee (Herbert-Baum-Straße 45, von Berlin-Mitte über Greifswalder und Berliner Allee zu erreichen): Jüdische Gräber werden nicht nach Jahrzehnten neu belegt, sie sind zeitlos – und umso mehr Raum brauchen jüdische Friedhöfe. Der Friedhof Weißensee umfasst 42 Hektar und ist der größte jüdische Friedhof Europas. Seit 1889 sind hier 115 000 Tote bestattet worden. Während der NS-Diktatur und ihrer Juden-Verfolgung wurden hier keine Gräber geschändet, allerdings 4000 Gräber durch den Krieg beschädigt oder zerstört. Die Ostberliner DDR-Stadtverwaltung erkannte den jüdischen Friedhof erst 1977 als ›Denkmal der Kulturgeschichte‹ an.

Die hohe Anzahl der Gräber deutet auf große jüdische Gemeinden hin, die Ende des 19. Jh.s in Berlin etwa 60 000 Mitglieder zählten. Mangels Platz auf anderen, älteren jüdischen Friedhöfen – wie dem 1827 gegründeten an der Schönhauser Allee, neuerdings mit Lapidarium – erwarb die jüdische Gemeinde ein großes Gelände nördlich des heutigen Volksparks Prenzlauer Berg. Hugo Licht (1841–1921) gestaltete um 1880 die zweigeschossigen Bauten mit flachem Dach um den Eingang. Die quadratische Trauerhalle erhielt eine halbrunde Apsis und einen achteckigen Tambour, sie überragt die anderen Gebäude. Dazu kam ein Holocaust-Gedenkstein mit einem Rondell-Kranz von Steinen, die jeden an ein Konzentrationslager erinnern.

Entgegen dem jüdischen Brauch, unabhängig vom Vermögen auf den Gräbern nur gleichmäßig schlichte Steine zu setzen, verweisen hier in großer Zahl opulente Marmortafeln und Mausoleen auf wohlhabende Familien. Einfacher sind die meisten Grabstellen der Zuwanderer aus Russland aus jüngster Zeit, oft mit der kyrillischen Schrift.

Hugo Licht legte ein gitterförmiges Raster nummerierter Rechtecke, Dreiecke und Trapeze für 120 Grabfelder an. Begraben sind hier unter anderen Samuel Fischer, Gründer des S. Fischer Verlags, der Zeitungsverleger Rudolf Mosse und der Maler Lesser Ury.

Schloss Schönhausen (Berlin-Niederschönhausen, Tschaikowskistraße 1): Als einziges Berliner Schloss hat Schloss Schönhausen den Zweiten Weltkrieg unbeschädigt überdauert. Grundmauern des Schlosses gehen noch auf die erste Bauherrin, die ostpreußische Gräfin Dohna-Schlobitten im 17. Jh., zurück. 1691 erwarb es Kurfürst Friedrich III., nachmaliger König, und ließ es in ein siebenachsiges und zweigeschossiges Gebäude mit Mansarddach umbauen. Überliefert davon ist am heutigen Bau

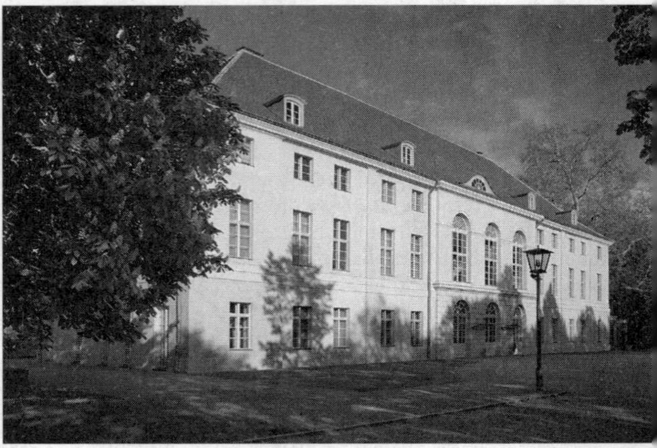

Schloss Schönhausen, die schlichte Fassade verbirgt das prächtige Innenleben

noch ein halbrunder figurengezierter Giebel über dem Mittelrisalit zur Gartenseite.

1704 erhielt das Schloss ein Satteldach, ein Kanal wurde als Verbindung zum Schloss Charlottenburg (über Panke und Spree) angelegt, ebenso barocke Gartenanlagen – Kanal und Schlossgarten sind heute nicht mehr vorhanden. 1740 teilte Friedrich II. seiner widerwillig geheirateten Gemahlin Königin Elisabeth Christine das Schloss als Wohnsitz zu, wo sie eine kleine Hofhaltung unter annehmbaren Bedingungen hatte. Nach 1762, also noch im Siebenjährigen Krieg – russische Truppen hatten in ihrer Abwesenheit das Schloss verwüstet –, wurde weiter umgebaut. Der holländische Architekt Johann Boumann (1706–1776) erhöhte die Seitenflügel und glich sie so dem Haupt- und Mitteltrakt an. Zugleich versetzte er dessen Front nach vorn, um Platz für das ausgreifende, barocke Treppenhaus zu gewinnen. Der barocke Garten wurde um ein landschaftlich gestaltetes Areal am Ufer der Panke ergänzt.

Als nach dem Tod von Elisabeth Christine 1797 das Schloss nicht mehr dauerhaft bewohnt wurde, gestaltete Peter Joseph Lenné (1789–1866) den Garten zu einem englischen Landschaftspark. Während des Kaiserreichs wurde das Schloss als Kunst- und Möbelmagazin genutzt. Nach dem Ende der Monarchie gelangte es in preußischen Staatsbesitz. Im Dritten Reich wurde hier sogenannte ›Entartete Kunst‹ eingelagert, zudem fanden hier Ausstellungen von Künstlern, die das Regime schätzte, statt. 1945–49 im Besitz der Sowjetischen Besatzung, wurde Schloss Schönhausen Amtssitz des Präsidenten der DDR Wilhelm Pieck. Um- und Einbauten erfolgten, eine hohe Mauer wurde um Schloss und Park gezogen. Die Räume Wilhelm Piecks sind heute noch zu besichtigen.

Nach einer Zwischenzeit als Staatsratsgebäude wurde hier das Gästehaus der Regierung der DDR eingerichtet. Einer der letzten Gäste war Michail Gorbatschow im Oktober 1989.

2005 übernahm die Stiftung ›Preußische Schlösser und Gärten Berlin-Brandenburg‹ das Schloss. Es folgten umfangreiche Sanierungen, das Erdgeschoss wurde mit Möbeln und Tapeten aus der Zeit der Königin eingerichtet, auch mit Porträts der Hofdamen. Das Glanzstück ist der Festsaal mit vollständigem Rokoko-Interieur. Im ersten Stock ist eine Sammlung des Fürsten Alexander von Dohna, aus der Familie der ersten Schlossherrin, ausgestellt. In Voraussicht hatte Alexander von Dohna sie schon 1944 aus Ostpreußen nach Westdeutschland ausgelagert. 2009 konnte Schönhausen eröffnet werden.

Turbinenhalle der AEG (Huttenstraße 12–19): Die 1908/09 erbaute AEG Turbinenfabrikhalle gilt als Musterbeispiel einer neuen Industriekultur am Anfang des 20. Jh.s. In Moabit zwischen dem Westhafen und dem Spreebogen mit den Gebäuden der Fraunhofer Gesellschaft gelegen, ist sie auch nur ein Beispiel von vielen Industrieanlagen, die um die Wende um 1900 aus dem alten Stadtkern drängten, wo kein Wohnraum für Tausende von neuen Arbeitern zur Verfügung stand. Die Borsig-Werke zogen 1898 nach Tegel, Siemens 1898 nach Siemensstadt, Loewe & Co. mit seiner Waffenfabrik in Ringbahnnähe in die Huttenstraße, benachbart der AEG-Turbinenhalle.

Für den Entwurf der AEG Fabrikhalle arbeitete als ›künstlerischer Beirat‹ einer der kreativsten deutschen Architekten, der aus Hamburg gebürtige Peter Behrens (1868–1940). Behrens begann als Maler, wurde Mitglied der Darmstädter Künstlerkolonie, Architekt (Haus Behrens in Darmstadt, 1901) und Designer.

Behrens setzte dem Historismus in der Industriearchitektur ein Ende und verwendete als Baumaterial großenteils Eisen und Glas. Über einem Mittelrisalit aus Glas und Stahl und seitlich leicht zurückspringendem, horizontal gegliedertem Mauerwerk ist der Giebel polygonal gestaltet. Die 123 m lange Fabrikhalle erhält Tageslicht durch die vertikalen Fensterbänder. Dank der freien inne-

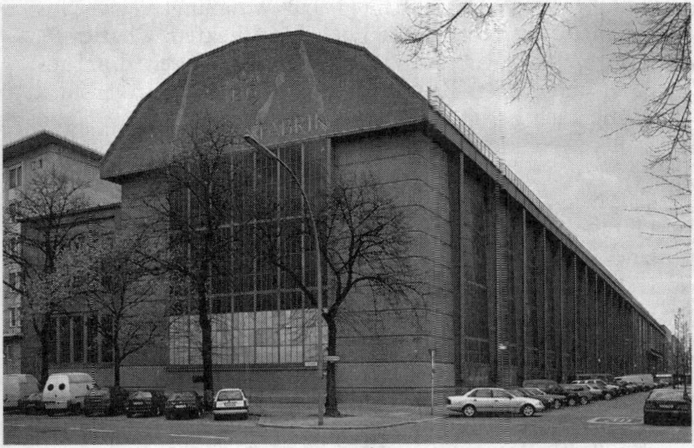

Moderne vor hundert Jahren: Turbinenhalle von Peter Behrens

ren Hallenweite von rund 25 m, ermöglicht durch freiliegende Eisenträger und Stahlstützen, konnten entsprechend große Krane für die Fertigung eingebaut werden.

IBA-Bauten am Tegeler Hafen (Bezirksamt Reinickendorf, Eichborndamm 215–239): Nach dem Erfolg der ersten **Internationalen Bauausstellung** von 1957 veranstaltete die Berliner Stadtverwaltung 1984 eine zweite, mit drei Zielen: erstens zur Rehabilitation der historischen Stadt, zweitens zur kritischen Rekonstruktion im Neubau-Bereich und drittens zur ›behutsamen Stadterneuerung‹ noch erhaltener Altbauten-Bestände.

Der Tegeler Hafen ist eines der geglückten Beispiele für die Umwandlung einer Industrielandschaft mit Hafen und Eisenbahnanschluss, nahe bei Alt-Tegel, dem 1322 gegründeten Straßendorf. In das kaum mehr genutzte Hafenbecken setzte man eine Insel und baute rundum unter

Bewahrung letzter Altbauten 350 Wohnungen, zwei bis maximal acht Stockwerke hoch (Architekten: Charles W. Moore, John Ruble und Buzz Yudell). Ihren durchaus unterschiedlichen Bauten ist postmodernes Formenspiel, häufig auch Farbigkeit und Gartengrün gemeinsam. Zehn weitere Architekten wurden in Zusammenarbeit mit den Preisträgern bei der Realisierung 1984–88 zu Rate gezogen. Nach dem Entwurf von Charles W. Moore wurde die Humboldt-Bibliothek mit dreischiffiger Halle und einem langgestreckten Tonnengewölbe errichtet. Das Humboldt-Denkmal vor der Bibliothek (Detlev Kraft, 1997) zeigt beide Brüder, Wilhelm und Alexander Humboldt, zusammen auf dem Podest.

Mit dem modernen innerstädtischen Wohnviertel gewann Tegel zugleich eine attraktive Verbindung des heutigen Ortskerns mit dem Tegeler See, mit der Dampferanlegestelle und der Greenwichpromenade. Auch das Humboldtschlösschen ist in Fußgängernähe.

Humboldt-Schloss, Tegel (Adelheidallee 19): Nicht direkt an der reizvollen Wasserlandschaft von Tegeler Fließ und Tegeler See, doch nah dem Fließ und nah dem heutigen waldgrünen Landschaftsschutzgebiet Tegel hatte sich um 1558 ein preußischer Hofsekretär ein Herrenhaus im zeitgenössischen Renaissancestil bauen lassen. Auch Kurfürst Joachim II. soll hier gern auf Jagd gegangen sein. Umbauten und wechselnde Besitzer folgten. 1766 heiratete der preußische Kammerherr Alexander Georg von Humboldt (1720–1779) die verwitwete Frau Marie Elisabeth (1741–1796) und zog mit ihr in das Gut Tegel.

Wenig später wurden zwei Söhne geboren. Bis heute gelten sie als zwei der größten Preußen, weil sie lebenslang kreativ als Forscher (dies voran Alexander) und Gestalter gerechter staatlicher und sozialer Entwicklung (voran Wilhelm) aktiv waren. Alexander (1769–1859) reiste als Naturforscher auch unter schwierigsten Umständen unermüdlich, vor allem in Süd- und Mittelamerika, und Wilhelm (1767–1835), der sich in Paris, Rom und Wien auskannte, erforschte Sprachen und rief in Berlin eine Universität ins Leben. Die war die erste in Berlin und heißt nun seit mehr als einem halben Jahrhundert ›Humboldt Universität‹. Seit 1805 war Alexander Mitglied der Berliner Akademie der Wissenschaften, lebte dann bis 1827 meist in Paris. Seine Reisen hat er bis 1834 in 30 Bänden aufgezeichnet, Hauptwerke sind die *Ideen zu einer Geographie der Pflanzen* und die *Ansichten der Natur.* Wilhelm von Humboldt, Gelehrter und Staatsmann, leitete 1809 das preußische Kultus- und Unterrichtswesen, wurde 1810 preußischer Gesandter in Wien und ging dann als Gesandter nach London. Seit 1819 arbeitete er als sprachwissenschaftlicher Privatgelehrter im Tegeler Schloss.

Wilhelm von Humboldt und seine Frau Caroline ließen das Haus in Tegel durch den damals bereits zum Gehei-

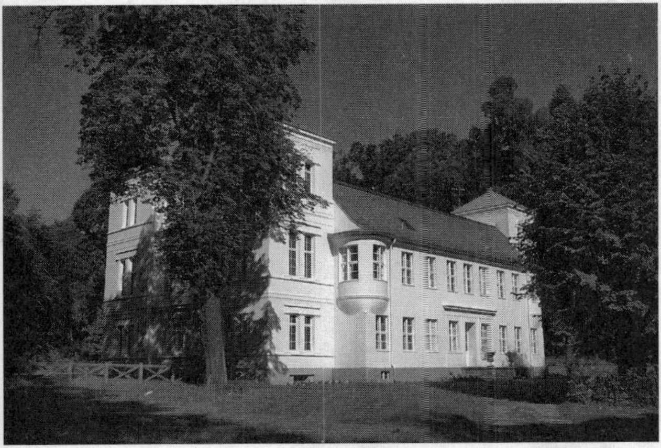

Humboldt-Schloss, Tegel, der heute noch bewohnte Familiensitz

men Oberbaurat avancierten Karl Friedrich Schinkel neu errichten. Das Tegel-Schloss der Humboldts (1820–24) zählt zu den hochrangigen frühen Bauwerken Schinkels. Der vierflügelige Gebäudekomplex mit flachgedeckten Ecktürmen zeigt die Charakteristika des Klassizismus und bietet ebenso schöne Anblicke wie Ausblicke. In der inneren Raumordnung wurde er gemäß den Wünschen von Wilhelm Humboldt dessen Marmorkopien und Gipsabgüssen antiker Skulpturen gerecht. Daniel Rauchs Reliefs an den oberen Turmgeschossen wurden nach dem Athener ›Turm der Winde‹ geschaffen.

Das Humboldt-Schlösschen ist immer noch im Besitz der Familie, samt dem Park und der bald zwei Jahrhunderte alten Lindenallee. In der Familiengrabstätte steht eine von Christian Ludwig Tieck geschaffene Kopie der Skulptur von Bertel Thorvaldsen (1770–1844), die *Spes* (Hoffnung). Thorvaldsens Marmorausführung war nach 1945 samt anderen Marmorskulpturen, Büchern, Möbeln und Archiv von der sowjetischen Besatzung beschlagnahmt worden und konnte erst 1990 wieder in Tegel aufgestellt werden.

Museen*

Abgusssammlung antiker Plastik (Schlossstraße 69b, Charlottenburg): Als Teil des Instituts für Klassische Archäologie der Freien Universität Berlin wendet sich die Skulpturen-Sammlung an Studenten und Dozenten, darüber hinaus auch an alle einschlägig Interessierten. Die antike Welt erschließt sich hier bis in die frühen Jahrtausende. Die elegant schlichten Skulpturen von den Kykladen, den Inseln der Ägäis, stammen aus dem 3. Jahrtausend v. Chr. Der Hauptteil der Sammlung zeigt Funde von der minoischen Kunst über geometrische und archaische Zeugnisse bis zur griechischen Klassik und zum Hellenismus, darüber hinaus finden sich Werke aus dem Römischen Imperium und Byzanz, aus Mesopotamien und Ägypten. (www.abguss-sammlung-berlin.de)

Ägyptisches Museum und Papyrussammlung* (im ›Neuen Museum‹ auf der Museumsinsel): Auf Rat von Alexander von Humboldt ließ König Friedrich Wilhelm III. ägyptische Kunst in Berlin präsentieren, ab 1850 im neu eröffneten ›Neuen Museum‹. Nach dem Zweiten Weltkrieg wurde die reiche Ägyptische Sammlung in das Ägyptische Museum im Schloss Charlottenburg und im Bode-Museum aufgeteilt. Nach der Wende nahm das ›Alte Museum‹ als temporäre Zwischenstation die Sammlung auf. Erst die Rekonstruktion des ›Neuen Museums‹ brachte die Sammlungen 2009/10 wieder unter einem dauerhaft gemeinsamen Dach zusammen. Die Zeugnisse altägyptischer Kultur vom 3. Jahrtausend v. Chr. bis zur Ära der römischen Herrschaft werden hier dargeboten: Statuen, Reliefs und die zumindest zum Teil wunderbar vollkommen erhaltenen Wandgemälde aus den Grabkammern der Pyramiden. Noch immer fehlt es an Raum für die Prä-

* Sternchen (*) verweisen auf Architektur, die auch im Hauptteil vorgestellt wird.

sentation des Kalabscha-Tors und des Satures-Tempelhofs. Dagegen vermitteln andere Beispiele der Monumentalarchitektur eindrucksvoll Altägyptens Selbstdarstellung. Gemalte Porträts und Porträtskulpturen der Pharaonen-Familien und ihres Hofes zeigen das ›Menschenbild‹ – mit dem Meisterwerk der ›Nofretete-Büste‹, der Königin der Amarna-Zeit (14. Jh. v. Chr.), als weltberühmtem Höhepunkt. (www.smpk.de)

Alliiertenmuseum (Clayallee 135, im ehemaligen *Outpost Theater und Kino*): Sie kamen als Sieger und gingen als Freunde – unter diesem Vorzeichen erinnern die westlichen Siegermächte des Zweiten Weltkriegs, Amerikaner, Briten und Franzosen, an ihre fast fünfzig Jahre währende Präsenz in Berlin, von 1945 bis 1994. Fotos, Dokumente sowie Audio- und Videoprogramme berichten über die Geschichte des ›Kalten Kriegs‹. Im Freigelände stehen ein britisches Transportflugzeug und ein französischer Eisenbahnwaggon. (www.alliiertenmuseum.de)

Alte Nationalgalerie* (Bodestraße 1–3, Museumsinsel): Berlin ist reich an Malerei des 19. und 20. Jh.s. Als eine der fünf musealen Säulen (dazu zählen die Neue Nationalgalerie, das Museum Berggruen, der Hamburger Bahnhof / Museum für Gegenwart und die Friedrichswerdersche Kirche) zeigt die Alte Nationalgalerie eine der schönsten Sammlungen der Kunst des 19. und frühen 20. Jh.s von der Französischen Revolution bis zum Ersten Weltkrieg. Hauptwerke aus der Goethezeit stammen von Jakob Philipp Hackert, Anton Graff und den römischen ›Nazarenern‹, aus der Romantik von Caspar David Friedrich, Karl Blechen und Carl Rottmann. Das Berliner Biedermeier ist mit Eduard Gärtner und Johann Erdmann Hummel vertreten, der Impressionismus mit Claude Monet, Auguste Renoir und Edgar Degas sowie Skulpturen von Auguste Rodin. Zu sehen sind die Hauptwerke von Adolph Menzel und die Meister des späteren 19. Jh.s, von Anselm Feuerbach und Hans Thoma bis zu Arnold Böcklin, Wilhelm

Leibl und Max Liebermann, außerdem Skulpturen wie Johann Gottfried Schadows Prinzessinnengruppe, Werke von Bertel Thorvaldsen, Antonio Canova, Reinhold Begas, Adolf von Hildebrand und Constantin Meunier. Weitere Werke von Karl Friedrich Schinkel finden sich in der Friedrichswerderschen Kirche. (www.smpk.de)

Altes Museum* (Am Lustgarten): Seit Ende der 1990er Jahre sind die Kunstwerke der Griechen und Römer, mit denen 1830 Berlins Museumsgeschichte begann, wieder an ihren ursprünglichen Platz zurückgekehrt. Steinskulpturen und eine große Zahl hervorragend schöner Figuren aus Bronze und Ton, Goldschmuck und silbernes Gerät sind zumeist griechischer Herkunft. Das Römische Reich ist mit Cäsarenporträts, reichgeschmückten Sarkophagen und Fresken vertreten. Informationsinseln informieren über antike Stadtkultur, hellenische Mythen und die Grabungsorte der Berliner Museen. Vom Nil sind römisch-ägyptische Mumienbildnisse ausgestellt. Die Präsentation der Kunst der Etrusker, als Herzstück der Sammlung gerühmt, steht noch aus. (www.smpk.de)

Anna-Seghers-Gedenkstätte (Anna-Seghers-Straße 81, 12489 Berlin): 1947 kehrte die Schriftstellerin Anna Seghers (1900–1983) nach 14jährigem Exil in Frankreich, später in Mexiko nach Berlin zurück. Seit 1955 lebte sie mit ihrem Mann Laszlo Radvanyi in der Volkswohlstraße 81 in Adlershof (später umbenannt in Anna-Seghers-Straße) im dritten Stock eines Mietshauses mit »kleinwinzigem Balkon«. Auch als Präsidentin des Schriftstellerverbandes wollte sie nicht in eine Repräsentationsvilla in Niederschönhausen umziehen.

Ihren literarischen Nachlass vermachte sie testamentarisch der Akademie der Künste. Die Wohnung wurde zur Gedenkstätte. Sie enthält noch das authentische Mobiliar, Reisesouvenirs aus vielen Ländern, vor allem aber ihre Bibliothek mit annähernd 10000 Titeln, darunter viele wertvolle antiquarische Bände. Ihre eigenen Werke (am bekanntesten: *Das siebte Kreuz*, 1942), die vielen Verlagsexemplare sowie die ausländischen Ausgaben bezeugen ein langes Autorenleben. (www.anna-seghers-gedenkstätte-berlin.de)

Anne-Frank-Zentrum (Rosenthaler Straße 30, 10178 Berlin): Benachbart den Hackeschen Höfen, zeigt das 1998 gegründete Zentrum im ›Haus Schwarzenberg‹ in der Ausstellung »Anne Frank. Hier & heute« mit Fotos und Textdokumenten das Leben der jungen deutschen Jüdin (1929–1945): die Geburt in Frankfurt und die Flucht mit ihrer Familie in die Niederlande, das Versteck in der Prinsengracht in Amsterdam, den Verrat an die Deutschen, den Transport ins Konzentrationslager bis zum Tod im KZ Bergen-Belsen durch Erschöpfung und Krankheit kurz vor Kriegsende. Interviews u. a. mit ihrem Vater und ihrer Schulfreundin geben authentische Einblicke in die Zeit. (www.annefrank.de)

Das ›Haus Schwarzenberg‹ beherbergt auch das Museum ›Blindenwerkstatt Otto Weidt‹, die in der Hitler-Zeit Juden Zuflucht gewährte.

Antikensammlung (SMB)* → Altes Museum.

Anti-Kriegs-Museum (Brüsseler Straße 21, Wedding): Das 1925 vom Pazifisten und Schauspieler Ernst Friedrich gegründete, 1933 von den Nazis zerstörte, 1982 erneuerte Museum zeigt den Wahnsinn des Krieges mit Dokumenten des Greuels bis zu Nippes und sentimentalem Kitsch, mit Fotoausstellungen, Dias und Filmen, in der *Peace Gallery* auch mit Kunstausstellungen. Im Keller lässt der Luftschutzkeller des Zweiten Weltkriegs die beklemmende Not des Alltags erahnen.
(www.anti-kriegs-museum.de)

Bauhaus-Archiv und Museum für Gestaltung* (Klingelhöfer Straße 14, Tiergarten): Die ständige Ausstellung »Die Sammlung Bauhaus. Originale der Klassischen Moderne« ist der beste Ort, um die Design-Schöpfungen der ersten Bauhaus-Künstler kennenzulernen: Walter Gropius, Johannes Itten, Paul Klee, Lyonel Feininger, Wassily

Kandinsky, Josef Albers, Oskar Schlemmer, Laszlo Moholy-Nagy und Ludwig Mies van der Rohe, die in den Bereichen Architektur, Möbel, Keramik, Metall, Fotografie und Bühne bahnbrechend tätig waren. (www.bauhaus.de/museum/)

Berggruen-Museum* (Schlossstraße 1, 14059 Berlin): Die Dauerausstellung »Picasso und seine Zeit« stellt Pablo Picasso mit rund 100 Gemälden, Skulpturen und Zeichnungen aus allen Epochen seines immensen Werkes in den Mittelpunkt. Paul Klee ist in der Sammlung Berggruen mit mehr als 60 kleinformatigen, fragilen Werken vertreten. Mehr als 20 Werke von Henri Matisse und Werke von Alberto Giacometti dokumentieren den südeuropäischen und schweizerischen Raum als die bevorzugte künstlerische Region des Sammlers Heinz Berggruen. Daneben finden sich auch andere Vertreter der klassischen Moderne, ihrer Vorläufer und Wegbereiter, wie Werke von Vincent van Gogh und Paul Cézanne, Georges Braque und Henri Matisse, außerdem afrikanische Skulpturen. (www.museum.berggruen.de)

Berlinische Galerie* (Alte Jakobstraße 124–128, Kreuzberg): Die Sammlung bietet einen Überblick über Kunst, die seit der Zeit um 1870 in Berlin entstanden ist. Von lokaler und internationaler Bedeutung sind unter anderem die Werke der Berliner Secessionisten, voran Max Liebermann und Lovis Corinth, weiter Werke der Dadaismus-Künstler, Meisterwerke des Expressionismus (Otto Dix, George Grosz, und Hannah Höch) und der ›Neuen Sachlichkeit‹. Nach dem Zweiten Weltkrieg experimentierten Wolf Vostell, Ursula Sax, die Jungen Wilden und Georg Baselitz mit neuen, oft kruden oder auch ekstatischen Ausdrucksformen. Die Sammlung umfasst außerdem rund 15000 Werke in der Graphischen Sammlung, Architekturmodelle und eine große Fotosammlung. (www.berlinischegalerie.de)

Bode-Museum* (Am Kupfergraben / Monbijou-Brücke): Seit der Wiedereröffnung 2006 beherbergt das Bode-Museum eine umfassende Skulpturensammlung, byzantinische Kunst sowie eine der größten Münzsammlungen der Welt. Die **Skulpturensammlung** gehört zu den größten in Deutschland und zeigt Werke vom 12./13. Jh. bis zum 19. Jh., bis zum Rokoko und zum Frühklassizismus. Besonders reich sind die Meister des späten Mittelalters vertreten, Tilman Riemenschneider, Niclaus Gerhaert von Leyden, Hans Leinberger. Das Zentrum der Sammlung bildet die Kunst Italiens, voran die italienische Frührenaissance mit Luca della Robbia, Donatello, Mino da Fiesole.

Eine in Deutschland einzigartige Sammlung ist das **Byzantinische Museum** mit Kunst und Kunsthandwerk aus allen zwölf Jahrhunderten des byzantinischen Reiches. Geographisch stammen die Objekte aus Nordafrika wie aus Russland und den Zentren Istanbul und Rom samt allen Mittelmeerländern. Sarkophage und Sarkophagfragmente zeigen frühe christliche Bilder- und Symbolwelt, Elfenbeinschnitzereien und Mosaikikonen zeugen vom Rang byzantinischer Hofkunst. Vor allem aus Ägypten geben Alltagsgegenstände Einblick in das tägliche Leben (s. S. 248, Neues Museum). (www.smb.museum)

Mit über einer halben Million Münzen zählt die **Münzsammlung** zu den größten weltweit, deren Grundstock bereits im 16. Jh. die brandenburgischen Kurfürsten legten. Im zweiten Obergeschoss sind 4000 Münzen und Medaillen ausgestellt, im Untergeschoss findet sich eine numismatische Bibliothek.

Brecht-Weigel-Gedenkstätte* (IF1; Chausseestraße 125): Die Berliner Wohn- und Arbeitsstätte von Bertolt Brecht und seiner Frau Helene Weigel gibt Einblick in die Lebens- und Arbeitswelt des Dramatikers und der Schauspielerin (s. S. 115). (www.adk.de/de/archiv/gedenkstaetten/gedenkstaetten-brecht-weigel.htm)

Bröhan-Museum* (Schlossstraße, Charlottenburg): Der

Kaufmann und Kunstsammler Karl H. Bröhan (1921–2000) schenkte 1981 seine opulent gewachsene Sammlung von Werken des Jugendstils und des Art déco dem Land Berlin. 1983 öffnete das Museum in der Schlossstraße und avancierte zur besten Adresse für Kunsthandwerk und Bildende Kunst aus der Zeit von der Abkehr vom Neobarock und Neoklassizismus bis zum Ende der 1920er Jahre. Die Maler der Berliner Secession (Max Liebermann, Walter Leistikow) und der Neuen Berliner Secession (Hans Baluschek) wie auch die der Münchner und Wiener Secession sind gut vertreten, zusammen mit Exponaten des Kunsthandwerks. Werke der Art nouveau resp. Jugendstil und Art déco französischer, belgischer, skandinavischer und deutscher Meister sind in seltener Fülle präsent: von Emile Gallé und Eugène Guimard, Henry van de Velde und Joseph Maria Olbrich bis zu Peter Behrens, Bruno Paul und Richard Riemerschmid. (www.broehan-museum.de)

Brücke-Museum* (Bussardsteig 9, Zehlendorf): Die Sammlung gilt als die weltweit umfassendste der ›Brücke‹-Künstler, mit 400 Gemälden und Tausenden von Handzeichnungen, Holzschnitten und Aquarellen von Erich Heckel, Ernst Ludwig Kirchner, Otto Mueller, Emil Nolde, Max Pechstein, Karl Schmidt-Rottluff. (www.bruecke-museum.de)

Centrum Judaicum* (II F1; Oranienburger Str. 28–30): Am Ort der zerstörten und bis 1993 wieder teilrekonstruierten Neuen Synagoge widmen sich Gebäude und Museum der Dokumentation und der Bewahrung des jüdischen Erbes und dem jüdischen Leben in Berlin (s. S. 112). (www.or-synagoge.de)

Deutsche Kinemathek / Museum für Film und Fernsehen* (Potsdamer Straße 2): Im ›Sony Center‹ gibt das Museum seit 2006 Einblick in die Entwicklung der ›laufenden Bilder‹, mit den wichtigsten Stationen Kino der Pioniere, Stummfilm-Diven, Filme in der Weimarer Republik und im Nationalsozialismus, Filme in der Nachkriegs-Ära und heute. Die Abteilung ›Fernsehen‹ bietet eine Zeitreise mit Bildern und Dokumenten, sie zeigt die »Sternstunden der Programmgeschichte« und verfolgt das Ziel, »den historischen und kulturellen Wert des audiovisuellen Erbes im öffentlichen Bewusstsein zu verankern«. (www.deutsche-kinemathek.de)

Deutsches Historisches Museum – DHM im Zeughaus* (Unter den Linden 2): Das Museum vis-à-vis der Spreeinsel hatte in den gleichen Räumen seinen namensähnlichen Vorgänger: das ›Museum für Deutsche Geschichte‹ der DDR. Doch noch vor deren Ende hatten prominente Politiker der Bundesrepublik für ein ›Deutsches Historisches Museum in Berlin‹ plädiert, dessen Standort in Westberlin nahe dem Reichstagsgebäude sein sollte. Dies war 1990 nicht mehr verbindlich, schon 1991 zeigte das DHM im Zeughaus seine ersten Ausstellungen. 1998–2004 folgten Umbau und Erweiterung, seit 2006 ist die neue Dauerausstellung zu besichtigen, die den Zeitraum von den letzten Jahrhunderten v. Chr. bis zur Gegenwart umfasst. »Menschen, Ereignisse und Ideen« – neben Macht- und Kriegsgeschichte, alten Waffen und Uniformen führt die Ausstellung in die Alltagskultur ein, mit Möbeln und Mode, Technik und Medizin, Kunst und Kunstgewerbe. Von rund 500 000 Objekten zeigt die medial vielfältig unterstützte Dauerausstellung rund 8000. Ein Teil davon ist ›LeMo‹, das ›Lebendige virtuelle Museum Online‹, zur Geschichte seit 1871. Das Zeughauskino zeigt Filme ergänzend zu den Ausstellungen. (www.dhm.de)

Dokumentationszentrum und Gedenkstätte Berliner Mauer* (Bernauer Straße 111–119): Die 1998 errichtete Gedenkstätte dokumentiert mit Museum, Kapelle und Teilstück der Grenzanlagen die Geschichte der Berliner Mauer und der Teilung Berlins (s. S. 210).
(www.berliner-mauer-gedenkstaette.de)

East Side Gallery* (Mühlenstraße / Friedrichshain): Die ehemalige Ostseite der Berliner Mauer wurde 1990 auf einer Länge von etwa 1,3 km zum farbenreichen Schauplatz, der 1991 unter Denkmalschutz gestellt wurde: Über 100 Künstler aus über 20 Ländern hielten hier ihre Eindrücke der politischen Veränderungen fest (s. S. 215). (www.eastsidegallery-berlin.de)

Ephraim-Palais* (zugehörig dem Stadtmuseum Berlin; Poststraße 16): Neben wechselnden Ausstellungen befindet sich ›im schönsten bürgerlichen Privathaus Berlins‹ die reiche Graphische Sammlung des Märkischen Museums. (www.stadtmuseum.de)

Ethnologisches Museum, Kunst und Kulturen der Welt, SMB* (Lansstraße 8, Dahlem): Das Museum, eine der größten ethnologischen Sammlungen weltweit, umfasst Einzelsammlungen zu Afrika, Amerikanischer Archäologie, Amerikanischer Ethnologie, Europa, Islamischem Orient, Ost- und Nordasien, Süd- und Südostasien, zu Südsee und Australien sowie zur Musikethnologie. Nach ersten Bauteilen Bruno Pauls 1914–23 und Erweiterungen von Bruno Grimmeck 1964/65 schufen Wils Ebert und Fritz Bornemann seit 1965 die vier kubischen, mit schmalen Trakten verbundenen Stahlbetonskelettbauten. Sie beherbergen 500 000 Objekte, materielle Kulturzeugnisse vorindustrieller Gesellschaften, dazu Fotodokumente, Filme und Tonaufnahmen, zudem ein ›Juniormuseum‹ mit interaktiven Ausstellungen (s. S. 204). (www.smb.museum)

Gedenkstätte Plötzensee (Hüttigpfad, Charlottenburg): Nahe der Jugendstrafanstalt Plötzensee wurde schon 1952 der Schuppen zur Gedenkstätte umgewandelt, in dem Hunderte von Gegnern des NS-Regimes hingerichtet worden waren. 14 Tafeln dokumentieren die Namen und Taten von Widerstandskämpfern. In einem Nebenraum ist die Praxis der NS-Justiz dargestellt. (www.gedenkstaette-ploetzensee.de)

Gemäldegalerie* (Matthäikirchplatz 5–6): Die Sammlung, eine der größten und glanzvollsten Bildersammlungen Europas und weltweit, umfasst europäische Malerei vom 13. bis zum 18. Jh. Die reichsten Bestände finden sich in den Sälen der italienischen, flämischen und holländischen Malerei, daneben finden sich umfangreiche Bestände der Spanier, Engländer, Deutschen und Franzosen. Zahlreiche Höhepunkte der Kunstgeschichte sind hier vereint: Jan van Eycks *Madonna in der Kirche*, Rogier van der Weydens *Bladelin-Altar*, Botticellis *Maria mit singenden Engeln*, aus dem 16. Jh. Raffaels *Madonna Terranuova*, Albrecht Dürers *Bildnis Hieronymus Holzschuher*, Corregggios *Leda mit dem Schwan*, Hans Holbeins d. J. *Kaufmann Gisze*, Lucas Cranachs d. Ä. *Jungbrunnen*, Tizians *Venus und der Orgelspieler* und Pieter Bruegels *Niederländische Sprichwörter*. Im 17. Jh. sind die Niederländer stark vertreten: Franz Hals' *Malle Babbe*, Jan Vermeers *Herr und Dame beim Wein*, Peter Raul Rubens' *Perseus befreit Andromeda*, Rembrandts *Jakobs Kampf mit dem Engel*, aus dem 18. Jh. ist Thomas Gainsboroughs *Die Marsham-Kinder* zu nennen.

Die Geschichte der Gemäldegalerie reicht bald zweihundert Jahre zurück: Die preußischen Könige und Kaiser, von Friedrich Wilhelm III. bis zu Kaiser Wilhelm II., engagierten sich für das Anwachsen der anfangs bescheidenen Sammlung, die in den Oberstock des Alten Museums einzog. Sie beauftragten Museumsdirektoren und später Kunstagenten mit Ankäufen vor allem in Italien. Besonders ideen- und erfolgreich war Wilhelm von Bode (1845–1929), der ›Bismarck der Berliner Kunstsammlungen‹, der zum Generaldirektor avancierte und 1904 das ›Kaiser-Friedrich-Museum‹, das heutige Bode-Museum, gründete.

Dort und in einigen Räumen des Pergamonmuseums hatte die Gemäldegalerie bis zum Zweiten Weltkrieg ihren Platz. Im Weltkrieg überdauerten die Werke im Flakbunker Friedrichshain, 1945 wurden sie nach Thüringen geschafft und schließlich von US-Truppen in den ›Collecting Point‹ in Wiesbaden gebracht. Insgesamt gingen 400 Hauptwerke verloren, darunter Bilder von Rubens, van

Dyck, Caravaggio und Murillo – zumeist im Flakbunker belassene Großformate, die im Mai 1945 verbrannten oder gestohlen wurden. Die geretteten 1225 Werke kehrten erst spät nach West-, teils auch nach Ostberlin zurück. Voraussetzung dafür bildete das 1957 beschlossene Gesetz über die ›Stiftung Preußischer Kulturbesitz‹. Im Westen zog die Gemäldegalerie in den Dahlemer Museumskomplex ein (erbaut u. a. von Bruno Paul), von wo sie Ende der 1980er Jahre ins Kulturforum zog.

Möglicherweise steht nochmals ein Umzug vor; derzeit plädiert Hermann Parzinger, Präsident der Stiftung Preußischer Kulturbesitz, für das Bode-Museum, um die Gemäldegalerie dort wieder in den Welterbe-Komplex ›Museumsinsel‹ einzufügen. (www.smbk.de)

Geschichtsort Olympiagelände 1909 – 1936 – 2006 (Olympischer Platz 3): Wie nur wenige andere Sportgelände wurde Berlins Olympiagelände 1936 zum Schauplatz einer politisch gesteuerten Megaveranstaltung. So ist ›der Sportplatz als Geschichtsdokument‹ der Grundgedanke der Ausstellung, die vom Deutschen Historischen Museum konzipiert und von Volkwin Marg (Büro Gerkan, Marg und Partner) zu Beginn des 21. Jh.s in den Räumen des Tribünengeländes am Maifeld unter Einbezug des Glockenturms realisiert wurde.

Die Themenschwerpunkte sind (1) die Entwicklung der Vorstellung vom Sport zum Hochleistungssport seit dem frühen 20. Jh., (2) die Instrumentalisierung der nur scheinbar völkerverbindenden Olympischen Spiele 1936 zum Propagandaereignis, (3) die Baugeschichte des Olympiageländes (mit 3D-CAD-Animation), (4) die Nutzung des Geländes bis heute und schließlich (5) der Mythos von Langemarck – dem Hitler an diesem Ort eine Langemarckhalle weihte. (www.dhm.de/ausstellungen/geschichtsort-olympiagelände/index.html)

Gipsformerei der Staatlichen Museen zu Berlin, SMB (Sophie-Charlotten-Straße 17/18): Die älteste Einrichtung der Staatlichen Museen zu Berlin stellt seit mehr als 150 Jahren originalnahe Repliken von Kunstwerken her – zumeist aus Berliner, oft aber auch aus europäischen Sammlungen. Als weltweit größtes Unternehmen dieser Art umfasst die Berliner Gipsformerei rund 7000 Kunstobjekte, von Heinrich Schliemanns Funden in Troja bis zum *Denker* von Auguste Rodin (1840–1917). Das Formmaterial Gips ermöglicht die exakte Wiedergabe der Feinheiten einer Skulptur. Käufer haben die Wahl zwischen Objekten zumeist antiker, ägyptischer und abendländischer Kunst, zwischen gipsweißer oder originalähnlicher Farbe, Bronze und anderen stoßfesten Materialien. Der Ausstellungs- und Verkaufsraum ist als ein *musée imaginaire* zu erleben. (www.museen.smb/GF/)

Hamburger Bahnhof / Museum für Gegenwart* (Invalidenstraße 50/51): Wie dramatisch sich die Kunstproduktion in den letzten 50 Jahren verändert, erweitert und zugleich auch von älterem Kunstverständnis entfernt hat, zeigen die Exponate in den hallengroßen Räumen des Hamburger Bahnhofs. Die ältesten Ausstellungsstücke sind um 1960 datiert. Aus den Sammlungen der Neuen Nationalgalerie stehen Werke von Gerhard Richter, A. R. Penck und Sigmar Polke im Vordergrund, umfangreich ist die Video- und Film-Sammlung, mit Joseph Beuys' ›Medienarchiv‹.

Drei potente Privatsammler prägen das Gesamtbild der Sammlung: Friedrich Christian Flicks Schenkung von 166 Werken übertraf 2008 sämtliche frühere Stiftungen von Einzelpersonen an die Neue Nationalgalerie, unter anderem mit Werken von Bruce Nauman und John Cage. Nicht minder wichtig ist die Sammlung Erich Marx, in der Künstler wie Anselm Kiefer, Andy Warhol, Joseph Beuys und Cy Twombly dominieren. Der dritte Hauptstifter ist Egidio Marzona, der sich, selbst Galerist und Verleger, auf die frühe Konzeptkunst spezialisiert hat (s. S. 129). (www.hamburger-bahnhof.de)

Haus der Wannseekonferenz* (Am Großen Wannsee 56–58): Am 20. Januar 1942 fand in der ehemaligen Luxusvilla des Fabrikanten Marlier (erbaut 1914–15 von Paul Otto August Baumgarten) die Wannseekonferenz statt, in der unter dem Vorsitz des SS-Obergruppenführers Reinhard Heydrich Staatssekretäre, Spitzenbeamte von Gestapo, Polizei und SS die Organisation der von Hitler beschlossenen Deportation und Ermordung der Juden Europas besprachen. Seit 1992 trägt die Villa den Namen ›Haus der Wannseekonferenz‹. Hier gibt eine 2006 überarbeitete Ausstellung von Fotos und Dokumenten mit einer Fülle von erschütternden Details Einblick in das infame System von Verfolgung, Vertreibung und Ermordung der Juden (s. S. 198). (www.ghwk.de)

Heinrich-Zille-Museum (Propststraße 11): Der Maler, Grafiker und Fotograf Heinrich Zille (1858–1929) hat schwerpunktmäßig die Enge und Lebensnot in den Berliner Hinterhöfen der Kaiserzeit festgehalten, ebenso den Berliner Witz der Zeit um 1900. Das Zille-Museum im Nikolaiviertel öffnet den Blick für sein vielgestaltiges Werk: Zeichnungen, Lithografien und Fotografien, dazu auch Briefe und Bücher, die Zille illustriert hat. 1999 wurde die ›Heinrich Zille Gesellschaft Berlin e.V.‹ gegründet. Mit Unterstützung vieler Mitglieder, darunter prominente Künstler und Schauspieler, und der ›Aktionsgemeinschaft Nikolaiviertel e. V‹ konnte 2002 das ausschließlich privat finanzierte Museum eröffnet werden. Seit 2008 ist die Dauerausstellung erweitert. (www.heinrich-zille-museum.de)

Hugenottenmuseum im Französischen Dom* (Gendarmenmarkt): Nach neun Kriegen mit Frankreichs katholischer Mehrheit nutzten etwa 20000 französische Glaubensflüchtlinge das Edikt des Großen Kurfürsten von 1685 und siedelten sich trotz der den Auswanderern angedrohten Todesstrafe in Berlin und Brandenburg an. Ihr Zuzug stärkte nachhaltig die wirtschaftliche Kraft Preußens. Das seit 1935 bestehende Museum im Französischen Dom zeigt die theologischen und politischen Hintergründe der Verfolgung wie auch der geglückten Integration. Die Ausstellung widmet sich weiter dem Bau der barocken Kirche, der durch hugenottische Handwerker erfolgte und von hugenottischen Gemeindemitgliedern finanziert wurde. Aus der Hugenottengemeinde stammt die Familie Theodor Fontanes. (www.franzoesischer-dom.de)

Jagdschloss Grunewald* (Hüttenweg 100): Das Jagdschloss der preußischen Herrscher steht seit 1932 unter der Obhut der Stiftung Preußische Schlösser und Gärten Berlin-Brandenburg. Am Ende der Berlinblockade, im Mai 1949, genehmigte die US-Militärbehörde, das Jagdschloss als erstes Kunstmuseum nach 1945 wieder zu eröffnen. Gemälde aus dem Berliner Stadtschloss und dem Schloss Monbijou vergrößerten die Sammlung nochmals. Zu den wichtigsten Werken zählen von Lucas Cranach d. Ä. *Judith mit dem Kopf des Holofernes* und von Lucas Cranach d. J. das gestrenge Bildnis des Kurfürsten Joachim II. Sammlungsschwerpunkte sind Gemälde der deutschen und niederländischen Renaissance und des Barock, dazu ist im Obergeschoss Berliner Porträtmalerei vom Barock bis zum Biedermeier zu sehen. Die Jagdmotive in der Abteilung Jagdmuseum im ehemaligen Jagdzeugmagazin Friedrichs des Großen sind durch Trophäen, Jagdwaffen und speziell Radschlossgewehre ergänzt – viele aus dem ehemaligen Zeughaus Unter den Linden und aus der Sammlung des Prinzen Carl von Preußen. (www.jagdschloss-grunewald.de)

Jüdisches Museum* (IF3; Lindenstraße 9–14): Das 2001 eröffnete Museum zeigt in seinen Räumen, eine Verbindung aus barockem Altbau und an einen zerstörten Davidstern erinnerndem Neubau von Daniel Libeskind, die 2000 Jahre alte deutsch-jüdische Geschichte in Deutschland (s. S. 142). (www.jmberlin.de)

Käthe-Kollwitz-Museum (Fasanenstraße 24): Die Künstlerin Käthe Kollwitz, * 1891 in Königsberg, gest. 1945 in Moritzburg, war Mitglied der Berliner ›Secession‹, ab 1919 Professorin und Mitglied der Preußischen Akademie der Künste. Ihre Arbeiten prangern das Elend der Kriege und der Armen, der Wohnungs- und Arbeitslosen an. Mit ihrer Kunst empörte sie Kaiser Wilhelm II., der Auszeichnungen verhinderte, und später die Nationalsozialisten, die Ausstellungen ihrer Werke verboten, sie 1933 zum Austritt aus der Akademie der Künste zwangen, ihr die Lehrbefugnis entzogen und mit Konzentrationslager drohten. Seit 1985 gibt es ein Kollwitz-Museum in Köln, seit 1986 ist ein großer Teil ihres Gesamtwerks im Kollwitz-Museum in der Fasanenstraße zu sehen, das auf Initiative und Schenkung des Berliner Malers und Kunsthändlers Hans Pels-Leusden zurückgeht. Käthe Kollwitz hatte in Berlin von 1891 bis kurz vor ihrem Tod gelebt und gearbeitet.

Das Museumsgebäude wurde 1871 als eines der ersten Häuser in der Fasanenstraße errichtet und 1897 aufwendig im klassizistischen Stil umgebaut. → Literaturhaus (www.kaethe-kollwitz.de/museum.htm)

Knoblauchhaus* (dem Stadtmuseum Berlin zugehörig, Poststraße 23, Nikolaiviertel): Seit 1989 zeigt das frühere Wohnhaus und Geschäftshaus der Familie des Nadlermeisters Johann Christian Knoblauch mit deren originalen Hinterlassenschaften die Lebenswelt und die Wohnkultur des 19. Jh.s, mit Schwerpunkt auf dem Biedermeierstil. Im oberen Geschoss werden wirtschaftliche, soziale und städtebauliche Aspekte präsentiert, vom Seidenhandel der Familie und ihren privaten Festen bis zur Berliner Baugeschichte und zur bürgerlichen Selbstverwaltung (s. S. 98). (www.knoblauchhaus.de)

Kolbe-Museum (Senburger Allee 25): Im einzigen als Museum zugänglichen Künstlerhaus Berlins dominierten lange Ausstellungen der Vor- und Nachkriegsjahrzehnte. 1995 kam ein dreistöckiger Erweiterungsbau für zwei zusätzliche Ausstellungsräume dazu, seit 2009 auch ein Projektraum für junge Bildhauer. Geplant sind sommers thematische Gruppenausstellungen zur zeitgenössischen Skulptur, im sogenannten ›Kunstherbst‹ alljährlich eine Einzelausstellung für einen international bedeutenden Bildhauer der Gegenwart (s. S. 184). (www.georg-kolbe-museum.de)

Kunstgewerbemuseum am Kulturforum* (Herbert-von-Karajan-Straße 10): Als 1867 das ›Deutsche-Gewerbe-Museum zu Berlin‹ gegründet wurde und einige Exponate der Pariser Weltausstellung präsentierte, war es das erste ›Kunstgewerbemuseum‹ Deutschlands. Auch wenn von den bald reichen Sammlungen im Zweiten Weltkrieg viel verloren ging, zählt die Sammlung des europäischen Kunsthandwerks vom Mittelalter bis zur Gegenwart heute zu einer der besten europaweit. Schwerpunkte sind die mittelalterlichen Kirchenschätze als Zeugnisse der hochentwickelten Goldschmiedekunst sowie italienische Gläser und Majoliken seit der Renaissance. Besondere Ausstellungsgruppe: das Repräsentationssilber der Lüneburger Ratsherren, der letzte erhaltene Ratsschatz einer deutschen Handelsstadt.

Im Obergeschoss finden sich Schätze barocker Kunstkammern. In der europäischen Porzellansammlung sind das Meißener Porzellan, daneben auch die Königlich Preußische Porzellan Manufaktur gut vertreten, Tafelkultur und Tischgerät vom Rokoko bis zur Ära des Jugendstils eingeschlossen. Jüngeren Datums ist die Modesammlung. Die ›Neue Sammlung‹ im Untergeschoss zeigt Kunsthandwerk sowie Industrieprodukte. (www.smpk.de)

Kunstgewerbemuseum Schloss Köpenick* (Schlossinsel 1): Als Dependance des Kunstgewerbemuseums am Kulturforum bietet das Inselschloss mit seinen Deckenmalereien und feinem Stuckdekor ein optimales Ambiente für die Dauerausstellung ›Raumkunst aus Renaissance, Barock und Rokoko‹. Tapisserien, edles Porzellan, Gerät aus Silber und anderen Metallen vergegenwärtigen die kunsthandwerkliche Repräsentationskultur vom 16. bis zum

18. Jh. Im Untergeschoss findet sich die historische Ergänzung zur Bau- und Siedlungsgeschichte der Schlossinsel (s. S. 218). (www.köpenicknet/Schloss-köpenick. htm)

Kupferstichkabinett und Kunstbibliothek, SMB* (Matthäikirchplatz 8): Das Kupferstichkabinett versteht sich mit seiner umfassend weit gespannten Graphiksammlung (s. S. 156) als ›ein zentraler Ort des kulturellen Erbes von Europa und der von Europa inspirierten Weltkulturen‹. Die Sammlungen schließen neben dem künstlerischen Erbe jeweils auch die jüngste Moderne ein, derzeit bis zu Damien Hirst, Gründungsmitglied der Londoner Künstlervereinigung ›Young British Artists‹. Unterstützung bei Ankäufen und Schenkungen leistet seit 1997 die ›Graphische Gesellschaft zu Berlin – Vereinigung der Freunde des Kupferstichkabinetts e. V.‹. Auch im Ethnologischen und im Asiatischen Museum sowie in der Sammlung Scharf-Gerstenberg und in der Kunstbibliothek wird man fündig.

Die Kunstbibliothek sammelt das wissenschaftliche Schrifttum zur Kunstgeschichte Europas von der Spätantike bis zur Gegenwart zuzüglich etwa 1400 Zeitschriften, die jährlich von 35000 Lesern genutzt wird. In Wechselausstellungen werden die musealen Bestände gezeigt: Handzeichnungen, Buchkunst, Plakat- und Reklamekunst. (www.museumsportal-berlin.de/museen)

Liebermann-Museum* (Am Wannsee, Colomierstraße 3): Max Liebermann hat sein Haus und seinen Garten in rund 200 Bildern dargestellt. Etwa 40 Liebermann-Gemälde finden sich im Museum, darunter auch Familienbilder und Porträts. Seit 1995 ist die Max-Liebermann-Gesellschaft e. V. Träger der Liebermann-Villa, verantwortlich auch für die Vielzahl literarischer und musikalischer Veranstaltungen. (www.liebermann-villa.de)

Märkisches Museum* (Am Köllnischen Park 5): Gotische Kapelle, Große Halle, Zunftsaal und Waffenhalle blieben als Museums-Innenarchitektur erhalten. Im Keller- und Dachgeschoss sollen zukünftig neue Ausstel-

lungsflächen entstehen, ein Desiderat ist auch die Erweiterung des Stadtmuseums. Derzeit sind vor allem Kunst und Wohnstil Berlins des 19. und frühen 20. Jh.s zu besichtigen. – Als Dependancen dienen unter anderen die →Nikolaikirche, das →Ephraim-Palais, das →Knoblauchhaus und das →Freilichtmuseum Düppel.
(www.stadtmuseum.de)

Mauermuseum / Haus am Checkpoint Charlie (Friedrichstraße 43–45): Der Ort erinnert an die vier Jahrzehnte der gespaltenen Stadt mit Dokumentation und Illustration von Luftbrücke und Mauerbau, vom Arbeiteraufstand am 17. Juni 1953 bis zur unverhofften Öffnung der Mauer 1989 und zum Ende der DDR. Zu sehen sind dramatische Aktionen von DDR-Flüchtlingen in Tunnelbauten und im Heißluftballon. Den Kontrast zur Gewaltherrschaft zeigen Lebensbilder im Kampf um die Menschenrechte, wie Mahatma Gandhi und Lech Wałęsa (s. S. 54).
(www.mauermuseum.de)

Museum Europäischer Kulturen (SMB), früher Museum für Volkskunde (Arnimallee 25 / Lansstraße 8, im Bruno-Paul-Bau, Dahlem): 1999 wurden das über hundert Jahre alte Museum für Volkskunde und die Europäische Sammlung des Ethnologischen Museums zusammengeführt, die Neueröffnung der Schauräume ist für Mitte 2011 angekündigt. Sonderausstellungen aus dem Fundus von 270000 Objekten werden derzeit in anderen deutschen Museen und im Ausland gezeigt. Kinder- und Künstler-Workshops fördern Kreativität. Kunsthandwerkliche Märkte zur Oster- und Weihnachtszeit erinnern an die traditionellen Festgaben.
(www.smb.museum/smb/sammlungen/details)

Museum für Fotografie (Jebensstraße 2): Vis-à-vis vom Bahnhof Zoo brachte die Witwe des Berliners Helmut Newton (1920–2004) 2004 die Bildsammlung aus dessen 60jährigem Fotografenleben in die Gründung des ›Museums für Fotografie‹ ein. Seither nutzt die ›Helmut Newton

Stiftung‹ die beiden unteren Etagen für ›Helmut Newton's Private Property‹ und wechselnde Ausstellungen. Im ›Kaisersaal‹ unter dem Dach stellt die Berliner Kunstbibliothek ihre ›Sammlung Fotografie‹ aus. Das 1909 fertiggestellte Gebäude diente ehemals als Kasino; der Kaisersaal war bis zu seiner grundlegenden Renovierung für das Museum für Fotografie (›Kahlfeldt Architekten‹) eine Kriegsruine.

Helmut Newton, ursprünglich Helmut Neustädter, stammte aus wohlhabender jüdischer Familie. Seine Ausbildung musste er in Berlin abbrechen emigrierte 1938 in die USA, wurde im Weltkrieg australischer Staatsbürger und eröffnete 1945 in Melbourne ein Fotostudio. Seine Arbeiten, schwerpunktmäßig Werbefotografie und erotische Arrangements, wurden auf hohem Niveau international gefeiert. Zusammen mit seiner Frau June Browne, Schauspielerin und Fotografin, lebte er wechselweise in Monaco und Los Angeles. In Berlin, so war es sein Wunsch, wollte er begraben sein. (www.smb.museum/mf)

Museum für Islamische Kunst → Pergamonmuseum

Museum für Kommunikation (Leipziger Straße 16, Ecke Mauerstraße): Im rekonstruierten Bau des 1872 gegründeten Reichspostmuseums und einem Erweiterungsbau eröffnete die ›Museumsstiftung Post und Telekommunikation‹ im Jahr 2000 ihr Berliner Museum (neben anderen in Frankfurt und Bonn). In drei Abteilungen wird die Geschichte des Postwesens dargestellt, 1) mit Fahrzeugen, Karten und Zahlungsverkehr die Transport- und Verkehrsgeschichte, 2) die Geschichte der Institution Post und ihrer Nachfolgeunternehmen, 3) die Geschichte des Schriftverkehrs. Ein Symbolzeichen der Post schmückt das Dach über dem Hauptportal: Nach einem erhaltenen kleinen Originalmodell wurde die im Krieg zerstörte, sechs Meter hohe Gigantengruppe um die Weltkugel erneuert. (www.museumsstiftung.de)

Museum für Vor- und Frühgeschichte → ›Neues Museum‹

Museumsdorf Düppel (Clauertstraße 11, Zehlendorf): Das rekonstruierte märkische Dorf, wie es vor etwa 800 Jahren ausgesehen haben wird, hat sich mit Wohn- und Handwerkshäusern, Feldern und Gärten als Zentrum experimenteller Archäologie einen Namen gemacht. Alte Kulturpflanzen und einst genutzte Wildpflanzen werden vor dem Aussterben bewahrt, alte Schaf- und Schweinerassen rückgezüchtet, wie die ›Skudde‹-Schafe, alte Handwerksberufe vorgeführt. (www.dueppel.de)

Musikinstrumenten-Museum* (Tiergartenstraße 1): Die 1888 gegründete Sammlung präsentiert rund 800 Beispiele (von fast 3000 Objekten) der europäischen Kunstmusik aus fünf Jahrhunderten. Konzerte und Führungen demonstrieren Klangerlebnisse. Kostbare Einzelstücke sind beispielsweise das Bach-Cembalo, Querflöten Friedrichs II. und die größte Kino- und Theaterorgel des europäischen Kontinents.
(www.kulturforum-berlin.com/extrafenster/mim.html)

Neue Nationalgalerie* (Potsdamer Straße 50): Die umfassendste Sammlung internationaler Kunst des 20. Jh.s ist in Deutschland die 1968 eröffnete Neue Nationalgalerie. Im Mies-van-der-Rohe-Bau sind Werke von Ferdinand Hodler und Edvard Munch bis zu den Amerikanern der zweiten Jahrhunderthälfte, wie Frank Stella und Ellsworth Kelly, und zur ›postmodernen‹ Malerei von Gerhard Richter und Sigmar Polke ausgestellt. Die Künstler der ehemaligen DDR – wie Werner Tübke, Wolfgang Mattheuer und Harald Metzkes – sind hier so präsent wie in keinem anderen Museum. Skulpturen haben ihren Platz auf der weiträumigen Terrasse und im Gartenhof (vorerst nicht zugänglich). Zu den Hauptwerken im ›lichten Tempel aus Glas‹ zählen Bilder von Edvard Munch, Ernst Ludwig Kirchner, Pablo Picasso, Paul Klee, Lyonel Feininger, Otto Dix und Oskar Kokoschka.
(www.smb.museum/nng)

Neues Museum* (Bodestraße 1): Seit Oktober 2009

können nach 70 Jahren beide Sammlungen wieder an ihrem ursprünglichen Platz besucht werden: das **Ägyptische Museum**, mit kostbaren Grabfunden und seiner Papyrussammlung, und das **Museum für Vor- und Frühgeschichte**, mit Objekten der **Antikensammlung**. »Die Sammlungen werden nicht mehr streng voneinander getrennt, sondern gehen in einer neuartigen Präsentation auf, die einen faszinierenden Einblick in die Ursprünge der Menschheitsgeschichte bietet« (SMB). Zu den weltweit berühmten Exponaten zählen der Schädel des Neandertalers und die Nofretete-Büste. In Heinrich Schliemanns Funden trojanischer Altertümer vertreten Kopien die wichtigsten Objekte, deren Originale sich seit dem Zweiten Weltkrieg in Moskau befinden. Regional spannt die Ausstellung den Bogen vom Vorderen Orient bis zum Atlantik, von Nordafrika bis Skandinavien. (www.smpk.de)

Nikolaikirche (Stadtmuseum)* (Nikolaiviertel): An der Wiederherstellung der historischen Ausstattung wird noch immer gearbeitet. Als Abteilung des Märkischen Museums zeigt die Dauerausstellung frühe Berliner Stadtgeschichte, speziell die Baugeschichte der Nikolaikirche. Damit regt sie zu Spaziergängen im Nikolaiviertel an, erläutert seine Vorkriegsgestalt, informiert über die musikalische Tradition der Kirchenlieder aus St. Nikolai und über die sakrale Kunst in der Kirche. Besonderer Themenschwerpunkt sind die Grabstätten und Erinnerungstafeln, einem ›Pantheon der Berliner‹ gleich. Die siebte Themeninsel »Verloren und wiederentdeckt« ist dem ›Münzschatz aus dem Turmknauf‹ gewidmet. (www.stadtmuseum.de)

Nolde-Stiftung am Gendarmenmarkt (Jägerstraße 54): Die Nolde-Stiftung Seebüll bereichert mit ihrer Dependance die Berliner Museumsszene. Seit 2008 zeigt sie in Bestlage im ehemaligen Bankhaus Ebeling wechselnde Ausstellungen aus Noldes Werk, dies auch in Erinnerung an Emil und Ada Noldes Aufenthalte in Berlin, wo sie eine

Atelierwohnung am Tauentzien und später in der Charlottenburger Bayernallee hatten. (www.nolde-stiftung.de)

Pergamonmuseum* (Am Kupfergraben 5): Berlins berühmtestes Museum versammelt heute drei Museen: **Berlins Antikensammlung** ist hier mit dem Pergamonaltar aus der gleichnamigen hellenistischen Stadt und mit dem Stadttor von Milet – beide in der heutigen Türkei – am monumentalsten präsent. Hinzu kommen Skulpturen und Reliefs von der archaischen Ära bis zur römischen Kaiserzeit. (Andere Antiken im → Alten Museum und im → Neuen Museum.) Im Südflügel zeigt das **Vorderasiatische Museum** in 14 Sälen Kunst und Kultur aus 6000 Jahren. Zu den Staaten und Regionen zählen Sumer, Babylon, Nordsyrien und Ostanatolien (heutiger Irak, Syrien und Türkei). Rekonstruktionen mit den glasierten Originalziegeln der babylonischen Prachtbauten und ihrer farbstarken Mauern zeigen imposante Löwen, Stiere und Drachen. Im Babylon-Saal macht ein Modell den ›Turm zu Babel‹ anschaulich. Hohe Schriftkultur seit dem 4. Jahrtausend v. Chr. bezeugen die Tontafeln und Siegel der Sumerer. Nur im Pariser Louvre und im Londoner British Museum sind die frühen Kulturen des Orients vergleichbar reich vertreten.

Das dritte Museum, das gleichfalls im Südflügel untergebrachte **Museum für Islamische Kunst**, bietet einen Überblick über Architektur und Kunsthandwerk, Buchkunst und Miniaturen der islamischen Völker, von Indien bis Spanien, im Zeitrahmen vom 8.–19. Jh., und rückt damit die Geschichte der heutigen Krisen zwischen Orient und Okzident in ein anderes Licht, von den Religionen bis zum Erdöl.

Eine besonders reiche Abteilung des Pergamonmuseums ist das **Münzkabinett**. Von den rund 500 000 Münzen und Medaillen der Sammlung werden etwa 2000 gezeigt. Die ältesten stammen aus Kleinasien, aus dem 7. Jh. v. Chr. Auch historische Siegel, spezielle Geldformen der

Naturvölker und Berliner Münzen und Medaillen gehören zum Bestand des Münzkabinetts.
(www.smb.museum/smb/sammlungen)

Reichstag* (Platz der Republik 1): Die gläserne Kuppel bietet dem Besucher längs der Rampen einen intensiven, historisch gesicherten Bild- und Text-Einblick in die neuere Geschichte der Bundesrepublik. Andernorts im Reichstagsgebäude wurden Künstler zu einer eigenen Stellungnahme gebeten: Katharina Sieverking schuf für die Erinnerungsstätte der während des Nazi-Regimes ermordeten Abgeordneten ein großformatiges fünfteiliges Fotogemälde. Sigmar Polke und Gerhard Richter platzierten an den 30 m hohen Wänden der westlichen Eingangshalle ihre Werke: Gerhard Richter zeigt mit Glastafeln von 21 m Höhe dekorative Farbwechsel von Schwarz/Rot/Gelb (Gold), Sigmar Polke eine Bildcollage aus Politik und Geschichte in fünf Leuchtkästen. Jenny Holzer kreierte in der nördlichen Eingangshalle eine Stele mit laufender Leuchtschrift, die Reden und Zwischenrufe von Abgeordneten zitiert, von 1871 bis heute – mit dem Auftrag, die Textwahl zu aktualisieren. Georg Baselitz hat in der südlichen Eingangshalle Bildmotive nach Caspar David Friedrich angebracht, in seiner Baselitz-Manier um 180 Grad gedreht. Bernhard Heisig montierte auf seinem Gemälde *Zeit und Leben* bedeutungsstarke Szenen und Motive deutscher Geschichte. Hans Haacke entwarf im nördlichen Innenhof einen schmalen rechteckigen Holztrog und forderte die Abgeordneten auf, den Trog mit Erde aus ihrem Wahlkreis zu füllen. Sichtbar blieb die Inschrift ›Der Bevölkerung‹. Möglicher Pflanzenbewuchs sollte nicht beschnitten oder anders entfernt werden. Günther Uecker produzierte für die Gläubigen aller Religionen einen offen stehenden Andachtsraum im südöstlichen ersten Stockwerk: sieben Tafeln aus Nägeln, Farbe, Sand, Steinen und Asche, eine davon mit einem angedeuteten Kreuz. (www.bundestag.de)

Sammlung Industrielle Gestaltung, Kulturbrauerei* (Knaackstraße 97, Prenzlauer Berg): Im Nordflügel der ›Kulturbrauerei‹ lagern seit 1993 160000 Objekte für Design-Forscher. Wie das Datum vermuten lässt, handelt es sich um ein Erbe der DDR, das zu Recht als ›einmaliger Bestand der DDR-Alltagskultur‹ bewertet wird. Neben der Fülle von Gegenständen des täglichen Gebrauchs, vom Spielzeug über Küchengerät bis zu Möbeln und Textilien sind auch symbolische Objekte des Staates, Plakate und Archivalien enthalten. Seit 2005 ist die ›Stiftung Haus der Geschichte der Bundesrepublik Deutschland‹ für die Sammlung verantwortlich, samt Bibliothek und Fotothek. (www.kulturbrauerei-berlin.de)

Schloss Friedrichsfelde / Stadtmuseum (Am Tiergarten 41, im Tierpark). Im August 2010 wurde rund um das Schloss Friedrichsfelde gefeiert, das nach grundlegender Sanierung eine attraktive Dependance des Märkischen Museums geworden ist und historisches Zentrum des ›Tierparks Berlin‹ bleibt. Der Kernbau von 1695 stammt vom Architekten Johann Arnold Nering, der das ›Lustschloss‹ mit fünfachsiger Fassade mit ionischen Kolossalpilastern und Mittelrisalit für den Admiral der kurfürstlich-preußischen Marine Benjamin Raulé, einen Holländer, entworfen hat.

Das Schloss wechselte nach dem Sturz des Schlossherrn die Besitzer, von 1816 bis 1945 gehörte es der Familie von Treskow. Schlosserweiterungen, das Mansarddach mit breitem Schmuckgiebel und das frühklassizistische Treppenhaus blieben auch 1939–45 erhalten. Raumdekorationen anderer Schlösser ersetzen verlorenes Inventar, zum Beispiel Leinwandbespannungen aus dem Schloss Lohm bei Kyritz. Porträtgemälde, brandenburgisches Glas und Berliner Porzellan, historische Uhren zeigen den Lebensstil des Adels um 1800. Aus den reichen Sammlungen des Stadtmuseums stammen großenteils die neue Ausstattung,

ebenso die Gemälde von Anton Graff, Jakob Philipp Hackert, Eduard Gärtner und anderen.
(www.stadtmuseum.de)

Surreale Welten / Sammlung Scharf-Gerstenberg* (Schlossstraße 70, Charlottenburg): Von Giovanni Battista Piranesis *Carceri* bis zum Surrealismus hat Dieter Scharf (1926–2001) die ›phantastische Kunst‹ gesammelt, mit ähnlicher Intensität, wie sein Großvater Otto Gerstenberg (1848–1935) impressionistische Malerei zusammentrug. Dem Andenken des Großvaters gilt der Name: ›Stiftung Sammlung Dieter Scharf zur Erinnerung an Otto Gerstenberg‹, heute eine Dependance der Neuen Nationalgalerie. Der weit gefasste Surrealismus-Begriff bringt überraschende Werk-Begegnungen, wie z. B.: mit dem Symbolismus von Odilon Redon, mit seiner *Hommage à Goya* (um 1895), mit Max Ernsts *Triumph der Liebe / falsche Allegorie* (1937), mit Salvador Dalí und Jean Dubuffet. Neben den Gemälden haben Graphik und Skulpturen ihren Platz. Die Sammlung ermöglicht vielfältige Begegnung mit Kunst, die das extrem Hintergründige zum Thema erhebt und sich von keiner Regel und scheinbar unumstößlichen Wahrheit eingrenzen lässt (s. S. 182).
(www.smb.museum)

Topographie des Terrors (Niederkirchner Straße 8): Mit dem flach kubischen Neubau auf einer weiten grauen Fläche mutet die Gedenkstätte auf den ersten Blick flach und übersichtlich an. Die Ruinen vom Prinz-Albrecht-Palais in der Wilhelmstraße und vom Geheimen Staatspolizeihauptamt in der Prinz-Albrecht-Straße sind längst abgeräumt, wo im Dritten Reich Deutschland die Instrumente seiner Schreckensherrschaft hatte, die Hauptquartiere der Geheimen Staatspolizei (Gestapo) den Sicherheitsdienst der SS (SD) und die Reichsführer SS sowie das Reichssicherheitshauptamt (RSHA).

1987 fand eine erste Ausstellung statt. Die ›Stiftung Topographie des Terrors‹ arbeitete am geplanten Dokumentationszentrum über 20 Jahre lang, der halb fertige Bau des Schweizer Architekten Peter Zumthor wurde wieder abgerissen. Den Zuschlag für den Neubau erhielten bei der Neuausschreibung 2005 die Berliner Architektin Ursula Wilms und der Landschaftsarchitekt Heinz W. Hallmann.

Die Gesamtanlage zeigt auch die düsteren Zeugen der Gewalt, die Kellermauerreste an der Niederkirchnerstraße und die Reste der Keller selbst. Die Dauerausstellung »Berlin 1933–45. Zwischen Propaganda und Terror« ist hier seit 2010 zu sehen. Die abgeschirmte Herrschaft von SS und Polizei und ihre europaweit verübten Verbrechen, dazu die vielen Opfergruppen sind das Hauptthema. Ein Rundgang führt zu anderen Gebäuderesten.
(www.topographie.de)

Anhang

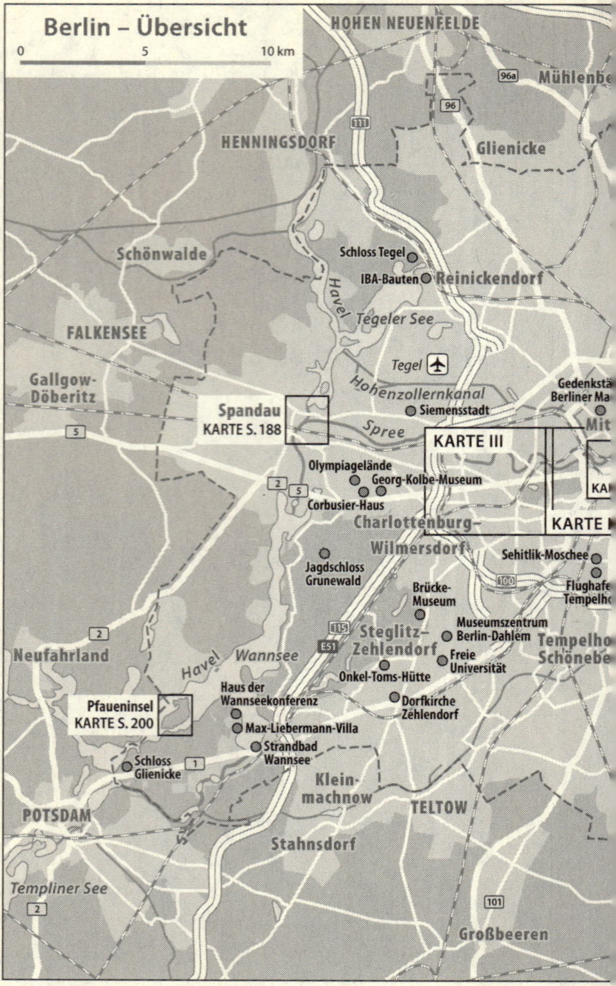
Berlin – Übersicht
0
5
10 km
HOHEN NEUENFELDE
96a
Mühlenbe
96
111
HENNINGSDORF
Glienicke
Schönwalde
Schloss Tegel
IBA-Bauten
Reinickendorf
Havel
Tegeler See
FALKENSEE
Tegel
Gallgow-
Döberitz
Hohenzollernkanal
Gedenkstä
Berliner Ma
Spandau
KARTE S. 188
Siemensstadt
5
Spree
KARTE III
Mit
Olympiagelände
Georg-Kolbe-Museum
2
5
Corbusier-Haus
KA
Charlottenburg-
KARTE
Wilmersdorf
Sehitlik-Moschee
Jagdschloss
Grunewald
100
Brücke-
Museum
Flughafe
Tempelho
Museumszentrum
Berlin-Dahlem
115
Steglitz-
Zehlendorf
2
Tempelho
Schönebe
E51
Neufahrland
Havel
Wannsee
Freie
Universität
Onkel-Toms-Hütte
Haus der
Wannseekonferenz
Dorfkirche
Zehlendorf
Pfaueninsel
KARTE S. 200
Max-Liebermann-Villa
Strandbad
Wannsee
Schloss
Glienicke
1
Klein-
machnow
POTSDAM
TELTOW
Stahnsdorf
Templiner See
2
101
Großbeeren

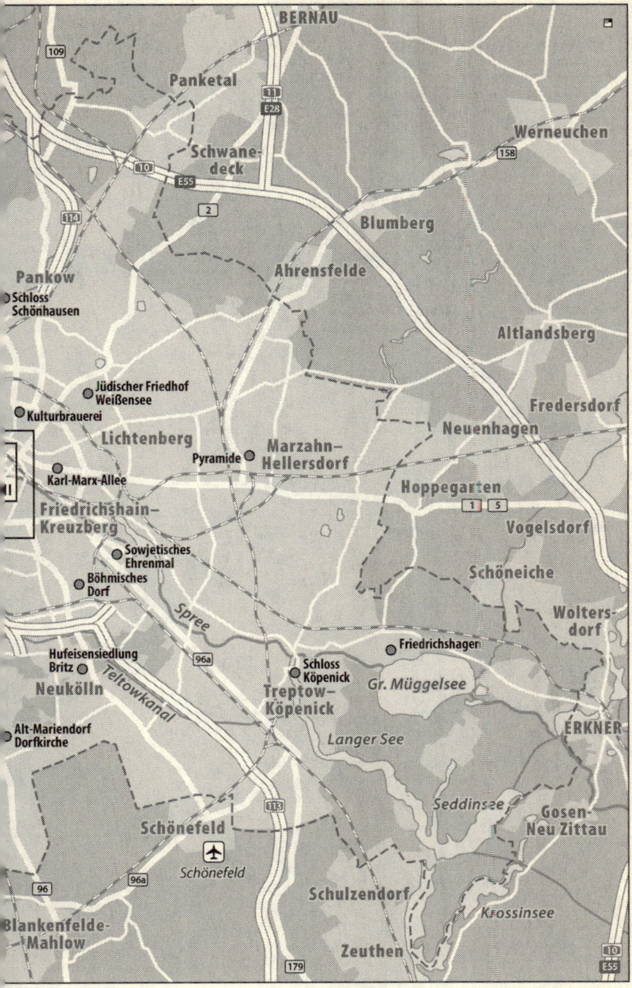

BERNAU
109
Panketal
11
E28
Werneuchen
158
Schwane-
deck
10
E55
2
114
Blumberg
Ahrensfelde
Pankow
Schloss
Schönhausen
Altlandsberg
Jüdischer Friedhof
Weißensee
Kulturbrauerei
Fredersdorf
Neuenhagen
Lichtenberg
Pyramide
Marzahn-
Hellersdorf
Karl-Marx-Allee
Hoppegarten
1
5
Friedrichshain-
Kreuzberg
Vogelsdorf
Sowjetisches
Ehrenmal
Schöneiche
Böhmisches
Dorf
Wolters-
dorf
Spree
Friedrichshagen
Hufeisensiedlung
Britz
96a
Schloss
Köpenick
Gr. Müggelsee
Neukölln
Teltowkanal
Treptow-
Köpenick
Alt-Mariendorf
Dorfkirche
Langer See
ERKNER
113
Seddinsee
Gosen-
Neu Zittau
Schönefeld
Schönefeld
96a
96
Schulzendorf
Krossinsee
Blankenfelde-
Mahlow
Zeuthen
179
10
E55

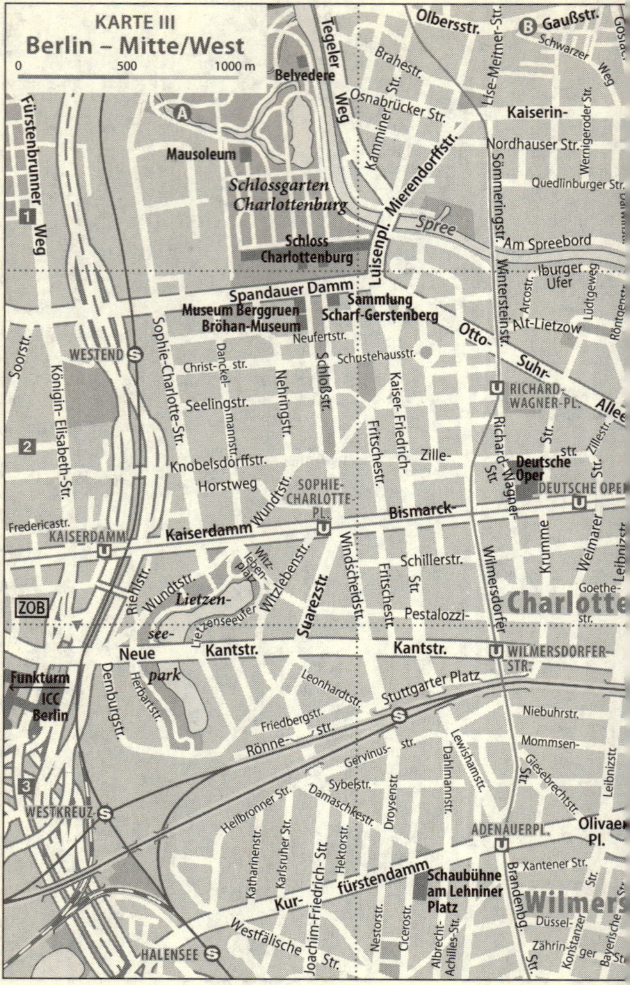
KARTE III
Berlin – Mitte/West
0 500 1000 m
Belvedere
Mausoleum
Schlossgarten Charlottenburg
Schloss Charlottenburg
Spandauer Damm
Museum Berggruen
Bröhan-Museum
Sammlung Scharf-Gerstenberg
Olbersstr.
Gaußstr.
Tegeler Weg
Brahestr.
Osnabrücker Str.
Kamminer Str.
Mierendorffstr.
Luisenpl.
Spree
Lise-Meitner-Str.
Kaiserin-
Nordhauser Str.
Quedlinburger Str.
Sömmeringstr.
Am Spreebord
Iburger Ufer
Alt-Lietzow
Otto-Suhr-Allee
Wintersteinstr.
RICHARD-WAGNER-PL.
Deutsche Oper
DEUTSCHE OPER
Fürstenbrunner Weg
Soorstr.
Königin-Elisabeth-Str.
WESTEND
Sophie-Charlotte-Str.
Christ-str.
Danckelmannstr.
Nehringstr.
Schloßstr.
Neufertstr.
Schustehausstr.
Kaiser-Friedrich-Str.
Fritschestr.
Seelingstr.
Knobelsdorffstr.
Zillestr.
Horstweg
Wundtstr.
SOPHIE-CHARLOTTE-PL.
Bismarck-
Kaiserdamm
KAISERDAMM
Fredericastr.
Richard-Wagner-Str.
Krumme Str.
Weimarer Str.
Schillerstr.
Windscheidstr.
Suarezstr.
Witzlebenstr.
Witzlebenplatz
Lietzensee
Lietzenseeufer
Riehlstr.
ZOB
Pestalozzi-str.
Wilmersdorfer Str.
Goethe-str.
Charlotte
Neue Kantstr.
Kantstr.
WILMERSDORFER STR.
Funkturm
ICC Berlin
Dernburgstr.
Herbartstr.
Lietzenseepark
Leonhardtstr.
Stuttgarter Platz
Niebuhrstr.
Friedbergstr.
Rönne-str.
Mommsen-str.
Gervinus-str.
Lewishamstr.
Dahlmannstr.
Giesebrechtstr.
Leibnizstr.
Sybelstr.
Damaschkestr.
Droysenstr.
WESTKREUZ
Heilbronner Str.
Katharinenstr.
Karlsruher Str.
Joachim-Friedrich-Str.
Hektorstr.
ADENAUERPL.
Olivaer Pl.
Kurfürstendamm
Schaubühne am Lehniner Platz
Xantener Str.
Brandenbg. Str.
Wilmers
Westfälische Str.
HALENSEE
Nestorstr.
Cicerostr.
Albrecht-Achilles-Str.
Düssel-
Konstanzer Str.
Zähringer
Bayerische Str.
Arcostr.
Lüdtgeweg
Wernigeroder Str.
Schwarzer Weg
Röntgenstr.
1
2
3
A
B

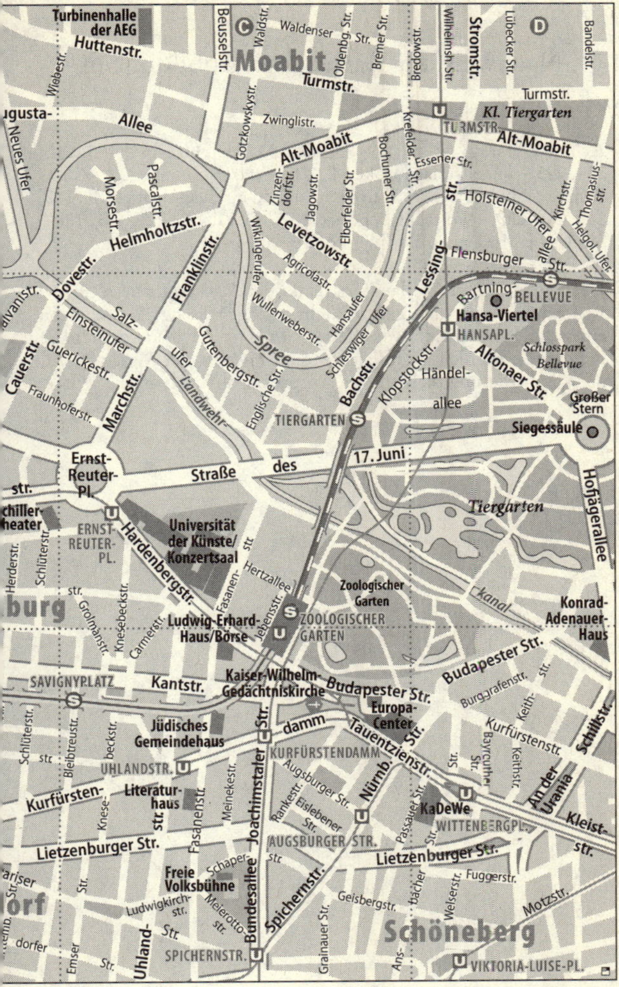
Turbinenhalle der AEG
Huttenstr.
Beusselstr.
Waldstr.
Waldenser Str.
Oldenbg. Str.
Bremer Str.
Bredowstr.
Wilhelmsh. Str.
Stromstr.
Lübecker Str.
Bandelstr.
Moabit
Turmstr.
Wiebestr.
Augusta-
Allee
Gotzkowskystr.
Zwinglistr.
Kl. Tiergarten
TURMSTR.
Alt-Moabit
Neues Ufer
Pascalstr.
Morsestr.
Zinzendorfstr.
Jagowstr.
Elberfelder Str.
Bochumer Str.
Krefelder Str.
Essener Str.
Holsteiner Ufer
Kirchstr.
Thomasiusstr.
Helgol. Ufer
Helmholtzstr.
Franklinstr.
Wikingerufer
Levetzowstr.
Agricolastr.
Lessingstr.
Flensburger Str.
allee
Dovestr.
Salzufer
Einsteinufer
Wullenweberstr.
Hansaufer
Schleswiger Ufer
Bartningallee
BELLEVUE
Hansa-Viertel
HANSAPL.
Schlosspark Bellevue
Cauerstr.
Guerickestr.
Fraunhoferstr.
Marchstr.
Landwehr-
Gutenbergstr.
Englische Str.
Spree
Bachstr.
Klopstockstr.
Händelallee
Altonaer Str.
Großer Stern
Siegessäule
TIERGARTEN
Ernst-Reuter-Pl.
Straße des 17. Juni
Hofjägerallee
Tiergarten
Schiller-Theater
ERNST-REUTER-PL.
Hardenbergstr.
Universität der Künste/ Konzertsaal
Herderstr.
Schlüterstr.
Fasanenstr.
Hertzallee
Zoologischer Garten
kanal
Konrad-Adenauer-Haus
burg
Grolmanstr.
Knesebeckstr.
Carmerstr.
Ludwig-Erhard-Haus/Börse
Jebensstr.
ZOOLOGISCHER GARTEN
Budapester Str.
SAVIGNYPLATZ
Kantstr.
Kaiser-Wilhelm-Gedächtniskirche
Europa-Center
Burggrafenstr.
Keithstr.
Schillstr.
Kurfürstenstr.
Jüdisches Gemeindehaus
Kurfürstendamm
Tauentzienstr.
Nürnb. Str.
Bayreuther Str.
An der Urania
Bleibtreustr.
UHLANDSTR.
KURFÜRSTENDAMM
Augsburger Str.
Rankestr.
Eislebener Str.
Passauer Str.
KaDeWe
WITTENBERGPL.
Kleiststr.
Literaturhaus
Meinekestr.
Joachimstaler Str.
Knesebeckstr.
Uhlandstr.
AUGSBURGER STR.
Lietzenburger Str.
Fuggerstr.
Pariser Str.
Freie Volksbühne
Schaperstr.
Spichernstr.
Geisbergstr.
Welserstr.
Ansbacher Str.
Motzstr.
Ludwigkirchstr.
Meierottostr.
Bundesallee
dorf
Emser Str.
Grainauer Str.
Schöneberg
SPICHERNSTR.
VIKTORIA-LUISE-PL.

Nachweis der Karten und Abbildungen

Achim Bednorz: 47, 66, 69, 75, 88, 123, 143, 146, 165, 175, 210, 213, 225 – imago/imagebroker: 222 – imago/schöning: 227 – Klaus Kühner, HüttenWerke: Karten in den Umschlagklappen, S. 188, 200, 256–259 – Wolfgang Scholvien: 56, 80, 91, 126, 128, 131, 158 – Staatliche Museen zu Berlin – Polyform: 74

Der Verlag Philipp Reclam jun. dankt den Rechteinhabern für die Reproduktionsgenehmigung. Nicht nachgewiesene Abbildungen entstammen dem Archiv des Verlags. In einigen Fällen konnten die Rechteinhaber nicht ermittelt werden. Hier ist der Verlag bereit, nach Anforderung rechtmäßige Ansprüche abzugelten.

Weiterführende Informationen

Literaturhinweise

Abenstein, Edelgard / Hanke, Mila / Neumann-Adrian, Michael / Ulbrich, Reinhard [u.a.]: Berlin. Unsere Hauptstadt gestern und heute. Stuttgart 2010.

Aggio, Regina: Filmstadt Berlin 1895–2006. Schauspieler, Regisseure, Produzenten. Wohnsitze, Schauplätze und Drehorte. Berlin 2007.

Archäologische Gesellschaft in Berlin und Brandenburg (Hrsg., mit anderen): Archäologie in Berlin und Brandenburg. (Jahresschrift 2008.) Stuttgart 2010.

Bienert, Michael: Literarisches Berlin. 100 Dichter, Schriftsteller und Publizisten – Wohnorte, Wirken und Werke. Berlin ²2004.

Börsch-Supan, Eva und Helmut [u.a.]: Kunstführer Berlin. 4., neu bearb. und erw. Aufl. Stuttgart 1991.

Bruyn, Günter de: Als Poesie gut. Schicksale aus Berlins Kunstepoche 1786 bis 1807. Frankfurt a. M. 2006.

– Die Zeit der schweren Not. Schicksale aus dem Kulturleben Berlins 1807 bis 1815. Frankfurt a. M. 2010.

Cobbers, Arnt: Berlin – die Geschichte. Berlin 2007.

Döblin, Alfred: Berlin Alexanderplatz. Die Geschichte des Franz Biberkopf. Berlin 1929. Neuausg. 2008.

Erbe, Michael: Von Leibniz zu Einstein. Drei Jahrhunderte Wissenschaft in Berlin. Berlin 2010.

Fallada, Hans: Damals bei uns daheim. Erfundenes, Erlebtes, Erfahrenes. Berlin 1942.

Friedrich, Thomas: Berlin in Bildern 1918–1933. Über 300 zeitgenössische Fotografien. München 1991.

Geyer, Albert: Geschichte des Schlosses zu Berlin (1443–1918). Berlin 2010.

Hartz, Jacques: Sehnsucht nach Berlin. Einführung Marianne Eichholz, Beiträge von Wolfgang Neuss und Wolf Biermann. Hamburg 1966.

Hegemann, Werner: Das Steinerne Berlin. (1930.) – Geschichte der größten Mietskasernenstadt der Welt. Vorwort von Walter Benjamin. Neuausg. Berlin 1984.

Kiaulehn, Walter: Berlin. Schicksal einer Weltstadt. München 1959.
Kieling, Uwe / Althoff, Johannes: Das Nikolaiviertel. Spuren der Geschichte im ältesten Berlin. Berlin 2010.
Krause, Ulrike / Wiese, Enno: Berlin. Potsdam mit Schloss Sanssouci. ADAC Reiseführer. München 2008.
Large, David Clay: Berlin. Biografie einer Stadt. München 2010.
Lorenz, Detlev: Berlin um 1900. Die Kaiserstadt auf Sammelbildern. Berlin [o. J.].
Nowel, Ingrid: Berlin. Die alte neue Metropole – Architektur und Kunst, Geschichte und Literatur. 6., aktualisierte Aufl. Ostfildern 2009.
Orgel-Köhne, Liselotte und Armin / Dettbarn-Reggentin, Jürgen: Der Tiergarten. Berlin – Geschichte und Gegenwart. Berlin 1996.
Presse- und Informationsamt des Landes Berlin (Hrsg.): 6 × Berlin. Fotografen: Lehnartz, Niggemeyer, Wieczorek, Winkler, Wilms, Rau. Text: Curth Flatow. Berlin 1972.
Scherff, Klaus: Luftbrücke Berlin. Die dramatische Geschichte der Versorgung aus der Luft Juni 1948 – Oktober 1949. Berlin 2008.
Schumann, Frank / Kroh, Peter: Berlin nach dem Krieg. Berlin 2010.

Internetseiten

Berlin

www.berlin.de – Offizielles Stadtportal
www.berlin-tourist-information.de
www.visit.berlin.de – Vom Hotel bis zum Umland
www.zoo.berlin.de – Zoologischer Garten am Bahnhof Zoo und Tierpark Friedrichsfelde

Museen / Theater / Bibliotheken

www.museumsinsel-berlin.de
www.smb.museum.de – Staatliche Museen Preußischer Kulturbesitz
www.TheaterGemeinde-Berlin.de – Spielplan-Magazin, Tickets

www.Berlin.de/boeb – Öffentliche Bibliotheken
www.Berlin.de/citybibliothek

Objektregister

Personenregister